高等院校旅游专业系列教材

旅游文化学

朱立新 左薇薇 顾佳琦 编著

南开大学出版社
天　津

图书在版编目(CIP)数据

旅游文化学/ 朱立新，左薇薇，顾佳琦编著. —天津：南开大学出版社，2012.8(2021.3重印)
高等院校旅游专业系列教材
ISBN 978-7-310-03998-2

Ⅰ.①旅… Ⅱ.①朱…②左…③顾… Ⅲ.①旅游文化—高等学校—教材 Ⅳ.①F590

中国版本图书馆 CIP 数据核字(2012)第 186889 号

版权所有　侵权必究

旅游文化学
LÜYOU WENHUAXUE

南开大学出版社出版发行
出版人：陈　敬
地址：天津市南开区卫津路 94 号　邮政编码：300071
营销部电话：(022)23508339　营销部传真：(022)23508542
http://www.nkup.com.cn

天津午阳印刷股份有限公司印刷　全国各地新华书店经销
2012 年 8 月第 1 版　2021 年 3 月第 5 次印刷
230×170 毫米　16 开本　14.75 印张　261 千字
定价：40.00 元

如遇图书印装质量问题，请与本社营销部联系调换，电话：(022)23508339

序　言

　　改革开放半个甲子,给中国人的生活带来了翻天覆地的变化,这不仅表现在生活水平的提高、生活质量的改善上,还表现在生活方式的改变上。其标志之一,就是旅游已经走进千百万普通中国人的生活,成为人们普遍的一种生活方式,旅游业也被明确要"培育成国民经济的战略性支柱产业和人民群众更加满意的现代服务业"。

　　正是在这样的背景下,旅游学科作为一门新兴学科崛起。探讨旅游的文化本质,挖掘旅游的文化内涵,建设旅游文化,是提升旅游质量、满足人民群众日益增长的物质生活和精神生活的需要,已成为业内外人们共同关注的热点。

　　建设旅游文化,要知其然,更要知其所以然。经常有朋友、学生问我,既听到过"建设旅游文化",也听到过"发展文化旅游","旅游文化"和"文化旅游",究竟是一个概念的不同表述,还是两个不同范畴的概念的袭用。应该说,要深入研究什么是"旅游文化"、什么是"文化旅游",这是旅游学科必须直面的一个课题,也是我们旅游文化学必然要解决的一个问题。事实上,在旅游业界,人们见仁见智,已经有诸多不同的见解。假如让我们用一个尽可能简洁的论断来表述,那么是不是可以这样说:"旅游文化"属于旅游的内涵,是旅游的一种属性,而"文化旅游"则是旅游的一种形态,它们恰好反映了"旅游文化学"所要探讨的两个层面的问题。过于简练的表述,难免会流于偏颇,但是这样的回答是不是可以作为引领我们进入旅游文化学的一个引子?

　　在当前旅游业发展成为一种"热"的社会大背景下,提升旅游的质量、丰富旅游的内容、挖掘旅游的文化内涵,显得尤其重要;对旅游文化的研究,也愈来愈引起业内外人士共同的关注。这是一件好事,至少反映了我们的旅游业发展已经渐趋成熟,我们已经开始捕捉到提升旅游业的金钥匙。

　　可以这样说,文化是旅游的精、气、神。没有文化的旅游是肤浅的旅游,是没有后劲的旅游。把握旅游文化,确实已经成为旅游业发展的一个关键,也已经成为旅游界长盛不衰的一个议题。

　　近年来,关于"旅游文化"的论文、专著、教材已经不少,正是反映了业界、学界对"旅游文化"的热情思考。现在朱立新教授以其多年从事旅游文化学教学的经验体会,再写一本新书,为"旅游文化"百花园中又增添了一朵绚丽之花。

朱立新教授的《旅游文化学》不仅从理论上梳理了近年来中国旅游界对"旅游文化"诸课题的研究,从一个新的视角诠释了旅游文化学所涉及的一系列问题,而且集聚其多年的教学心得和结晶,对旅游文化资源重新归类点评。相信这本教材不仅对于我们旅游业的未来新军——旅游院校的同学来说,是一本独到的教科书,而且对目前正在从事旅游业的行业同仁也会大有裨益。

让我们一起来关注旅游文化、研究旅游文化、挖掘旅游文化、建设好旅游文化,中国旅游业必将演绎得更加灿烂辉煌!

姚昆遗

2012年5月30日

目 录

序言 ……………………………………………………………………… (1)

上编　旅游文化理论 …………………………………………………… (1)

第一章　绪论：概念、范畴、方法与体系 ……………………………… (3)
　　第一节　旅游文化的概念、特征与结构 ……………………………… (4)
　　第二节　旅游文化学的研究对象、学科归属、研究方法 ……………… (10)

第二章　旅游者文化 …………………………………………………… (15)
　　第一节　旅游者的动机与类型 ……………………………………… (15)
　　第二节　旅游的运转过程 …………………………………………… (21)
　　第三节　旅游者文化身份与文化感知 ……………………………… (24)
　　第四节　旅游文化对旅游者的影响 ………………………………… (34)

第三章　旅游地文化 …………………………………………………… (43)
　　第一节　文化聚落与旅游地文化 …………………………………… (43)
　　第二节　文化生态与旅游文化 ……………………………………… (58)
　　第三节　文化区、文化圈与旅游地文化 ……………………………… (63)

第四章　旅游的跨文化现象 …………………………………………… (70)
　　第一节　概述 ………………………………………………………… (70)
　　第二节　旅游的文化扩散与涵化 …………………………………… (75)
　　第三节　旅游的文化整合与转型 …………………………………… (82)
　　第四节　文化震惊与文化冲突 ……………………………………… (89)

第五章　旅游对接待地社会文化的影响 ……………………………… (102)
　　第一节　旅游活动中主客接触的特点 ……………………………… (103)
　　第二节　旅游影响理论 ……………………………………………… (108)
　　第三节　旅游对接待地影响的具体表现 …………………………… (117)

下编　旅游文化实务……………………………………………（129）

第六章　文学艺术资源开发……………………………………（131）
　　第一节　文学艺术旅游资源概述……………………………（132）
　　第二节　文学艺术旅游产品开发的注意点…………………（142）

第七章　民俗风情资源开发……………………………………（146）
　　第一节　民俗风情资源概述…………………………………（147）
　　第二节　民俗旅游产品主要形式及其开发…………………（151）

第八章　建筑文化资源开发……………………………………（163）
　　第一节　建筑文化资源概述…………………………………（164）
　　第二节　建筑旅游产品主要形式及其开发…………………（171）

第九章　园林文化资源开发……………………………………（176）
　　第一节　园林文化资源概述…………………………………（177）
　　第二节　园林旅游产品主要形式及其开发…………………（180）

第十章　饮食文化资源开发……………………………………（189）
　　第一节　饮食文化资源概述…………………………………（190）
　　第二节　饮食文化旅游资源开发主要形式及其开发………（198）

第十一章　风物特产资源开发…………………………………（205）
　　第一节　风物特产资源概述…………………………………（206）
　　第二节　风物特产旅游产品的开发…………………………（217）

后记………………………………………………………………（221）

上编　旅游文化理论

上海と海外文学連盟

第一章 绪论：概念、范畴、方法与体系

学习目的

通过本章的学习使学生对旅游文化的概念、特征、结构以及旅游文化学的研究对象、研究方法、学科归属有清晰的认识，了解国内学术界在相关领域的研究状况，以便为全书的学习打好基础。

主要内容

● 旅游文化的概念、特征与结构
　旅游文化的概念　旅游文化的特征　旅游文化的结构
● 旅游文化学的研究对象、学科归属、研究方法
　旅游文化学的研究对象　旅游文化学的学科归属
　旅游文化学的研究方法

旅游文化学是一门具有中国特色的学科。在西方学术界，有大量从文化角度切入的旅游研究，却没有一门名之为"旅游文化学"的课程或学科。在中国学术界，旅游文化学却是一门"显学"，相关的教材或专著不下二三十种，高校的旅游专业普遍开设有旅游文化或旅游文化学课程。旅游文化学在中国的兴盛，主要是出于两个原因：一是旅游确实与文化有着密不可分的关系；二是因为很多早期的旅游研究者学科背景是文史专业，造成他们对文化的偏好。

在中国学术界的话语背景下，旅游文化学的构词方式其实是不同于它的相邻学科旅游社会学、旅游人类学的。通常，旅游社会学或旅游人类学被理解为"旅游－社会学"、"旅游－人类学"，它们是从社会学或人类学的角度对旅游进行的研究；而旅游文化学则被理解为"旅游文化－学"，也就是说旅游文化学是关于旅游文化的科学，换句话说，文化是旅游文化学的研究对象，而非研究方法。也正因为如此，虽然没有人会把"旅游社会"、"旅游人类"当作概念或名词来解释，但几乎所有的学者在说明旅游文化学之前都会先解释"旅游文化"。我们的开篇也就遵循这一大家习惯的思路展开吧。

第一节 旅游文化的概念、特征与结构

一、旅游文化的概念

究竟什么是旅游文化？一般的论述都是先分别解释"旅游"和"文化"，再合起来界定"旅游文化"。那样绕得太远，并且绕到现在，也没绕出个大致公认的说法。我们且来看看学术界一些比较有代表性的意见。

1. 交集说

这一说法可以概述为旅游文化就是与旅游相关的文化，就是旅游与文化的交集，故名之为"交集说"。这种观点在国内学术界发生较早并且发展也较为持久。1990年召开的首届中国旅游文化学术研讨会上就有学者提出："旅游文化是人类过去和现在所创造的与旅游有关的物质财富和精神财富的总和。或说，旅游文化是指与人类旅游活动紧密相关的精神文明与物质文明。""旅游文化是以一般文化的内在价值因素为依据，以旅游诸要素为依托，作用于旅游生活过程中的一种特殊文化形态。是人类在旅游过程中（一般包括旅游、住宿、饮食、游览、娱乐、购物等要素）精神文明和物质文明的总和。"[①]王德刚(1999)从强调旅游过程、旅游活动的角度对这一观点进行阐发："旅游文化是在旅游活动和为旅游活动提供服务的过程中产生的。因此，我们可以给旅游文化下这样的定义：旅游文化是以旅游活动为核心而形成的文化现象和文化关系的总和。"[②]

2. 交流说

交流说的核心在于强调旅游文化的本质是一种文化交流。这种说法最早见于1984年出版的《中国大百科全书·人文地理学》，该书对旅游文化作了如下解释："旅游与文化有着不可分割的关系，而旅游本身就是一种大规模的文化交流，从原始文化到现代文化都可以成为吸引游客的因素。游客不仅吸取游览地的文化，同时也把所在国的文化带到了游览地，使地区间的文化差异日益缩小。"[③]这是目前所见国内学术界对旅游文化最早的定义，但它却比后起的定义更接近西方学界对于旅游文化的认知，它把重心落在了旅游者旅游行为所导致的文化空

---

① 冯乃康. 首届中国旅游文化学术研讨会纪要. 旅游学刊, 1991,(1)
② 王德刚. 试论旅游文化的概念和内涵. 桂林旅游高等专科学校学报, 1999,(4)
③ 转引自 马波. 旅游文化学. 青岛出版社, 2001:34

间的跨越和文化系统的交融上,反而比后来20世纪90年代的学术界大多把重心落在文化资源的梳理和文化知识的简介上要深刻得多。这种观点在章海荣的《旅游文化学》中再次得到比较明确的表述:"旅游文化是奠基于人类追求人性自由、完善人格而要求拓展和转换生活空间的内在冲动,其实质是文化交流与对话的一种方式。"①

3. 客体说

与交流说形成对照的是客体说。客体说把旅游文化理解为旅游资源文化、旅游对象文化。周谦(1990)指出,"旅游文化是指与自然风光、古迹遗址有关的历史掌故、民俗文化、文学艺术、传说故事及百科知识等"②。虽然在理论表述上,明确把旅游文化等同于旅游客体文化的并不多,但在实际操作中,很多人心目中的旅游文化其实就是客体文化。这一观点直接导致了不少"旅游文化"类课程或教材就是以分门别类地介绍文化知识为主,形同"导游基础知识",其章节目录大致如:旅游历史文化、旅游宗教文化、旅游园林文化、旅游建筑文化、旅游服饰文化、旅游民俗文化、旅游文学艺术等。假如旅游文化确实就是这样的体系,那么它还有作为一门学科单独存在的必要吗?旅游文化课程或教材讲授的园林、建筑、民俗之类的知识内容跟单独的园林、建筑、民俗类课程有什么区别?是不是旅游文化的特点就是什么都涉及一点,但什么都不深入?

客体说近年来又产生一个新的变种就是"产品说",其核心是把客体由潜在的资源转为开发的产品。桓占伟(2007)在对旅游文化的概念进行辨析之后,认为"旅游文化是广泛存在于旅游活动中的,由专业人员挖掘或设计出来,满足旅游者特定需要的物质文化与精神文化的产品"③。产品说虽然仍以客体为重心,但毕竟融入了旅游开发的概念,使人至少可以看出一些理解旅游文化和一般文化的区别。

4. 主体说

与客体说相对应的是主体说,主体说的核心是强调旅游主体(旅游者)或广义的主体(旅游者及旅游服务者)在旅游文化概念中的中心地位。其中,有偏重狭义主体(旅游者)的,如:谢贵安、华国梁(1999)提出旅游文化"人类在旅游活动中所创造形成的一切文化现象","是以旅游主体的本质完善为主线的综合性的文化样式,是旅游主体为了追求人性的自由和解放,塑造完善的文化人格及民族旅游性格,实现对自然的超越和回归,以及对社会的推进和发展,在旅游客体和

---

① 章海荣. 旅游文化学. 复旦大学出版社,2004:17
② 周谦. 泰山旅游文化发掘初议. 旅游经济,1990,(6)
③ 桓占伟. 旅游文化及其主流研究反思——基于旅游文化概念的分析. 人文地理,2007,(4)

旅游中介体的参与下,进行历史时段的永恒超越和文化空间的暂时跨越,所形成的各种文化事象及其本质"①。也有强调广义主体(旅游者与旅游服务者)的,肖洪根(1994)对旅游文化有非常独到的见解,他说:"旅游文化是以广义的旅游主体为中心,以跨文化交际为媒介,在丰富多样的旅游活动中迸发出来的、形式复杂广泛的各种文化行为表征的总和。"②并进而指出这里"广义的旅游主体"就是指人,但"这里的人不仅首要地包括旅游者,也包括媒体中的各种旅游服务工作者以及卷入旅游活动、和旅游者有直接或间接的接触交往的接待地人民"③。在广义主体的主张者中,马波(2001)的双主体(旅游者、旅游经营者)理论在学术界影响较大,他在《现代旅游文化学》中提出:"旅游文化是旅游者和旅游经营者在旅游消费或旅游经营服务过程中所反映、创造出来的观念形态及其外在表现的总和,是旅游客源地社会文化和旅游接待地社会文化通过旅游者这个特殊媒介相互碰撞作用的过程和结果。"④其精髓在于凸显了旅游消费与旅游经营的双重主体都是旅游文化的创造者。

5. 三体说

三体说折中于主体说与客体说之间,即把旅游文化视为旅游主体、客体、中介体相互作用的产物。这也是早期的观点之一。1990年的首届中国旅游文化学术研讨会就有学者提出,"旅游文化是旅游主体、旅游客体和旅游媒体相互作用所产生的物质和精神成果。潜在旅游者由于受到旅游客体的吸引产生旅游动机,在旅游业的介入下实现了旅游,在旅游的过程中产生了欢快愉悦的心理状态和审美情绪。旅游三要素中的任何一项都不能单独形成或构成旅游文化"⑤。赵荣光、夏太生的《中国旅游文化》也是沿着这一思路进行界定的,认为"旅游文化是以旅游主体为重心,由旅游者和客体、媒体广大群体共同参与的运动状态的文化"⑥。阳国亮在对旅游文化概念进行辨析时也认为:"旅游文化是渗透于旅游主体、客体、中介体之中,贯穿于旅游全过程的文化要素及其适应旅游需要的转化形式。"⑦姚昆遗在《旅游文化学》中的表述可以视为这一说法的集成:"旅游文化就是以一般文化的内在价值为依据,以吃、住、行、游、购、娱六大要素为依托,以旅游主体、旅游客体和旅游中介体间的相互关系为基础,围绕旅游活动整

---

① 谢贵安,华国梁.旅游文化学.高等教育出版社,1999:15,17
② 肖洪根.国内外旅游文化研究述评.华侨大学学报,1994,(1)
③ 同上
④ 马波.现代旅游文化学.青岛出版社,2001:37
⑤ 冯乃康.首届中国旅游文化学术研讨会纪要.旅游学刊,1991,(1)
⑥ 赵荣光,夏太生.中国旅游文化.东北财经大学出版社,2003:5
⑦ 阳国亮.论旅游文化学.广西民族大学学报,2008,(1)

个过程有机形成的物质文明和精神文明的总和。"①

6. 生活方式说

与以上诸说不同的是魏小安、沈祖祥等人另辟蹊径,提出生活方式说,也就是说把旅游文化界定为生活方式文化。沈祖祥在《旅游文化学导论》中提出:"旅游文化是一种生活方式文化,是一种文明形式所形成的生活方式系统,是旅游者这一旅游主体借助旅游媒介等外部条件,通过对旅游客体的能动的活动,碰撞产生的生活方式文化现象与生活方式文化关系的总和。"②这个解释初看起来有些费解,旅游文化究竟是什么样的生活方式文化?其实,往前追溯的话,可以发现魏小安(1987)在很早的时候就提出类似的说法:"旅游文化是通过旅游这一特殊的生活方式,满足旅游者求新、求知、求乐、求美的欲望而形成的综合性现代文化现象。"③这么说来旅游文化就是"旅游"这么一种特殊的生活方式所形成的文化。那么,旅游又是怎样的生活方式呢?它是与定居相对的生活方式。章海荣(2004)的一段论述,或许可以作为注释,他说:"外出旅游脱离了久居地,也就必然会创造出另外一种非久居地的文化,这种文化(即)由承载着一定文化身份的主体进入另一文化区域却不长期居住的跨文化、间文化的流动的非定居文化。旅游文化的反义词就是定居文化。旅游文化的一切都可以从'非定居'这一关键词的文化创造中得到解答。"④

7. 其他

除以上诸说外,值得一提的还有张国洪(1999)的场景说,他认为旅游及其相关要素应包括:"(1)作为一种文化行为的旅游活动及其过程;(2)旅游行为所依托的旅游产品及服务;(3)旅游及其相关要素所处的特定场景及环境。"因此,"旅游文化是以旅游行为为核心、旅游产品为依托、旅游环境为背景的系统性的场景文化"⑤。此外,还有徐菊凤试图折中中西旅游文化研究差异而提出的广义狭义说,她认为:"广义的旅游文化包括了文化在旅游中各方面各层次的体现,也指旅游与文化的所有关系,这是一个非常广谱的概念,类似于'旅游与文化的关系'。我国目前对于旅游文化的理解和西方对旅游社会学、文化人类学等的研究属于此类;狭义的旅游文化(tourist culture)是指由旅游者活动而引起的文化现象。"⑥

---

① 姚昆遗,贡小妹. 旅游文化学. 旅游教育出版社,2006:9
② 沈祖祥. 旅游文化学导论. 福建人民出版社,2006:12
③ 转引自徐菊凤. 旅游文化与文化旅游:理论与实践的若干问题. 旅游学刊,2005,(4)
④ 章海荣. 旅游文化学. 复旦大学出版社,2004:15－16
⑤ 张国洪. 旅游文化学:研究选位与学科框架. 旅游学刊. 基础理论与教育专刊,1999
⑥ 徐菊凤. 旅游文化与文化旅游:理论与实践的若干问题. 旅游学刊,2005,(4)

以上诸说,见解各异,代表了学术界在不同阶段、不同角度对旅游文化本质内涵的认识。本书试图在融汇诸家之说的基础上,提出自己对于旅游文化的界定。我们认为:

旅游文化是以旅游活动为核心而形成的文化事象和文化关系的总和。

这个界定中的"文化事象"指向的是物,指文化资源与文化产品;"文化关系"指向的是人,指由于旅游活动而导致的旅游者与当地人、客源地与目的地之间的文化遭遇、碰撞与融合等。同时,这一界定强调"以旅游活动为核心",也就是凸显了活动主体:旅游者、接待者、当地人共同构成的旅游活动主体。

二、旅游文化的结构

关于旅游文化的结构,各家的说法也有分歧,但分歧程度要小于对旅游文化概念本身理解的差异。学界主要的说法有三层面说、三要素说、动静态说、双文化说。

1. 三层面说

这种说法尤见于早期的著述之中,当时学者直接套用文化的结构模式,把旅游文化分为物质实体文化、行为制度文化和精神观念文化三层。旅游物质实体文化是指凝结人类文化的有形的物质实体,如建筑、雕塑、园林、文物、古迹等,以及旅游商品、旅游设施等;旅游行为制度文化是指旅游活动中的各种习惯定势和社会规范;旅游精神观念文化是指在旅游活动中体现出来的文化心理、价值观念和思维方式。

2. 三要素说

这种说法是按照旅游的三大基本要素将旅游文化分为旅游客体文化、旅游主体文化和旅游介体文化三部分。卢云亭(1991)对此有比较详细的论述:旅游客体文化包括旅游历史文化、旅游建筑文化、旅游园林文化、旅游宗教文化、民俗文化、旅游娱乐文化、旅游文学艺术、人文化的自然景观等;旅游主体文化包括旅游者的政治主张、思想和信仰,旅游者的文化素质,旅游者的职业,旅游者的心理、性格、爱好,旅游者的生活方式等;旅游介体文化包括旅游餐饮文化、旅游商品文化、旅游服务文化、旅游管理文化、旅游文化教育、旅游导游文化、旅游政策和法规、其他旅游中介文化。[①]

3. 动静态说

谢贵安、华国梁(1999)在层面说和要素说基础上,提出了动静态说,即认为旅游文化的结构可以从动态与静态两个角度来剖析。从动态角度看,旅游文化

---

① 卢云亭.旅游文化学及其系统结构分析.旅游文化论文集.中国旅游出版社,1991:113—124

出现出"线性结构","这种线性结构是由五个环节串联而成的,在其中起连结作用的是旅游主体的移动"①,这五个环节分别是出发地社会环境文化、旅游主体文化、旅游中介体文化、旅游客体文化、目的地社会文化;从静态角度看,旅游文化与一般文化一样,呈现出"层面结构","它也分为物质、制度和观念三个层次。即最基层的旅游文化物质层面、中间层的旅游文化制度层面、最上层的旅游文化观念层面"②。

4. 双文化说

与上述诸说不同的是,马波(2001)由旅游文化概念的双主体说延伸出旅游文化结构的双文化说。他认为,"旅游文化分为旅游消费文化和旅游经营文化两大块。前者是以旅游者为主体的文化,后者是旅游经营者所反映或创造的文化"③。又进而把旅游消费文化包括旅游消费文化和旅游审美文化;把旅游经营文化分为旅游产品经营文化、旅游企业经营文化、旅游目的地经营文化。

本书的观点倾向于谢贵安、华国梁的动静态说,即认同将旅游文化的结构从动态角度描述线性结构(出发地社会环境文化、旅游主体文化、旅游中介体文化、旅游客体文化、目的地社会文化)和从静态角度描述为层面结构(物质实体层、行为制度层、精神观念层)。

三、旅游文化的特征

对于旅游文化特征的认识,学界大体一致,主要是认为旅游文化作为文化的一种,它应该具有文化的一般特征,比如传承性、民族性、地域性、时代性、阶层性等;同时作为"旅游"的、动态的文化,它又具有因旅游活动而导致的特殊性,比如移传性、大众性、直观性等。我们需要特别关注的恰恰是旅游文化的特殊性,对此,诸家论述如下。

谢贵安、华国梁(1999)提出了旅游文化具有移动与传播的特性,即所谓的"移传性"。旅游文化的特殊性在于它是一种动态的文化系统。旅游主体不断跨越两个或多个文化空间和社会环境,并吸附大量的旅游中介体参与进来,形成一种动态的线性结构,并呈现出移传性特征。旅游文化系统的基本特征便是这种移传性。它包含两方面的含义:第一方面的含义是"移",旅游文化系统因为主体的旅行而呈现出移动性特征,旅游主体的移动使旅游出发地、旅游客体、旅游中介体乃至旅游目的地的文化联结在一起,使旅游文化系统的各个环节都呈现出

---

① 谢贵安,华国梁.旅游文化学.高等教育出版社,1999:26
② 谢贵安,华国梁.旅游文化学.高等教育出版社,1999:27
③ 马波.现代旅游文化学.青岛出版社,2001:43

移动特征。第二个方面的含义是"传",旅游文化系统中的出发地文化和目的地文化,经由主体的媒介作用而相互传递,形成传播性特征。旅游文化也就成为一种移动的传播的文化。不同地域的文化,随着旅游主体的运动而漂移和扩散。①

马波(2001)指出,旅游文化具有多元二重性、大众性、双向扩散性等特征。他认为旅游文化是消费文化和经营文化的统一,是暂时性和延续性的统一,是文化求异与文化认同的统一,所以具有多元二重性。旅游文化不是书斋里的文化,而是与产业相关的文化,是要为大众接受和消费的文化,因此只能具有浅表化、大众化的特性。并且在跨空间的旅游活动中,旅游者既是文化产品的消费者,又是大众传播的媒介。旅游者与一般文化传播媒介不同,通过旅游者所引起的文化扩散是双向的:一方面,旅游客源地的文化借旅游者跳跃式地传入旅游接待地,从而引起接待地文化的变化;另一方面,旅游接待地的文化也会被旅游者带回客源地,进而导致客源地文化的潜移默化,因此旅游文化具有双向扩散性。②

姚昆遗、贡小妹(2006)提出了旅游文化的通俗性、直观性、体验性等特征。所谓通俗性是由现代旅游活动的大众性造成的。旅游文化要为大众所接受,就必然要走出书斋,走向民间,成为雅俗共赏、老少咸宜的庶民文化、通俗文化。所谓直观性是指旅游文化的形象性,只有那些实实在在的,旅游者在旅游过程中通过视觉、触觉、听觉等各种感觉能够真切感受到的文化才能纳入旅游文化的范畴。所谓体验性是基于旅游是一种体验经济,旅游者通过身临其境的参与,感受文化氛围,得到潜移默化的教育熏陶。③

本书对于旅游文化特征的理解大体认同目前学术界的主流说法,即它既具有一般的文化特征,也具有因主体空间移动以及旅游的产业化、商品化、大众化而导致的独有特征,如移动串联性、双向传播性、浅表娱乐性等。

第二节　旅游文化学的研究对象、学科归属、研究方法

一、旅游文化学的研究对象

旅游文化学的研究对象,实际上也就是旅游文化学学科范畴。目前学术界

---

① 谢贵安,华国梁.旅游文化学.高等教育出版社,1999:32-33
② 马波.现代旅游文化学.青岛出版社,2001:38-41
③ 姚昆遗,贡小妹.旅游文化学.旅游教育出版社,2006:12-13

的认识大致有三种：一是旅游文化学就是研究旅游文化的学科；二是旅游文化学是从文化学角度研究旅游的学科；三是旅游文化学既是研究旅游文化的学科，也是从文化学角度研究旅游的学科。但第三种观点情况较为复杂，既可能是出于有意的折中调和，也可能是因为没有意识到二者的区别。

第一种看法，即旅游文化学就是研究旅游文化的学科。马波(2001)对此有明确表述，"旅游文化学是关于旅游文化的本质以及旅游文化产生、发展规律的科学。"[①]尹华光(2005)认为"旅游文化学的研究对象是旅游文化的发生、发展规律"[②]。并具体解释为是研究旅游文化学的基本理论和基本知识以及旅游主体文化、客体文化、企业文化、生态文化。沈祖祥(2006)提出旅游文化学研究的是"全部旅游活动的文化事象特征"，其具体内容是：社会对于旅游文化的制约，旅游主体文化，旅游文化客体的变迁和生态环境的制约，旅游文化设施、用具等旅游物质文化，旅游文化实践系统，旅游文化系统与其他系统之间的交往，旅游文化活动的历史，旅游制度文化，旅游精神文化，旅游文化传统、旅游文化特点及旅游文化的遗传与变异，旅游文化学理论等。[③] 姚昆遗在其《旅游文化学》第一章"旅游文化学的学科体系"中，将"旅游文化学"的学科体系等同于"旅游文化"的学科体系，实际上也就是把旅游文化学理解为研究旅游文化的学科。[④] 邹本涛(2009)则明确表示旅游文化学不是从文化学角度研究旅游的学问，而是研究旅游文化的学问。因为学科与学科间的差别不在研究视角，而在研究对象。如果旅游文化学是从文化学角度对旅游的研究，那它就跟旅游学研究对象没有区别，因而也就不能成为一门独立学科。他反复强调旅游文化学是"关于旅游文化系统及旅游文化研究的学问"[⑤]。

第二种看法，即旅游文化学是从文化学角度研究旅游的学科。章海荣提出，"旅游文化学的理论体系便是旅游者久居地，也即是客源地的社会文化环境—旅游主体的文化身份—旅游中介体—旅游目的地客体的社会文化环境—经历了目的地社会文化环境的旅游主体回归久居地等各个环节所构成的连续的旅游过程及完整的社会文化聚合"[⑥]。

第三种说法折中于上述两者之间，即认为旅游文化学既是从文化学角度对旅游进行研究，也是从旅游角度对文化进行研究。换句话说，文化既是视角，也

---

① 马波.现代旅游文化学.青岛出版社,2001:45
② 尹华光.旅游文化学.湖南大学出版社,2005:12
③ 沈祖祥.旅游文化学导论.福建人民出版社,2006:16—17
④ 姚昆遗,贡小妹.旅游文化学.旅游教育出版社,2006:10—11
⑤ 邹本涛.旅游文化学新论.旅游论坛,2009,(6)
⑥ 章海荣.旅游文化学.复旦大学出版社,2004:17

是对象。谢贵安、华国梁的《旅游文化学》似乎表现出这种倾向:"旅游文化学是一门新兴的学科,是旅游学的一个重要分支,是研究旅游文化基本要素、结构、体系和功能,尤其是研究旅游主体在旅游客体和旅游中介体参与下,文化人格的塑造和民族旅游性格的陶铸过程,以及旅游活动和旅游社会文化环境的关系问题的一门学问";并进一步说明:"首先,旅游文化学是有关旅游活动及其文化现象的学科体系","其次,旅游文化学力图抓住旅游主体—中介体—客体—社会环境的各个环节,特别是旅游主体的'人文化'过程,即研究旅游主体在旅游客体和旅游中介体的参与下文化人格和民族旅游性格的塑造过程,才能使旅游文化学不成为散乱的拼盘,建立经得起推敲的学科体系"。

本书作者倾向于第二种观点,但出于教材的特性考虑,在实际编撰中的立场接近第三种观点,目的是尽可能使本书的体系能吻合国内学术界主流看法。也正是出于这个考虑,本书采用了上下编的结构,上编主要是从文化学的角度研究旅游活动;下编主要是介绍与旅游相关的文化知识。

二、旅游文化学的学科归属

"旅游文化学"究竟能不能成为一门独立学科?学术界至今还存在不同的看法。多数学者认为可以成为一门独立学科。马波对此有比较详细论述:"按照目前通行的看法,一门学科的产生要具备三个基本条件:一是具备自己特殊的研究对象和由此建立一套特有的概念,按一定的逻辑结构形成知识体系;二是具有明确的方法论指导和具体的研究方法手段,以揭示某一领域内的事物特征和本质规律;三是具有一定的社会功能,能够解决某一领域的特殊矛盾,能够说明过去、认识现在和推测未来。简单地说,是否具有特殊的研究对象、正确的研究方法和足够的现实意义,是衡量一门学科能否独立存在的三大标准。那么旅游文化学是否符合这三个标准呢?我们认为是符合的,旅游文化学有作为一门学科独立存在的理由和前提。"[①]而持反方意见的学者同样有自己的理由,徐菊凤认为目前旅游文化的研究还不成熟,不宜贸然地称之为"学","在课程名称设计上有必要持一种开放的心态,并以新型的语词结构方式出现。长期以来,我们习惯了用'限定词+大学科名称'的偏正结构命名我们的课程和专业,如旅游经济学、旅游法规、旅游地理、旅游资源开发等,这反映出一种非常固定的思路,它在符合学科系统性要求的同时,也体现出很大的思维范畴的局限性。相反,国外在这方面多采用一种'组合搭配'方式构架一门课程乃至一个专业的名称,具有很强的开放性。""如普渡大学旅游系开设的本科生课程有'旅游业运营与技术'、'度假地、游

---

① 马波.现代旅游文化学.青岛出版社,2001:44

船与娱乐业运营'、'酒店与旅游销售与服务';德州大学旅游系的名称为'游憩·公园与旅游学',开设的课程有'旅游的社会影响'、'游憩·公园与旅游分析技术'、'旅游与自然环境'。""这样做的另一个好处是能够避免一些带着大帽子,但内涵和外延尚不清晰的新名词给人带来困惑,同时也是尊重科学的一种表现。"[1]

本书认为就目前国内学术界的状况,旅游文化学的研究的确还很不成熟,从概念到体系都还缺乏共识,基本上还处于探索阶段,但这不妨碍我们把它作为一门学科来建设。从目前旅游学界的现状看,把旅游文化学作为学科看待,可以理解为是一种探索和营建的努力。

无论旅游文化学是否可以当做一门独立的子学科来看待,它总该有个学科大类的归属。对于这个问题,学者们的意见又开始纠结。从字面上解析,旅游文化学的学科归属最大的可能是旅游学或文化学,因此学者们提出"旅游文化学既是文化学的一个分支,也是旅游学这一学科体系的组成部分";"旅游文化学是旅游学学科体系中的一个最基本部分"[2]。甚至有学者提出,"旅游文化学应该相当明确地归属于休闲学(Leisure Studies),统属于休闲科学(Leisure Science)"[3]。理由是旅游大体上是一种休闲活动。这些说法虽然各有一定的道理,无奈文化学、旅游学、休闲学在我国目前的学科体系中均未获得"户籍",教育部的学科分类分类名录中并没有它们的一席之地。这就仿佛原本想给孩子认个爹,以获得合法的身份,最后却发现老爹自己还是"黑户口"。在一个要把旅游打造为"战略性支柱产业"的国家,对旅游的研究居然还不成其为一门正式的学科,实在是幽默得可以啊!有鉴于此,又有学者对学界的说法进行了修正,提出"按照我国目前的学科划分体系,旅游文化主体属于旅游社会学、心理学、伦理学的研究范畴(我国并没有一个笼统的'文化学'学科),部分属于管理学范畴"[4]。看来"旅游文化学"一时找不到父母,只能先由大家共同来认养了。

鉴于上述原因,本书对旅游文化学的学科归属的表述为:旅游文化学是一门有待培育的边缘学科和交叉学科。

三、旅游文化学的研究方法

关于旅游文化学的研究方法,差不多每一本旅游文化学的教科书或研究专著中都会提及。比较有代表性的说法是谢贵安、华国梁《旅游文化学》提出的四

---

[1] 徐菊凤.旅游文化与文化旅游:理论与实践的若干问题.旅游学刊,2005,(4)
[2] 沈祖祥.旅游文化学导论.福建人民出版社,2006:19
[3] 章海荣.旅游文化学.复旦大学出版社,2004:20
[4] 徐菊凤.旅游文化与文化旅游:理论与实践的若干问题.旅游学刊,2005,(4)

种方法:理论分析法、实地调查法、文献考证法和比较研究法。理论分析法是综合运用文化哲学、美学、心理学等相关学科理论进行研究;实地调查法是要进行社会学、民俗学的调查;文献考证法意在进行纵向梳理;比较研究法旨在开展横向对比。类似的说法再如马波《旅游文化学》提出的实地调查法、比较法;尹华光《旅游文化学》提出的文献法、调查法、观察法、比较法、定量研究与定性研究结合法、系统分析法。而沈祖祥《旅游文化学导论》则提出了系统方法、辩证法、跨学科分析方法等。纵观学者的论述,他们所提出的有些方法中有不少其实是一般研究的普遍方法,比如系统方法、辩证法、定量与定性结合法之类。对于旅游文化学的研究来说,最主要的研究方法就是理论法和调查法(包括文献调查、现场调查等)。前者要求对中外旅游及文化研究的方法进行学习和借鉴,以获得研究视角、理论手段;后者要求对文化现象、文化活动进行调查分析,获取第一手的资料,以使研究建立在脚踏实地的基础上。

重点概念

旅游文化　旅游文化特征　旅游文化结构　旅游文化学

复习思考题

1. 请分析一下目前国内学术界对旅游文化概念的主要认识,并说明你倾向于哪种观点。
2. 什么是旅游文化的动态结构与静态结构?
3. 旅游文化的特征有哪些?
4. 旅游文化学的研究对象是什么?
5. 旅游文化学的研究方法主要有哪些?

主要参考文献

1. 沈祖祥.旅游文化概论.福建人民出版社,1999
2. 马波.现代旅游文化学.青岛出版社,2001
3. 喻学才.旅游文化.中国林业出版社,2002
4. 章海荣.旅游文化学.复旦大学出版社,2004
5. 钟贤巍.旅游文化学.北京师范大学出版社,2004
6. 尹华光.旅游文化学.湖南大学出版社,2005
7. 沈祖祥.旅游文化学导论.福建人民出版社,2006
8. 姚昆遗,贡小妹.旅游文化学.旅游教育出版社,2006
9. 谢元鲁.旅游文化学.北京大学出版社,2007

第二章　旅游者文化

学习目的

旅游者是旅游活动的主体,旅游活动是旅游者感受不同文化的过程。通过本章的学习,了解旅游者的类型、动机和文化身份的概念,掌握旅游者感知不同文化的方式,学会分析旅游主体文化、旅游客体文化和旅游介体文化对旅游者造成的不同影响。

主要内容

- 旅游者的动机与类型
  旅游者的动机　旅游者的类型
- 旅游的运转过程
  旅游运转的六个阶段特征
- 旅游者文化身份与文化感知
  旅游者的文化身份　旅游者的文化感知
- 旅游文化对旅游者的影响
  客源地文化对旅游者的影响
  目的地文化对旅游者的影响

第一节　旅游者的动机与类型

一、旅游者的动机

旅游者是旅游活动的主体,是旅游业赖以生存和发展的关键。旅游动机是引发主体产生旅游活动的直接动因,因此旅游者的旅游动机是旅游业发展的重要信息来源和导向,旅游动机直接影响着旅游市场预测、旅游活动策划、旅游资源开发、旅游产品定位、旅游服务方式等旅游运作过程中的各个环节。

(一)动机

动机(Motivation),简单来说就是推动人从事某件事情的念头或愿望,是行为产生的原因或动力。从心理学上来讲,动机是激励和维持人的行动,并将使行动导向某一目标,以满足个体某种需要的内部动因。动机是个体内在的过程,个体最终所产生的行为是这个内在过程的结果。从定义中可以看到,动机的产生需要具备两个条件,一个是能引起个体内部不平衡状态的内在需要,另一个是能激起个体为满足需要而产生行为的外在诱因。那么需要是什么呢?需要是人类所必需而又缺乏的事物在头脑中的一种需求的反应。可见,动机是由需要与诱因共同组成的,动机的强度或力量既取决于需要的性质,也取决于诱因力量的大小。由于个体的差异性以及需求和诱因的差异性,动机也是多样性的。

(二)旅游动机

旅游动机是直接推动一个人离开居住地进行旅游活动的内部动因或动力。旅游动机的产生和人类的其他行为动机一样都来自人的内在需要,并且要受到旅游者个体状况及社会环境等外在诱因的影响,比如旅游者的经验、经济收入、文化水平、闲暇时间,还有广告宣传、口碑等各种外在诱因。也就是说,个体只有在具有外出旅游的需要的基础上,同时满足一定客观条件,才能产生旅游动机,从而最终推动主体进行旅游活动。

对于旅游动机的研究,实际上是对旅游者心理的研究。旅游者心理的复杂直接导致了旅游动机的复杂性。而旅游动机来源于人的基本需要,因此基本需要的多样性又决定了旅游动机的多样性。由于旅游形式、内容的多样性,不同学者对于旅游动机的研究结果也比较纷杂。国外研究中比较具有代表性的有罗伯特·麦金托什,他通过实证研究,把旅游动机分为四大类,即身体健康的动机、文化动机、交际动机、地位和声望的动机;田中喜一也把旅游动机分为心情的动机、身体的动机、精神的动机和经济的动机等四大类[1]。世界旅游组织(World Tourism Organization,缩写为 WTO)将旅游动机归纳为消遣与更换环境、休息和松弛、寻求赏心悦目的环境、人际关系、在某些活动中露面以表现自己和发挥创造才能、对外部世界的好奇心、运用感觉器官的乐趣、游乐等[2]。从研究的不同角度来看,动机也可以分成以下几种(见表 2-1)。

---

[1] 邱扶东.旅游动机及其影响因素研究.心理科学,1996,(6)
[2] 滕霞,何忠诚.浅谈"推——拉"理论在旅游动机研究中的应用.科技经济市场,2007,(12)

表 2-1　动机分类

心理学研究角度	自我控制、爱、自我能力、减压、激励、成就感、自我发展、尊重、好奇心、理解、自我实现等
历史学研究角度	远离城市喧嚣、文化好奇、精神信仰、教育、社会身份等
人口统计学角度	年龄、收入、婚姻状况、家庭成员、职业、居住、种族信仰等

从马斯洛需求层次理论角度出发来看旅游动机，旅游本身就是人类社会发展到一定阶段的产物，是人们在满足了最低的生理要求之后产生的高层次的需求。Pearce(1983)基于马斯洛的需求等级模式，扩展了每个阶段的特定需求范围，从而形成了一个反映旅游者诸多心理需求和动机的阶梯状模型（见图 2-1）。这个需求阶梯保留了马斯洛的基本观点，即随着旅游者阅历、经验的成熟，需求水平会随着阶梯上升。同时高水平的旅游动机中也包括着低水平的动机。比如，一个带着家人来上海参观世博会的游客，他的动机可能包括游览世博会感受万国科技与文化、找到人生目标、增加对中国文化的理解、增加家庭团聚的机会，也有可能仅仅是为了逃避繁重的工作压力，抑或为了享受优美环境与安全。也就是说，几个阶段的旅游需求共同推动一个总的旅游动机。动机也可能会随着时间或环境的变化而变化，同样是前面这位旅游者，过了一个月在访问北京时，他可能更强调的是对北京文化的了解，而不太注重游览风光等。因此，我们可以看到，旅游动机会随着旅游者主观需求和客观条件的变化而变化，是一个动态的概念。

随着我国逐步走向小康社会，大众旅游市场的发展进一步激发了旅游者的旅行需求。人均 GDP 的增长以及闲暇时间的增多，进一步引发了旅游动机的多样化和往更高层次上的发展。目前，常见到的旅游动机有：工作之余的放松、逃避压力、自我价值实现、增强家庭的亲情关系、寻找性接触机会、提升威信与威望、希望加强社会关系的了解与互动、愿望的实现、购物需求的满足、获取经历与体验、社会知识增长的需要、渴望了解异文化的生活习俗、个人化的社会炫耀、趋从时尚等。旅游动机的丰富也激发了旅游产品的创新，近年来乡村游、影视游、购物游、分时度假等不断丰富大众旅游市场，旅游者又会受到大众市场的激发产生新的旅游动机。因此，可以说旅游动机的研究是一个复杂的、动态性的研究，旅游企业需要根据不同群体、不同目的地和不同情境下的旅游动机，才能为旅游管理、市场策划作出正确的决策方案。

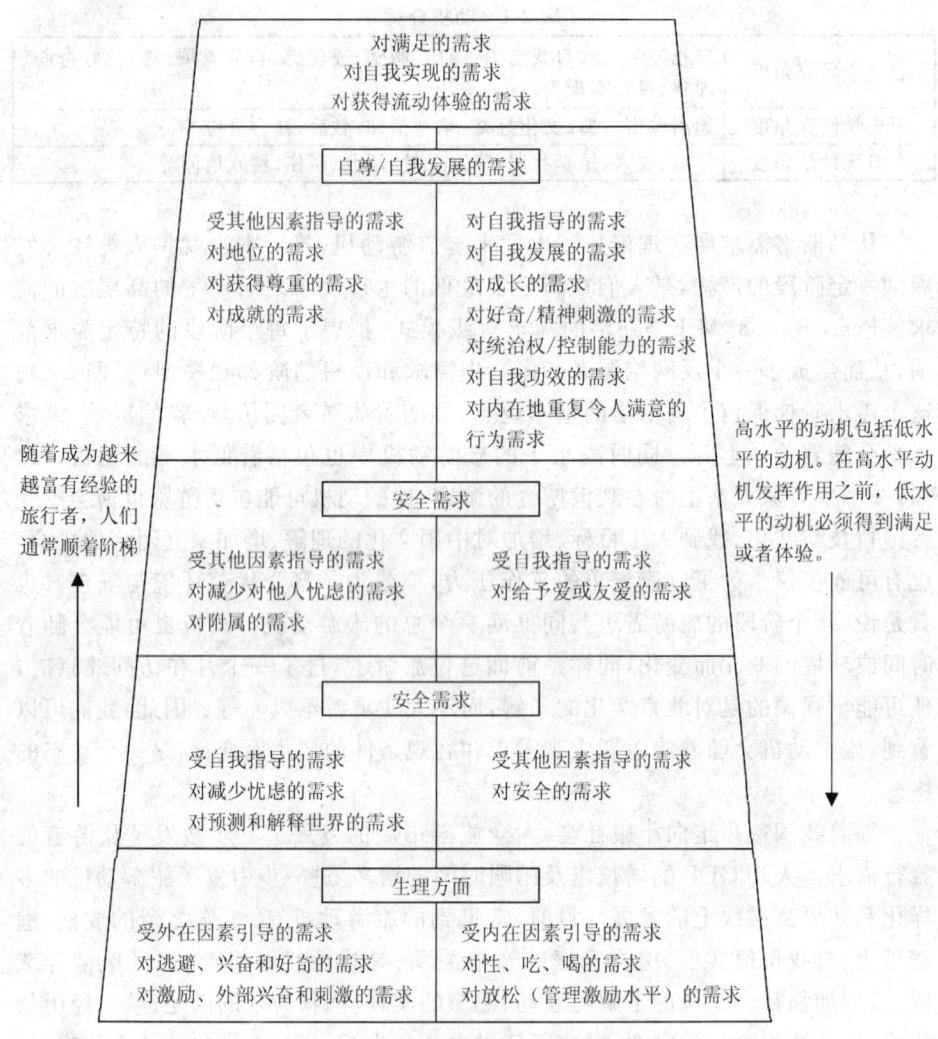

图 2-1 旅行需求阶梯状模型[①]

资料来源：Pearce, P. L. (1983)

二、旅游者的类型

世界旅游组织在 1963 年的大会上提出了"游客"的概念，即游客（vistor）是指离开其惯常居住地所在国到其他国家去，且主要目的不是在所访问的国家内获取收入的旅行者。以 24 小时为分界，根据游客停留时间的长短，把游客分成

[①] （美）查尔斯·R.戈尔德耐等著.旅游业教程：原理、方法和实践.大连理工大学出版社，2003：245

两种类型:

——旅游者(Tourist):在所访问的国家逗留时间超过24小时且以休闲、商务、家事、使命或会议为目的的临时性游客;

——短期旅游者(Excursionists):在所访问的目的地停留时间在24小时以内,且不过夜的临时性游客(包括游船旅游者)。

从旅游者的定义中我们可以看到,游客出游的目的是各不相同的。导致目的不同的根本原因就在于旅游者的旅游动机不同。不同的旅游动机直接影响了旅游者的类型,但前文可以发现旅游者一次出行旅游的动机是综合性的,所以旅游者的类型也是复杂的。科恩(Cohen, E.)从旅游者行为特征角度把旅游者划分为以下14种(见表2-2)。

表2-2 埃里克·科恩的14种旅游者分类及其行为特征[①]

	游客类型	旅游行为特征
1	有组织的大众旅游者 organized mass tourist	惧怕担风险,事先计划好线路,导游陪同并妥善安排整个行程中的一切活动,不希望出现任何差错,所选目的地是自己熟悉程度最高的
2	独立的大众旅游者 independent mass tourist	同样惧怕担风险,但旅游活动不完全事先排定,并不需要完全由他人替自己安排旅程,而是自行安排和旅行社安排相结合。主要由熟悉程度选择目的地,但也希望有新奇感
3	探索型旅游者 explorer	摆脱常规,独立安排旅行,但旅游中要有舒适、安全、可靠的服务设施。虽然有一定的冒险精神,但也小心谨慎。愿与东道居民交往,探索其文化,但仍保持其本国生活方式,不希望差异太大
4	漫游型游客 drifter	远离常规,入境随俗,完全独立地安排自己的旅程,事先不确定固定的线路和时间表,也不制定明确的旅游目的,旅途中仅保留自己原有习惯中最基本的部分,希望获得最大的新奇感
5	喜好阳光者 sun lover	旨趣闲适,喜好在温暖的地方享受充足的阳光浴
6	行动追求者 action seeker	旅游主要是为了交往,爱好聚会,喜欢去夜总会,对异性感兴趣
7	人类学者 anthropologist	对当地文化感兴趣,旅游行为特征是造访当地居民,喜欢当地食品和手工艺品,学说当地语言
8	考古学者 archaeologist	对古遗址感兴趣,研究古文明
9	激情寻求者 thrill	喜爱刺激和带有挑战性的活动,如飞机跳伞,追求刺激的情感体验

① http://courseware.ecnudec.com/zsb/zly/zly01/zly0103/chart.htm

(续表)

	游客类型	旅游行为特征
10	喷气客机游 jetsetter	希望在社会精英阶层聚散的地方度假,与名人交往
11	精神追求者 seeker	追求自我价值,深刻认识自己及生活真谛
12	高阶层旅游者 high-class tourist	追求豪华与享受,在豪华饭店和餐厅吃住,到一流剧场或娱乐场所娱乐
13	逃避现实者 escapist	选择宁静和平的地方旅游
14	体育爱好者 sport lover	喜爱体育娱乐活动

从表 2-2 可以发现,尽管旅游者的类型各不相同,但从他们的行为特征当中,我们或多或少可以发现寻求文化的旅游动机。无论是探索型、漫游型,还是行动追求型或高阶层旅游者,他们的旅游动机都包含了与东道主之间的交往以及对异地文化的探索,当然人类学者和考古学者更是以探索文化为主导的旅游动机而进行的旅游活动。这是因为文化背景对旅游的动机与类型的形成具有一定的推/拉作用。旅游者内心对惯常现实环境的厌倦、对异地文化的渴望与好奇等内在需求产生了推动作用,而不同文化背景目的地独特的文化特色与风俗习惯、活动项目等外在刺激会对旅游者产生一种拉动作用。比如中国传统的游说、游仙、游方在西方并不发达,这就会激发渴望感受中国文化的西方游客的旅游动机,而西方式的浪游、漫游、探险旅游在中国也很罕见,这就会激起东方游客对于不同文化体验旅游的渴望。

联合国教科文组织(UNESCO)在关于"21 世纪的关键问题"的国际专家会议上界定并预测了旅游未来发展的优先地位,着重指出:要把文化作为旅游的核心和灵魂,文化和旅游的关系应当受到长期的密切的关注[①]。虽然文化并不是旅游的唯一动机,甚至也不一定是最主要的动机,但无论哪一种动机,在旅游活动过程中,当不同文化背景的客人(旅游者)与主人(当地居民)接触时,必然产生文化之间的交流和沟通,并且还会产生出文化交融、冲突、震惊等不同文化现象,对于旅游者和东道主都会产生一定的影响,这一影响有积极的一面也有消极的一面,这些问题在之后的章节我们会继续探讨。

---

① 黄波.谈谈旅游者的旅游动机及其旅游活动中的心理变化.旅游研究,2006

第二节 旅游的运转过程

旅游是什么？旅游的定义是一个综合性的复杂的概念，不同学者对其都有着不同的界定。在这里，我们采用世界旅游组织和联合国统计委员会推荐的技术性的统计定义，即旅游是指为了休闲、商务或其他目的离开他们惯常的环境，到某些地方并停留在那里，但连续不超过一年的活动。从中我们可以发现一次完整的旅游运转中必须包含三个要素：出游的目的、旅行的距离和逗留的时间。因此，我们可以简单地把一次旅游的运转概括为：人们以休闲、娱乐、度假、探亲访友，商务、专业访问，健康医疗，宗教朝拜等为目的，到离开自己惯常居住环境的地方逗留一段时间，最终回到自己惯常环境的整个过程。

对一次具体的旅游活动的运转过程，威斯康星大学加法利教授以时间先后为序概括为六个环节（见图 2-2）：

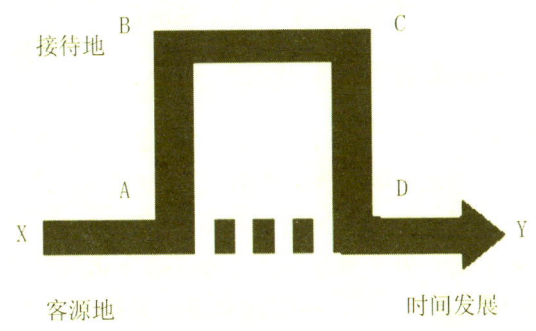

图 2-2　旅游运转过程

XA—旅游需要产生并为之做准备阶段
AB—离开居住地前往目的地的过程
BC—旅游者在目的地畅游阶段
CD—旅游者回归居住地的过程
DY—旅游者重新回到原来的生活阶段
AD—旅游者离开后，居住地照常进行的生活

旅游者日常生活和工作（XY）被视作普通的、世俗的世界；而不受日常工作的约束，在异地所做的旅游过程（BC）被当成具有新奇和活力的神圣世界。XY 与 BC 形成了一两条平行线，看似没有任何交点。然而实际上，旅游就好比一面

镜子,透过它,人们重新审视自己与日常生活的关系,审视与现代生活的关系[①]。按照一些西方学者的说法,旅游是旅游者追求的一种仪式。特纳认为进入仪式过程的人们,首先要通过一个分离的过程,即与日常的生活状态分开,然后进入"阈限(Liminality)"阶段,即从日常结构化的生活中解脱出来融入非结构化的状态中。这种状态使人们感觉到一种神圣的氛围,并有机会与经历同样过程的人进行"交流(Communication)"。最后人们在重新调整自己之后,又回到日常生活中[②]。因此,旅游过程常被社会学家们比拟为"朝圣历程"、"神圣旅程"。

一、XA:旅游准备阶段

高压与繁忙的日常社会生活使人们试图逃避,并想去追求在日常生活中难以体验到的东西,也就是产生了旅游的需求,这种需求让人们产生了去追求娱乐、逃避、恢复、新奇、探亲访友、观光等等需要和动机。因此,在旅游的准备阶段,就是旅游动机产生的阶段。在此阶段中,潜在的旅游者根据自己的旅游动机开始为一次旅游做各个方面的准备,如收集资料、选择目的地;购买旅行用品,整理行李;道别日常生活中的朋友;克服对陌生异地文化的紧张感,保持良好的心态等,从精神上和物质上为即将到来的旅游做足准备。

二、AB:走向目的地阶段

这个阶段旅游者开始从惯常居住环境向目的地迈入。随着和住居地空间距离不断拉大、和旅游目的地空间距离的逐渐拉近,旅游者会产生到新的地方后的兴奋与激动,会迫不及待地渴望摆脱在日常环境下自己的身份而迅速转化为旅游者的身份,甚至渴望向外界展示着自己旅游者的文化"标记",如手提箱、照相机、旅游衣帽,甚至旅行者支票等。尽管此时还未真正到达接待目的地,但是在旅游者心中已经是整次旅游活动的开始,这一阶段的过程即便是旅游者经常经历的也会变得与往不同,被赋予特殊的神圣色彩。我们可以试想,旅游者从关上家门踏上旅游大巴,在大巴开动的时候,随着导游的开场介绍,旅游者顿时会因为即将脱离日常生活的束缚,接受新的体验而产生激动的感觉,尽管此时还停留在自己的惯常环境范围内。这种自由的、略带神秘的新身份——"旅游者",使他在一路上的行为、言语和追求变得合法化、神圣化,使他得到周围其他人的认同和理解。

---

① 王宁,刘丹萍,马凌等.旅游社会学.南开大学出版社,2008:3
② 张文.旅游影响——理论与实践.社会科学文献出版社,2007:274

三、BC:旅游者在目的地的畅游阶段

旅游者到达目的地后,随着主体身份的转换进一步加深,游客之间、游客与导游员之间的关系加深,对环境也逐渐熟悉了,这时旅游者会在产生平缓、悠闲、放松的心理的同时暂时忘却"过去"的工作,生活和遵循的文化准则,而重新塑造出一个新的自我。这个新的角色、准则、活动、期望和过程给主体带来了全新的活力,构成了一个既不同于游客居住地文化(residual culture),又不同于目的地文化(Local culture)的新的文化构成,即旅游者文化(tourist culture)。在这一阶段其中,旅游者全然不受其原来身份的左右,而是以新的旅游者的身份,按新的文化生活节奏在一个完全陌生而新鲜的环境下进行活动。此时的旅游者往往忘却控制自己,思考能力不知不觉减退,自行其事、个性解放、性格暴露,甚至出现反常言行。比如生活殷实的城市白领会到边远的山区体验农家生活;知书达理的老师身着艳丽奇特的民俗服饰狂歌劲舞于夏威夷海滩或非洲及印第安的古老村落;一些已婚游客积极地参与"抢绣球"、"婚俗"的活动;日常生活中温文尔雅的女士会对旅游服务横加挑剔,牢骚满腹等。尽管游客出现了某些过份的、不寻常的行为,但是在这样的文化背景中,旅游者的特殊身份使得他的这些行为不仅仅是完全恰当、可被接受的,甚至是受到欢迎、得到鼓励。在这一阶段中,旅游者可以在旅游目的地尽情地寻求和体会着那种"完全改变自身"、"全新全异"、"绝对忘我"的感受。

四、CD:回归客源地阶段

短暂的旅游活动结束,从旅游者踏上离开旅游接待地的大巴/火车/飞机启程返回日常居住生活环境开始,就是回归客源地阶段。在这一阶段中,游客的心理波动很大。一方面还存留对游览的恋恋不舍,感到时间过去的太快,很多纪念品来不及买;另一方面又开始对即将面对原先生活感到焦虑和紧张。随着和居住地空间距离的不断拉近、和旅游接待地的距离不断拉远,旅游者大都卸下原有的旅游者"标记",恢复其原来身份,想象着已中断了的工作和生活韵律,心情逐渐平静下来,并试图汇入到自己原本的生活状态和心态中。在日常旅游活动中主体的回归这一阶段常被忽略,旅游实业部门常以为完成了日程表的全部内容或游客"出了境",便是一次旅游活动的最后终结。实际上旅游部门应当留出充分时间让游客处理自己的事情,或者帮助游客从旅游者身份回归到"本我",甚至让对活动不满、肚中憋气的个别游客有机会发泄不满和怨气,提高旅游者整次旅游活动的满意度并激发游客再次旅游的欲望。

五、DY:回归原先生活阶段

这一阶段是旅游者回到日常环境并逐步回归到原来的身份的一个过程。虽然旅游者回到日常居住环境,但是仍不同程度地受到刚结束的旅游活动的影响。比如有的旅游者会在工作中时不时翻看旅游时的视频和照片;有的旅游者会用所购买的旅游纪念品装饰家里,让自己时刻回忆起旅游的快乐体验;有的旅游者由于受到旅游接待地文化的影响过重导致其回到日常居住环境种感到不适;有的旅游者对本次旅游活动十分满意,在回到日常居住环境后,通过电话、网络、口头极力向身边的人推荐该旅游目的地,或者由于十分不满意而劝告周围的人不要去等。实际上旅游者在这个阶段的表现是旅游对旅游客源地的影响,也是旅游研究中最常被忽略了的问题。旅游者逗留时间的长短,目的地和居住地的文化差距和文化冲击如何影响主体回归后工作生活的适应程度、主体对该次旅游的期望和满足情况如何作用于下次旅游的选择和决定等等都是非常值得深入研究的。

六、AD:居住地生活的照常进行

此阶段表示从旅游者离开居住地外出作一次旅游到回归重新汇入主体主流生活期间,居住地的生活在旅游者缺席的情况下继续进行。这个过程是完整的一次旅游活动不可或缺的一环,但它也是最被世人忽略的一环,它代表着旅游活动赖以发生、但又不因主体的旅游而中断的居住地生活的连续体。

第三节 旅游者文化身份与文化感知

一、旅游者的文化身份

(一)文化身份的定义

文化身份(Cultural Identity)的确立,在西方学术界有一个过程。从根本上说,自从地球上的人类以家庭、氏族、部落、城邦、王国、帝国或共和国为单位,群居在一起的时候,便有了个人的或群体的文化身份,而此时,文化身份问题就存在了[1]。比如在初次见面进行自我介绍的时候,人们会说自己来自什么国家什

---

[1] 章海荣.旅游文化学.复旦大学出版社,2004:62

么地区,这实际上就是以自己的生存地域来限定自己的文化身份,从而区别于其他群体。当然能使个人、群体、民族、国家区别于其他人、群体、民族、国家的因素还有很多,比如语言、性别、年龄、宗教等。由此我们可以发现人们通常把文化身份看做某一特定的文化所特有的,同时也是某一具体的民族与生俱来的一系列特征。简单来说,文化身份就是指一个个人、群体、民族在与他人、其他群体、其他民族相比较之下所认识到的自我形象。

(二)文化身份的构成要素

文化身份是一个综合性的概念,它更多地从文化社会学或者文化人类学的角度包容了民族性格在内的种族、语言、性别、年龄、阶级、宗教、家庭、生活方式、价值观念和精神世界等方面的内涵。章海荣(2004)认为在众多的构成文化身份的成分中,价值体系、语言、家庭体制、生活方式和精神世界[①]。

1. 价值体系

价值体系是文化身份的核心部分。从组织行为学的角度来讲,价值体系是一个民族在一定时代、一定社会中形成和发展起来的,是一定社会、民族在一定时代社会意识的集中反映,包括了理想、宗教信仰、信念、价值取向、价值评价等。不同的国家、民族、群体都具有不同的价值观念,比如西方传统价值观念强调个人主义,而中国传统价值观念则强调集体主义。不同价值观念决定了不同的人生态度与行为方式,即便是同一个国籍的人,也会由于受到不同的社会影响如家庭、学校、社区等影响而形成不同的价值观念,对于同一件事情产生不同的态度或采取不同的处理方式。

2. 语言

语言是人类交流的工具,更是文化的重要载体。语言包括书面语、口语、方言、土话、行话、切口,以及表达语言的文字等。不同身份的人使用不同的语言,不同民族、不同阶层、不同地区、不同性别的人使用的语言也是有差别的。语言是最直接的文化身份的表象。如果说东西方人可以通过外表来区分其文化身份,那么语言则是更细致更准确地代表个人的文化身份。作为世界上使用人数最多的一种语言的汉语就有七大方言区,每一种方言区下又有多种不同的方言类型。在异乡的游子若是听到与自己同一种语言则会产生亲切感和文化的认同感。

3. 家庭体制

家庭是最基本的社会设置之一,是以血缘为纽带而形成的人类最基本、最重要的一种制度和群体形式,对于一个人的文化身份认知有着十分重要的作用。

[①] 章海荣.旅游文化学.复旦大学出版社,2004:53—55

相对于一个国家的大环境而言，人从出生开始直接接触到的就是家庭环境，家庭内部人与人之间的关系、家庭的组织结构、家庭的规模大小在人的成长过程中等都对个人的价值观、宗教信仰、性格等有着一定的影响。例如，出身在父系家庭和母系家庭的人对于男女性别的权威和主导地位的认知就明显不同，这样就会直接影响个人在生活中的价值观和处世原则。

4. 生活方式

生活方式是一个内容相当广泛的概念，它包括了人们的衣、食、住、行、劳动工作、休息娱乐、社会交往、待人接物等物质生活和精神生活的价值观、道德观、审美观等等各个方面。生活方式是文化身份里最表面、最显而易见的，随着社会文化多元化的发展，生活方式也是最容易受到影响、变化最为迅速的。影响生活方式的因素包括了社会身份、经济状况、兴趣爱好等多个方面。比如，现在十分流行的背包族、宅男宅女、网购族等都是由于具有类似的生活方式而集聚形成一个群体，并且群体内部的成员之间互相认同。

5. 集体表象（精神世界）

吕西安·莱维·布吕尔在其《原始社会的心理作用》一书中对集体表象做了一个详细的解释，他认为，"集体表象代表原始人思想、概念或宗教观念之集合，实际上是一种社会性的信仰、道德思维方式，它不是产生于个体，而是比个体存在得更长久，像'绝对命令'一样并作用于个体"。在历史发展过程中，集体表象更多的表现为一个民族共同的价值理念，这种价值理念是通过集体记忆所储存的种种形象，如神话传说、祖先英雄以及文艺作品所创造的各种视听觉形象，这种形象会通过无形的精神力量将民族的成员紧紧地凝聚在一起，达到一个精神层面上的认同。

(三) 旅游者的文化身份

旅游者是旅游的主体。从文化的角度来看，旅游主体是旅游文化的承载者和传播者。每一位旅游者身上都负载着其独特的文化身份即"客位文化"，随着旅游者进入异地空间，也就将客位文化身份带入其中。旅游者的文化身份一方面会影响到旅游接待地东道主的文化即"主位文化"，另一方面也会受到"主位文化"的影响，因此旅游者在旅游活动中扮演了"文化交往使者"的角色。

1. 文化身份的传播影响

1987年，杰弗里教授在他的《旅游模式：社会文化方面》一文中首次使用了旅游者模式图示理论（图2-3）。旅游者在旅游过程中通过与其他旅游者、当地居民（东道主）以及旅游服务人员之间的接触，形成了一个以旅游者为中心的三角结构。随着自身文化身份在异地空间的传播以及与其他文化身份的"碰撞"，不可避免地会对自身文化身份和目的地文化产生影响，这种影响有积极的一面也有消极的一面。

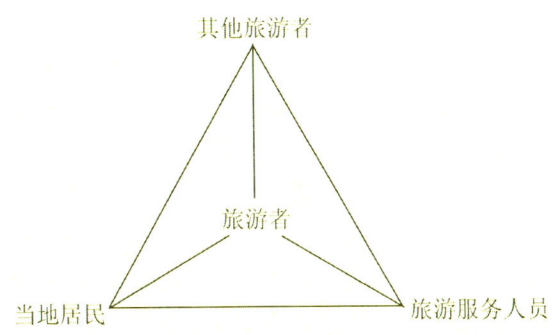

图 2-3　旅游过程中的跨文化交际三角结构

(1) 积极的影响

从积极的角度来看,旅游者的文化传播实际上是一种文化的交流。随着旅游者的进入,给异地文化增添了新的文化气息,并在与当地居民的接触中促进不同国家、地区、民族之间的文化交流,使彼此间相互理解,甚至达到文化的相互渗透。以中国少数民族地区的旅游为例,随着外来的主流、次主流文化群体的游客的进入,一方面集中向他们展示了少数民族群体自身的文化智慧和创造力,另一方面也使得边远地区民族文化这样的亚文化的新认知和再认识,从而推动各民族传统文化的复兴以及民族身份、民族精神的再建构[①],云南丽江古镇的开发就是一个鲜明的例子。可以说,通过旅游者文化的传播,异地空间的文化可以不断被认知并得以不断地展现。

(2) 消极的影响

旅游作为一种文化交流活动,在对异地空间文化产生积极作用的时候,也必然或多或少产生一些消极的作用,即由于不同文化身份的旅游者的进入,给旅游地造成了一定程度的社会文化的消极影响,也可称之为"文化污染"。首先,由于旅游者对目的地的占有行为,常常喜欢与景观直接接触以满足自己的占有和好奇感。如果旅游者的文化身份所表现出的素质不高,这种欲望便会以丑恶的方式表现出来,从而对旅游地构成具体的破坏,其中最常见的是普通旅游者公式化的创作"某某到此一游"。其次,旅游者对于异地文化的好奇心理刺激了"文化赝品"的盛行。目前,在文化旅游市场上出现了越来越多商品经济性的旅游内容,民族传统被篡改,宗教也失去原有的严肃性和神圣感,代表民族文化的礼仪风俗、表演艺术、宗教仪式等都被不负责任地歪曲甚至夸大搬上舞台只为博得人气

---

① 杨慧,陈志明,张展鸿.旅游、人类学与中国社会.云南大学出版社,2001:8

和旅游收入,这实际上是在误导旅游者,也背离了当地文化的本质。

2. 文化身份的刻板印象

刻板印象(Stereotype Threat)是指人们对某一类人或事物产生的比较固定、概括而笼统的看法,而不承认群体内部存在差异性、不承认一般规则存在例外的思维方式。这种思维方式导致将某一特定群体的全部成员等而视之的倾向,从而忽视他们之间的差异性。俗话说"一方水土养一方人","物以类聚,人以群分",居住在同一个地区、从事同一种职业、属于同一个种族的人,总会有一些共同的特征。比如,人们普遍认为法国人浪漫、英国人保守、德国人严谨。在旅游的过程中,旅游接待地东道主往往会通过政府宣传、对旅游者的观察等一些非直接的接触,对旅游者的文化身份产生刻板印象。比如,日本人总是被描述为与团队一起旅行、见人必鞠躬、出手阔绰、热衷摄影,而中国游客给外界的印象多为不成熟、贪便宜、购物狂、不礼貌、不尊重异国文化和风俗、缺乏和当地人沟通、过于依赖导游等。同样,旅游者也会通过旅游文献、宣传教育、以往旅游经验或其他旅游者的转述等对东道主产生刻板印象。实际上许多刻板印象都是错误与夸大的,往往是负面的特性获得强调,而正面的特性则往往被忽略。负面的刻板印象可能加深对来自不同文化的成员的偏见和歧视,从而产生旅游过程中的文化冲突,造成不愉快的经历。

二、旅游者的文化感知

旅游是一种现代现象,是现代社会高度工业化、都市化的产物。随着大众精神需求的不断提高,旅游活动已经从传统的观光模式转化为一种综合性的社会、文化、经济现象和大众性消费活动,人们在旅游的过程中更强调对现代性体验的需求。马歇尔·伯曼在《一切坚固的都烟消云散了——现代性体验》(1983)中的话正好可以用来形容现代大众旅游的现代性特征,"这是一种至关重要的体验方式——关于空间和时间、关于自我和他人、关于生活的可能性与危险性的体验"。从这个角度来我们可以发现,旅游实际上是一个以消费时间与空间的方式,以了解他人、观看他人的方式,以憧憬奇遇、凝视奇景的方式了解自我的过程。在这个过程中,我们将置身于与固有的生存环境完全不同的地方,跨越国界,进入异文化并观察、观看他者的生活方式与文化,同时重新审视在旅游时处于彼岸的自己的工作与生活[①]。因此,我们可以认为旅游实质上是文化自身的"游历",这个过程是随着旅游者对异地空间的文化感知而产生的一种文化变迁。

---

① 顾铮. 现代大众旅游与摄影实践——"观光客的凝视"与"凝视的观光客". 艺术评论,2009,(5)

(一)感知视角

1.他者/我者与"种族中心主义"

在旅游研究当中,我们主要研究当地居民和旅游者之间的相互认识、态度、行为以及由此产生的影响,也就是所谓的"主客关系",旅游地东道主(即主人,host)和外来游客(客人,guest)之间的相互关系。若我们单独站在主或是客来看,我们会发现还存在着这样一种关系,即他者与我者,相对于每一个"我者"而言,与自己所处文化背景不同的其他人就成为了"他者"。旅游过程中,东道主与游客实际上是互为"他者",自身也在他者与我者之间进行转换,在这种互动的关系下,双方在文化接触中进行交往和交流。

(1)客人眼中的他者

客人即旅游者,此时的"我者"就是旅游者,"他者"即东道主。在旅游的过程中,旅游者渴望了解与"我者"生存环境、文化背景不同的"他者"世界,在东道主的"异文化"背景中,与当地人交流、品当地美食、着当地服装、唱当地民歌,在感受到异文化的同时也感受真实的自我以及自我与他人之间的真实关系。"他者"越是具有"异"的特质,越是与游客的生活方式和文化形态差别大,对游客就越具有吸引力[①]。比如,来中国旅游的国际游客,由于"他者"的世界与"我者"文化身份的差异大,中国五千年的文化圣地对于他们而言就是巨大的吸引因子。更有甚者还会在旅游过程中潜移默化地接受了"他者"文化的巨大影响,最终走向"他者"。有些游客干脆选择长时间地生活在异文化中,渴望成为"他者"的一员。

(2)主人眼中的他者

主人即旅游目的地东道主,此时的"我者"就是东道主,"他者"即旅游者。

对于东道主而言,游客的进入实际上是一种"文化的入侵",旅游者负载的"客位文化"所表现出的语言、行为、穿着、信仰、地位等"他者"的异文化特征,是对东道主"主位"文化的冲击,并随之产生不同文化之间的交流、冲突、整合以及融合。在旅游研究当中,当地居民对外来游客以及旅游业开发的感知与态度是研究"主客关系"的主要内容之一。从人类学角度来讲,此时的"主客"关系更象征了一种"主奴"的关系,旅游者被异化为权利和资本的化身。旅游活动的产生使"主位"的文化得以借由"他者"传播出去,使旅游者上升为"上帝"。随着旅游业的扩张,东道主的地方文化会因为迎合"他者"的文化而逐渐失去原有特色,使东道主从最初的热情与欢迎转变为反感和愤怒,东道主作为"我者"对于游客"他者"的态度会直接影响旅游活动的体验。

---

① 彭兆荣.旅游人类学.民族出版社,2004:95—96

(3)种族中心主义

种族中心主义(ethnocentrism),也称为文化中心主义,指"各个国家、各个民族常有一种将自己的生活方式、信仰、价值观、行为规范看成是最好的、优于他民族的倾向,并且将本民族、本群体的文化模式当做中心和标准,以此衡量和评价其他文化,常常敌视或怀疑自己所不熟悉的文化模式"。简单来说,这是一种对于"我者"文化的极端认同,是一种具有浓厚的主观价值的态度。比如种族中心主义在西方的代表是白人至上主义、日耳曼至上主义还有犹太人优越论、日本的大和民族至上主义以及中国古代的华夷之辨、大华夏主义等。种族主义能够促进群体文化的稳定和一致,减少群体内之间的冲突和矛盾,增强群体的团结,提高成员的忠诚度。但在旅游活动中,极端的种族中心主义由于对"我者"文化的过分自大,会对"他者"文化产生回避、偏见、歧视,这样就阻断了"主客"之间有效的文化交流与互动,甚至会产生主客间的团体冲突,制约人们理解其他文化的能力,制约旅游的跨文化交流,影响多元文化的融合发展。因此,对待任何文化都不能持民族自我中心的偏见,对他者的文化应当秉承费孝通先生提出的对待他者文化"美人之美,美美与共"的文化观[1]。无论是游客还是东道主,都应当设身处地、自觉接受多元文化互补共存的人类现实,只有这样才能保障旅游及其文化的可持续发展。

2. 第三者

在旅游者的文化感知中,除了"主客"的关系之外旅游活动中必然会涉及第三方,即文化中介者(culture broker)、文化叙述者(culture narrator),并且在很大程度上,游客是通过"第三者"的眼睛在"看"。这里的"看"指的是旅游凝视。这个概念是由英国社会学家约翰·厄里(John Urry)提出的。厄里认为,人们之所以产生异地旅行的行为,实质上是希望通过凝视那些与自己世俗生活完全不同的独特事物与景观,以获得愉悦、怀旧、刺激等旅游体验[2]。文化中介者(文化叙述者)实际上将旅游凝视的对象有形化和具体化,从而以更直观的形式使旅游者感知。

(1)机构性中介者

指专门从事旅游中介服务的机构、企业,如旅游公司、旅行社,甚至包括旅游主管部门为旅游所进行的策划宣传。这些机构能更好地整合旅游目的地的文化信息,通过旅行指南、导游手册、旅游网站等一系列图像、文字、影像激发游客对旅游目的地文化感知的欲求。

---

[1] 朱华.旅游学概论.北京大学出版社,2009:221
[2] 刘丹萍.旅游凝视:从福柯到厄里.旅游学刊,2007(6)

(2)服务性中介者

指从事景区景点介绍的导游人员。导游人员在旅游活动中扮演不同文化之间交流的桥梁角色,通过形象生动的语言、肢体、表情向旅游者介绍旅游目的地的地方文化。导游人员的素质、表达能力、对当地文化的熟悉程度等都会对旅游者的文化感知产生一定的影响。特别是在跨文化旅游中,导游的语言表达或翻译上的准确与否直接影响游客对于目的地文化的感知。

(3)媒体性中介者

指的是通过媒体宣传,提供和传播旅游信息者。随着旅游越来越被重视,许多地区都开通了旅游频道,许多电视台也相继制作了专题旅游纪录片,如《徽州》、《敦煌》、《大国崛起》等,更为详细地向作为"潜在旅游者"的电视观众介绍各国、各地的旅游名胜和当地文化,不断激发这些潜在旅游者的旅游动机。

(4)符号性中介者

指的是标志性的旅游景观。旅游景观其实是一系列象征符号的组合,具有独特的符号价值和符号效应。比如,每一位来上海的游客都要去陆家嘴、到巴黎的游客要去参观埃菲尔铁塔、游览美国的游客要看纽约的自由女神像等,这些景观都是旅游地象征性的景观符号,在游客心中,这些标志比欣赏风景本身更为重要,对游客具有特殊的吸引力。

(5)遗产性中介者

指的是文化遗产的集中展示,如博物馆之类,具有"停滞历史"、"凝聚价值"、"展示实物"、"强化特质"、"表达符号"等功能。对于物质文化遗产而言,博物馆以实物展示、注解、讲解的方式,能够"真实性"[①](Authenticity)地构成一种文化叙事让旅游者在观看的同时感知文化。对于非物质文化遗产而言,比如节庆、礼仪、习俗等由于难以"真实性"地保存而是以"舞台真实"[②]的方式展现出来。在旅游研究当中,舞台真实性与旅游产品商品化之间的联系和矛盾也引起了许多学者的探究。

总的来说,由于在旅游过程中大部分的游客在目的地停留的时间都相对较短,他们不可能有足够的时间对旅游目的地进行全面的了解,更多的时候他们是通过中介机构的宣传和介绍了解当地文化,而游客本身的自主选择余地很小。即使是非中介机构组织的游客,也很难完全摆脱文化中介者的影响。因此,作为"第三者"的文化中介者在"主/客"的文化交流中控制了很大的权力,他们占据着

---

① "真实性(问题)是一种现代的价值观念和理想状态,其产生是由于社会的非真实经历和疏远的人际关系所致。"——张丹萍,李伟.旅游人类学.南开大学出版社,2008:206

② "舞台真实,即把旅游目的地的传统文化资源包装、精心设计成旅游产品,向游客展示以吸引游客。"——张丹萍,李伟.旅游人类学.南开大学出版社,2008:210

把东道主文化介绍给游客的掌控地位,帮助"主/客"之间建立联系,是互动的桥梁和纽带。

(二)感知对象

旅游者在旅游目的地游览的过程,实际上是旅游者对旅游目的地文化感知的过程。Culler(1981)认为,"旅游者追求的是异地的不寻常和真实性,追求的是异国文化的符号"。符号是旅游表示物所表示的概念,而非表示物本身。旅游者在目的地所感知到的自然风景、当地建筑、标志、民间活动、广告宣传、图示石像等,都是一种符号。旅游之所以具有强烈的吸引力和号召力,很大程度上在于旅游本身的符号意义。人们在旅游过程中所见所闻的许多熟悉或陌生的东西都富有魅力的含义。旅游符号系统也会产生新的符号意义,它是人们利用旅游符号,创造新文化的过程[①]。符号作为旅游者对于旅游目的文化感知对象,可以分成时间符号、空间符号和文化符号三种。

1. 时间符号

时间是旅游世界里的一个重要的维度,它本身也具有一定的符号意义。我们一直在强调,旅游的本质是让游客通过旅游活动和实践达到对"异文化"的了解,那么从时间的背景来看,旅游实际上是一种对"异文化"的时间体验和实践的过程。在这个过程中,旅游者可以感知到东道主社会"过去"的历史,并转化为自我"现在"的理解,甚至还会对旅游者产生"未来"的影响。

(1)过去的时间

Davis,J.(1992)认为"历史是一种对'过去'的穿越",比如古镇、古村落、文化遗产、古迹遗址等,这些都是"他者时间的遗物化"。旅游者与展示的遗产之间建立的交流关系,使"他者时间"(过去、历史)在某一具体的物质或者遗址上获得叙事的转移,以使旅游者达到对东道主社会的了解[②]。生活在现代都市的人们会根据现实的需要去探索和发现他们渴望了解的历史,这样就产生了遗产旅游的动机。

(2)现在的时间

从旅游消费的角度来看,时间实际上是旅游者"购买"的自由时间,此时的时间符号则象征着"自由"和"自我解放"。从前文中我们知道,旅游时间是平行于日常生活时间的另外一个维度。在旅游中的"现在"时间里,旅游者在分分秒秒的流逝中不断建立着与"他者"时间的联系,试图寻找到与真实世界不同的无拘

[①] 杨振之,邹积艺.旅游的"符号化"与符号化旅游——对旅游及旅游开发的符号学审视.旅游学刊,2006,21(5)

[②] 彭兆荣.旅游人类学.民族出版社,2004:111

无束的快感和灵魂的解放与救赎。

(3)未来的时间

"每一次旅游都是为了更好的归来",旅游者在旅游的过程中会受到东道主社会文化的影响,这种影响不仅在旅游的过程中会出现,甚至会持续到旅游结束后旅游者的未来生活。比如,在许多欧洲人心中,还保留着中国男性留长辫、中国女性裹小脚的形象,而当他们真正来到中国后,除了视觉上得以修正,更会在认知上意识到中国人形象,乃至保守文化的改变,这个认知也将会持续保持在他们今后的生活中。

2.空间符号

任何一个活动都需要依托空间进行,旅游更是如此,旅游的产生建立在空间转移的基础上。然而旅游的空间又非一般的日常生活空间,它承载着一个地方的社会文化与历史,也负载着旅游者的主观色彩。旅游空间符号好比一个表演的舞台,引发观看者对其进行深入的解读。

(1)空间内外与界限的划定

如果旅游者进行的是以"生态环境"为主的旅游活动,旅游者所感知的旅游空间就是主要风景区;如果旅游者到一个文化色彩较浓厚的旅游目的地,此时旅游者所感知到的旅游空间并非为整个东道主的社会空间,而只是一部分的对外空间,因为在这种情况下东道主社会存在着"内/外"的空间关系。出于对"我者"文化的保护或隐私等原因,东道主社会会保留一些宗教仪式、秘仪、祭祀等族群特有的事件。比如到藏区地区旅游的游客,他们可以穿藏服、住民居、品酥油茶,但是其古老而独特的风俗习惯"天葬",东道主社会却不会对游客开放。

(2)时间限制影响空间感知

由于旅游时间的限制,旅游过程中所反映、展现在旅游者面前的东西只能是旅游目的地的一部分。"上车睡觉,下车拍照"、"赶场式"、"走马观花式"是现在绝大多数的旅游方式,尽管紧凑的时间安排可以达到空间数量上的满足,但却未能到达对旅游空间的深度认识和了解。旅游结束后旅游者可能带回的仅仅是一大堆照片和视频,却没有真正提升对东道主社会文化的认知。

3.文化符号

随着旅游的大众化和普遍化,旅游活动逐步走向娱乐性、快捷性、消费性和浅表性。文化符号由于其唯一性的"代言"特点,最主要的功能就是便于对外宣传和介绍,因此在旅游规划设计过程中的产品策划、宣传解说、营销推广中,越来越具有"符号化"倾向,比如在进行旅游活动之前,发给游客印有景区标志性图片的宣传手册、在明信片上印上旅游地的标志性景观、在旅游产品上印有当地独特的标志等,直接把对旅游地文化的认识表象化。然而符号化的出现必然会对旅游体验造成一定的影响。由于大部分游客在旅游目的地的体验时间有限,旅游目的地常常用一种类似舞台剧和舞台表演的形式来集中展示旅游地的文化,这样的结果导致旅游活动的象征性体验,而非文化真实性的体验。这往往误导游客,游客以为目的地的"原生文化"就是这些东西,实际上他们所见所闻或未见未闻的文化往往更富有内涵,他们的体验仅依附于旅游符号的一种外在的、简单的表现形式而已,而这些花花绿绿的东西背后的文化精神内涵他们却无法了解[①]。因此在进行旅游产品设计的时候,在使用文化符号的同时应当尽量引导游客从追求旅游符号表象的行为转向对真实文化的体验与追求中去。

文化符号的出现,本质上是作为中介实现了旅游目的地文化与游客的认知互动的过程。游客在中介者引导下对目的地文化的各类零散、拆解的象征符号进行观察、组装、体悟与阐释。因此旅游的过程也常被研究者认为是符号的解读与建构的过程,即旅游者在寻找标志与景观之间的联系的同时,又制造标志与景观之间的联系。

第四节 旅游文化对旅游者的影响

旅游文化是一个复杂的概念,包含了"旅游"和"文化"两个领域。由于学者对旅游与文化有着各种各样的概念与定义,目前学界对于旅游文化的定义还未获得统一的共识。但无论是哪一种概念,其最基本的核心理论具有不可或缺的三个部分:旅游主体文化、旅游客体文化和旅游介体文化。其中,旅游主体文化是居有重要地位。旅游者在进行文化空间位移的过程中,使原本分散的客源地和目的地连接成为超越单一文化的社会交流和对话网,使旅游出发地与目的地、客源国与东道国在经济与文化上联为一体[②]。旅游者既是文化交流的主体,又是一定文化的载体。在旅游中,他们在体验异国文化并把自身文化传播给异国他乡的人们的同时,也受到了来自客源地文化、目的地文化的影响,以及介于客源文化和东道文化之间的一种媒介文化或过渡文化即服务文化的影响。

一、客源地文化对旅游者的影响

旅游作为一种现代生活方式,不可能脱离社会条件而单独存在。人们的生

---

① 杨振之,邹积艺.旅游的"符号化"与符号化旅游——对旅游及旅游开发的符号学审视.旅游学刊,2006,(5)
② 章海荣.旅游文化学.复旦大学出版社,2007:18

活环境即客源地影响着旅游者的主体文化的形成。客源地的发展水平、文化风俗、道德规范等文化因子对旅游者有着深远的影响。

(一)影响动机激发

在第一节中,我们已经了解旅游动机的概念以及基本类型。旅游动机就是促使人们离开居住地外出旅游的内在驱动力,而旅游动机的产生必须具备旅游者的主观需要和客观条件(见图2-4)。旅游动机受旅游者个人状况及其所生活的社会环境的影响,尤其受个人的经济收入、闲暇时间、社会认可等其他客观条件的制约。动机的激发最直接地源于旅游者的主观需要,特别是受客源地与旅游地之间的地理差异、文化差异,以及旅游者的社会生活方式所影响。旅游动机的产生是一次旅游活动的开端,无论是主观需要还是客观条件,此时的旅游者受到的最直接的影响就是来自客源地文化的影响,客源地和旅游地的空间相互作用是激发旅游动机的重要因素。

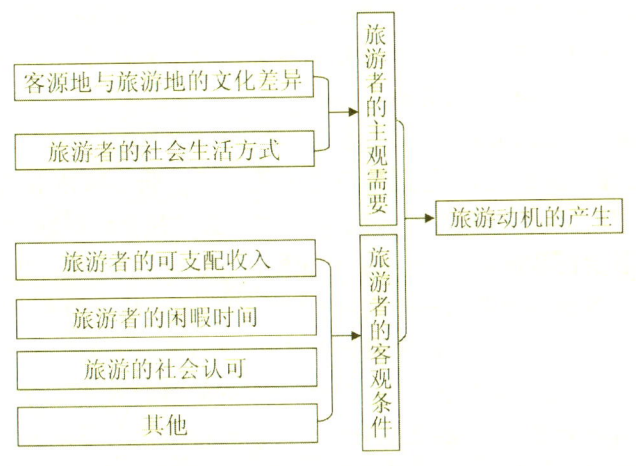

图 2-4 旅游动机的产生条件

1. 客源地与旅游地的文化差异

旅游的主要动机之一就是寻找文化差异、体验异地文化。从供需关系角度出发,旅游者产生这样的动机是因为旅游地提供的恰是客源地所需求的、是不同于客源地文化的旅游体验。不同地区的旅游资源具有互补性,如城市与乡村、内陆与海滨、热带与寒带、不同民族的文化等,正是这种旅游资源空间和时间分布的不均匀,成为人们旅游的一大动力。比如,我国北方的冰雪旅游资源对我国南方游客来说极富吸引力,哈尔滨一年一度的冰雪艺术节就吸引了相当多的南方游客;而北方游客又对南方的田园山水风光产生较大的兴趣。欧美游客来我国旅游,更偏爱的是历史古迹、人类遗址及文化胜地,对与他们本国差异不大的娱乐、度假旅游活动普遍不感兴趣。由于客源地与旅游地文化的差异,使得人们向往体验不同的文化和生活方式,并且环境差异越大,越能激发人们的旅游动机。

2.客源地对旅游的价值判断

中国传统的伦理道德非常注重从动机和目标来对旅游进行价值判断,当动机或目标符合社会价值标准时,旅游就会得到认可;反之就会遭到否定。在长达几千年的中国封建社会里,一直是把道德的价值放在其他价值之上。因此,在儒家所标举的八目中,格物、致知、正心、诚意直接导致了仕游、学游这种个人行为,但修身是出游的落脚点,又是齐家、治国、平天下的始发点。与中华民族不同,西方民族因其"交通便利,宜于商业,贸迁远服,操奇计赢,竞争自烈",所以形成了"主动"的海洋文明①。西方对旅游的价值判断强调的是旅游过程中的冒险勇进精神,旅游的动机是为了寻找更多的机遇、财富,以证明个体存在的价值。

由此可见,中西方旅游者旅游动机之所以存在明显的差异,是与双方生活的地域文化有着不可分割的关系,双方客源地文化的差异性导致了价值取向差异性,从而双方的旅游动机也就有所不同。

3.时尚因素与从众心理

客源地与旅游者的关系,是团体与个人的关系。同一团体下的人普遍存在着一种在群体压力下的从众心理,为了寻求安全感和社会认同感,与社会大众保持同步,得到社会的认同,人们之间会互相模仿、从众。随着旅游越来越大众化、消费化,当旅游像其他消费品一样成为人们生活中不可缺少的内容时,它就像日常消费品一样会形成时尚,时尚会引导需求的产生,此时人们的旅游动机就会强烈。生活在同一环境中的亲朋好友、邻居、同事的旅游行为和旅游经历的传播能相互感染,或者形成攀比心理,这些对于旅游动机的激发起着促进作用。近几年来,随着我国法定节假日的变更,出现了一波又一波的旅游高潮,就是社会时尚作用的结果。

(二)影响感知取向

旅游感知属于人的主观范畴,它来自旅游者对特定旅游地的深刻感应,是旅游者对旅游地的主观解释和评价。薛会娟(2007)根据旅游感知形成的时间和行为顺序,可将旅游地感知场描述为四个阶段:本底感知场、决策感知场、实地感知场和最终感知场(见图2-5)。

---

① 张明.中西方旅游者旅游动机差异性的文化层次分析.社科纵横,2008,(12)

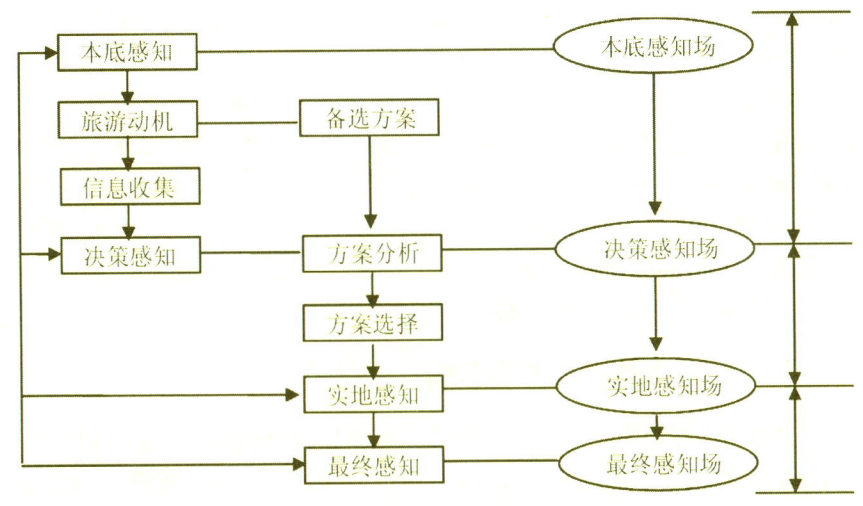

图 2-5　旅游地感知场的形成[1]

从图 2-5 中可以发现,本底感知场和决策感知场均是在旅游者到达旅游地之前形成的,这时候旅游者的感知取向很大程度上受到了自己所生活的环境的影响,也就是客源地文化的影响。旅游者在客源地所接受的教育或接受各类传媒信息在尚未决定旅游消费之前,头脑中已有形成了对旅游地的主观印象。这种印象就构成了旅游者对旅游地的本底感知场。本底感知场的形成是旅游者受到客源地文化的影响,日积月累、潜移默化形成的,虽然内涵模糊、外延广泛,但却最为基本也最牢固。比如,在 2008 北京奥运会举办之前,国外旅游者都担心北京的空气状况,许多游客甚至在踏上飞机的那一刻开始就戴上了口罩。然而当他们抵达北京之后才发现,并不是每天的天空都是灰蒙蒙的一片。之所以会给他们造成这样的感知取向,是因为游客受到在客源地获取的相关信息的影响。

(三)影响行为方式

行为方式是旅游者文化身份的重要组成部分,因此也强烈地受到了客源地文化的影响,特别是与生理需要相联系的那部分生活、行为习惯是很难改变的。因为这种生活习惯往往是一个人从幼年时代起,就在长时期的客源地文化的熏陶下养成了。例如各民族、各地区的人都有自己独特的饮食习惯。对与旅游者来讲,在旅游期间并非所有人能完全适应当地人的饮食习惯。许多到上海来的游客就对上海菜里的甜味不能适应,而上海人到川湘一带旅游又受不了当地的麻辣。除此以外,旅游者的衣着、语言、举止等都会受到客源地文化的影响。

---

[1] 薛会娟. 旅游者对旅游地感知场的形成机制探析. 桂林旅游高等专科学校学报,2007,(6)

不同地方的文化差异直接导致了旅游者在行为方式上与旅游地居民的差异,如果主客之间不能进行友好的接触与沟通,这种行为方式上的差异很容易使东道主与游客之间产生敌对情绪,甚至会发生冲突,这样就会严重影响到两个地区间的文化交流。曾有报道说,一些中国游客的行为遭到法国、加拿大等外国媒体的强烈批评,欧洲一些酒店和公园甚至用中文在大堂或者显眼的地方写明"不准吐痰",这实际上损害了中国游客在世界各地人中的形象。一个地区、民族、国家的文化素养很大程度上都是通过个人行为显示出来的,这也更能说明客源地文化对于旅游者的影响是不可忽略的。

二、目的地文化对旅游者的影响

目的地文化,是与客源地文化不同的异地文化,指在旅游目的地开展旅游活动并由此引起的相关文化现象,它既包括旅游资源、旅游设施、旅游产品组合、旅游基础设施、旅游服务设施等旅游吸引物,也包括目的地人文素质,如民俗民风、生活水平、地域条件等文化因素,更包括与旅游者自身文化背景相互作用、相互影响而产生的复杂的文化内容[1]。目的地与客源地的文化差异越大,对于旅游者的吸引力就越大。这种文化差异一方面激发着旅游者的旅游动机,另一方面在旅游的过程中也会对旅游者产生影响。这种影响不仅表现为能增长旅游知识、了解东道主社会,而且可能影响游客的认知能力、适应能力、调整能力、行为举止等,一次惊心动魄的旅行甚至有可能改变游客的一生。

根据美国心理学家斯坦利·普劳格(S. Plog)所做的研究(见图2-6),不同的人有不同的个性,对于旅游目的地类型的偏好也各不相同。普劳格研究发现:开放型的人思想开朗,兴趣广泛多变。行为表现上为喜新奇,好冒险,活动量大,不愿随大流,喜欢到那些偏僻的、不为人知的旅游地体验全新的经历,与不同文化背景的人会晤、交谈,想亲身体验异地风俗习惯,文化差异会激发他们旅游的动机;但是对于保守型者来说,他们思想谨小慎微、多忧多虑、不爱冒险。在行为表现上,这一类型的人喜安逸,好轻松,活动量少,喜欢熟悉的气氛和活动,比较欣赏团体旅游的方式,习惯做法是乘车到他们所熟悉的旅游地,文化差异会阻碍他们的旅游。因此我们可以发现,文化差异对旅游者来说,既有积极的推动作用,也有着消极的阻碍作用。

(一)目的地文化对旅游者积极的影响

普劳格的研究显示,对于开放型的旅游者来说,目的地文化差异越大,对他们的吸引力就越大。旅游者在旅游过程中所得到的不同于日常生活的体验满足

---

[1] 李琼英,方志远.旅游文化概论.华南理工大学出版社,2008:103

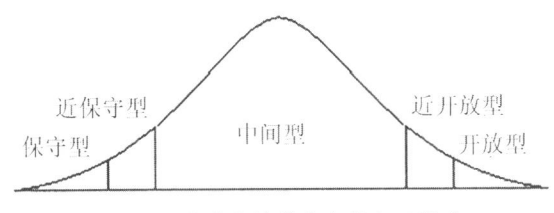

图 2-6　普劳格的游客个性心理模式

感更大,获得的收获也相应更多。这种积极的影响表现为旅游者在旅游目的地参与各项活动、在与当地居民的交流中增长了见闻、了解了新的文化,使身心在各个方面得到了提升,从而在旅游结束后能以更饱满的状态回归到正常生活中。据国家旅游局《海外旅游者抽样调查资料》(图 2-7),可以看到海外旅游者对我国山水风光、文物古迹、民俗风情旅游的兴趣最浓。对饮食烹调、文化艺术、旅游购物亦有较大兴趣。从旅游本质上来说,旅游者旅游的目的就是为了追求精神和文化的享受才进行旅游活动的,旅游目的地不同的文化特色对旅游者有着积极的推动作用。

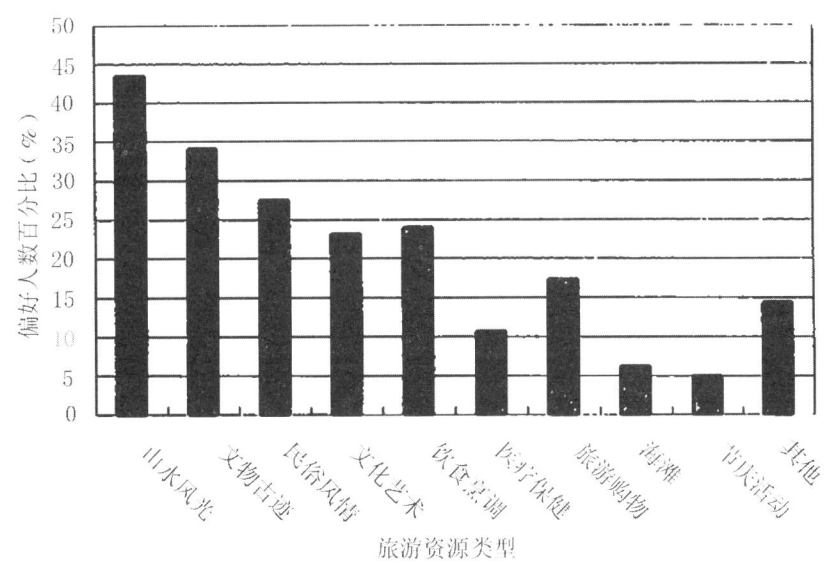

图 2-7　来华海外旅游者对我国旅游资源的选择偏好图(96～99 年)

(二)目的地文化对旅游者消极的影响

根据普劳格的研究,对于保守型的旅游者来说,目的地文化差异越大,对他们产生的阻力也就越大,文化差异成为令他们感到不安和恐惧的渊薮。比如,对异文化的恐惧、感觉被孤立、被无助地抛弃在一个陌生的世界、难以消化各种新印象、对异国语言的障碍等,有些影响还会延续到旅游者回到客源地之后,甚至彻底改变旅游者以往的人生观、世界观和价值观。不仅如此,从东道主社会来看,有些国家和地区的社会对于旅游的态度也会对旅游者造成一定的影响。比如中国人到非洲,到欧美和到印度、印尼去旅游会感到东道主完全不同的态度,东道主态度的不热情会降低旅游者的旅游体验满意度。随着经济全球化的发展,旅游者认识外界的能力逐步提高,文化差异对旅游者的消极影响也会逐步减弱。对于旅游者而言,应当保持开放、宽容的心态,消除文化偏见,改变民族中心主义视角,从而更客观地看待目的地的文化差异。

三、服务文化对旅游者的影响

服务文化是介于客源文化和东道文化之间的一种媒介文化或过渡文化,包括大众媒体、旅行社广告宣传、社会评论等。旅游者是通过旅游服务文化来感知旅游目的地文化的。各种旅游广告借助旅游地的标志物向旅游者传播旅游文化,影响着旅游者对目的地的文化感知。例如,2008北京奥运会的城市宣传短片中的万里长城、故宫、胡同等;2010上海世博会城市宣传短片里的金茂大厦、黄浦江、外滩、弄堂等,这些标志物将旅游城市的抽象文化变为具体的直观的物质,更易于使旅游者和潜在旅游者对旅游目的地形成生动的文化印象。从心理学的角度来看,连续不断的旅游广告,可以不断增强潜在的旅游者对旅游产品的注意力,诱发他们的旅游兴趣,激发他们的旅游购买欲望,从而影响其决策行为。特别是那些有特殊价值的旅游新产品进入市场时,一开始并不为人们所注意和接受,而广告、媒体宣传就有助于使人们建立新的旅游行为和观念。

除了广告媒介之外,社会评论对于旅游者也有一定的影响,这些评论不仅来自旅游专家、评论家,也来自大众旅游者,如生态旅游在我国的兴起,其很大程度上就是受到媒体与舆论的影响。信息时代下,网络毫不疑问拓宽了人们获取信息的渠道。广告媒体宣传的官方性和夸大性,使很多旅游者更偏向于"普通旅游者"群体的信息。从心理学角度来看,同一个社会群体在相同的情况下会有某些共同的心理行为,个体旅游者会直接或间接地受到群体参照作用的影响。很多旅游者在作旅游决策时,会大量收集来自朋友、同事,以及网络上各种"驴友"论坛的信息,在他们心中,这些信息比旅游广告更具有可信性和参考性。

在旅游的过程中,旅游的各种配套服务、旅游景点的组合安排、旅游吸引物的品牌形象等都会对旅游者产生一定的影响。以导游服务为例,尽管在提倡自助游的旅游者心中,导游似乎是"多余的"、"强迫的"的引导形象,但是对于那些缺乏经验的旅游者来说,导游的全程陪同服务增加了旅游者的安全感。导游与地陪之间的相互合作,可以最大限度地减少旅游者与异地社会环境之间的冲突,让旅游者能更好地适应异地文化和异地环境。当然,这对于导游素质和职业能力也有着更高的要求,让导游以良好的形象出现在旅游者面前,获得旅游者的信任。因为一旦旅游者对导游失去信任时,他就会担心被导游欺骗而增加其不安全感。

服务文化不仅在旅游决策的初期影响着旅游者的偏好、动机的激发,也会贯穿在异地旅游的整个过程中影响着旅游者的旅游体验与质量。良好的服务文化能更好地建立旅游目的地在旅游者心中的感知形象,也能更好地带动客源地文化和旅游目的地文化之间的友好交流,从而使旅游者更充分地与旅游目的地文化融合,丰富旅游经历。

重点概念

动机　旅游者的动机　旅游者的类型　文化身份　主客关系
种族中心主义　旅游凝视　文化中介者　符号
旅游主体文化　旅游客体文化　服务文化

复习思考题

1. 简述旅游动机的类型,并举出实例。
2. 列举三类旅游者,并分析其旅游行为特征。
3. 结合一次旅游经历,分析旅游运转过程中不同阶段的特征。
4. 简述文化身份的构成。
5. 分析文化身份的刻板印象。
6. 分析文化符号在旅游文化传播中的作用。
7. 如何降低目的地文化对旅游者的消极影响,谈谈你的看法。

主要参考文献

1. 邱扶东.旅游动机及其影响因素研究.心理科学,1996,19(6)
2. 滕霞,何忠诚.浅谈"推—拉"理论在旅游动机研究中的应用.科技经济市场,2007,(12)
3. (美)查尔斯·R.戈尔德耐等著.旅游业教程:原理、方法和实践.大连理工大学出版社,2003
4. 王宁,刘丹萍,马凌等.旅游社会学.南开大学出版社,2008
5. 张文.旅游影响——理论与实践.社会科学文献出版社,2007
6. 章海荣.旅游文化学.复旦大学出版社,2007
7. 杨慧,陈志明,张展鸿.旅游、人类学与中国社会.云南大学出版社,2002
8. 顾铮.现代大众旅游与摄影实践——"观光客的凝视"与"凝视的观光客".艺术评论,2009,(5)

9. 彭兆荣.旅游人类学.民族出版社,2004
10. 朱华.旅游学概论.北京大学出版社,2009
11. 刘丹萍.旅游凝视:从福柯到厄里.旅游学刊,2007,(6)
12. 杨振之,邹积艺.旅游的"符号化"与符号化旅游——对旅游及旅游开发的符号学审视.旅游学刊,2006,21(5)
13. 张明.中西方旅游者旅游动机差异性的文化层次分析.社科纵横,2008,(12)
14. 薛会娟.旅游者对旅游地感知场的形成机制探析.桂林旅游高等专科学校学报,2007,(6)
15. 李琼英,方志远.旅游文化概论.华南理工大学出版社,2008

第三章 旅游地文化

学习目的

旅游文化具备一定的地理特征,旅游地的文化是伴随着人类聚居地的成熟而形成的。不同类型的生态环境、地理区域影响旅游地文化的形成。通过本章的学习,了解不同文化聚落的类型和文化特征,初步掌握文化生态学的理论,学习文化圈、文化区的概念和形成特征。

主要内容

- 文化聚落与旅游地文化
  村落文化与旅游
  集镇文化与旅游
  城市文化与旅游
- 文化生态与旅游文化
  文化生态学
  文化生态旅游
- 文化区、文化圈与旅游地文化
  文化区
  文化圈

第一节 文化聚落与旅游地文化

从人类学的角度来看,旅游是人类的探索行为,它的产生和发展包含了许多文化内容,比如仪式、艺术、民俗等,这些都是人类活动不可或缺的。旅游的发展伴随着人类的活动而来,旅游地的形成则伴随着人类聚居地的成熟而形成。人类的聚居之地,在人文地理学上称之为"聚落",按其形式与功能分类,大致有村落、城市以及居于两者之间的集镇三大类。旅游目的地虽然并不限于聚落,但文化的创造与传播主要集中于人类居住与活动的区域。因此,在本节中,我们将从文化学的角度,以这些聚落为主要对象来学习旅游地文化。

一、村落文化与旅游

村落,指的是乡村聚落,是以农业活动和农业人口为主、因聚集生活在一起而建筑的规模较小的永久性居住场所,是人类从旧石器时代、母系氏族家族集合住所演变而来。村落文化是指一定的村落共同体在社会实践中创造的物质文明和精神文明的总和,也可认为是共同体精神生产和精神生活的总和。村落文化的出现和形成应该是人类从蒙昧时代的高级阶段到野蛮时代所发生的事情,即是从中石器时代到新石器时代所发生的原始农耕和畜牧业革命开始的,人类历史上的三次社会大分工成为村落发展的核心动力[①]。村落文化随着社会的发展而发展,人类的进步而进步。从原始的雏形到逐渐发育成熟、从低级状态逐步嬗变到高级状态,直至发展到今天的组成整个民间文化和丰富多姿、相辅相生且又相对独立的基层文化形态。

(一)村落类型

村落文化的形成经历了由季度性定居向永久性定居的发展,这反映了人类从游牧生活到畜牧、农业生活的转变。人类在游牧、采集和狩猎过程中已经懂得了如何为定居地选择有利的地点。山区里的溪、泉、井、高山地势、动植物资源等这些自然条件,很大程度上影响了村落的地理位置和类型。

1. 活动型村落

活动型村落是指没有固定地点而是随着季节的变化或暂居地的生产、生活条件的变化而不停地改变居住地,多分布在草原半干旱区、牧区、少数山区,即游牧部落。从定义中可以直接发现,生态环境的变化是导致游牧兴起的重要原因之一。借助风调雨顺而发展的农业生产受到挫折,人们在经济上增加了对畜牧或狩猎的依赖。由于对畜牧的依赖,马成为游牧民族最重要的生存工具。已有学者指出,马的驯化和传播是欧亚草原游牧兴起的关键[②]。随着人口、牲畜、氏族内的小单位群体越来越多,为了获得足够的资源,有些相邻氏族之间进行联合形成新的部落,有一些则开始有向周围地区扩展,这种扩展通常指向那些气候更

---

① 章海荣.旅游文化学.复旦大学出版社,2007:65
② 邵方.中国北方游牧业的起源问题初探.中国人民大学学报,2004,(1)

寒冷、先前较少有人活动的高原草原地带,并逐步形成不同群体的游牧圈。一个群体可能会相对固定地在一定的范围内随季节迁徙,也可能有较长距离的群体"移民"。例如,在内蒙古地区,早期的游牧部落大概是从黄河沿岸地带逐步向北移动,进入阴山山地和阴山以北的草原地带以及锡林郭勒、呼伦贝尔两大草原。尽管游牧民族在扩张移民的过程中被同化、被融入定居民族当中的事例在历史上司空见惯,但他们在早期却曾经同化、融合许多定居部族,为实现人类更大范围的文化、商贸交往铺平了道路,可以说对人类文化的发展、进步发挥了巨大的推动作用。

游牧部落的生产、生活方式对文化的形成也产生了巨大的影响。其生产居住、服饰饮食、丧葬祭祀、节庆娱乐、礼仪等,形成了与农耕文化截然不同的游牧部族文化,如长期的流动迁徙和狩猎生活使游牧部落的人们形成了能征善战的强悍气质和不屈不挠的倔强性格。在蒙古族传统节日那达慕上的主要项目就有赛马、射箭和摔跤,充分体现了游牧部落的生活文化。游牧文化的诞生,表明草原地带的人类对自身生存的环境有了深刻的理性认识,并能够选择适宜的生存和发展方式。然而游牧文化也有着自身难以逾越的局限性。游牧部落家畜饲养型的经济生活,起伏波动大、不稳定,恒定的草场面积又限制了牲畜数量增长,从而导致游牧民族的牧畜技术从匈奴时代直到近代无显著发展。随着发展程度更高的文明形态的出现,必然会对游牧社会形成强大的冲击,此时游牧文化的变迁也就势在必行了。直至近代工业文明的兴起,游牧渐渐改为定牧,从而向农耕村落发展。

2. 固定型村落

固定型村落是相对于活动型村落而言的,是人类社会第一次社会大分工即农业(种植业)从畜牧业中分离出来的产物,这一革命性的变迁使人们从狩猎走向农耕。农耕生活决定了人们不再四处迁徙,从而使定居生活成为可能。定居以后,逐渐形成邻里关系、家庭制度和组织等,也就形成了固定型的村落。根据其不同形态可以分成密集型、分散型和半聚集型的乡村聚落(见表3-1)。

表 3-1 固定型村落形态

	形态	聚集原因	类型
密集型	人口密集,村落规模较大	自然条件优良,社会环境稳定	街道式村落、环形村落(环绕绿地、教堂等)、棋盘式村落
分散型	分布分散,往往几户农家相对集中	耕地面积小,地形条件不好	水稻地区的村落、西欧孤立的农场
半聚集型	户数较少,村落小	受耕地或供水等因素的限制	山区小村和法国式的村落

从表 3-1 中可以发现,影响村落类型的形成因素主要有宜于农耕的土地和除土地以外的其他自然环境条件,如水源、能源、地形、气候等,这些因素直接造成了农村聚落在规模、功能、分布上特征的不同。

(1)规模

村落的规模跟村落选址、人口数量和密度、分工以及经济发达程度有关。所有的农村聚落数量和规模形成了一个金字塔结构,最底层是数量巨大而规模很小的农村聚落,每个聚落地人数从几十人到几百人不等;向上则规模扩大,从几百人到几千人的聚落,但这样的村落数量少;再向上,人口规模越来越大,而聚落数量越来越少;居于上层的是规模最大的聚落。可以说,规模较大的聚落已经是市镇或城市,与一般的农村聚落有功能上的差别[1]。

(2)功能

对于大多数农村聚落而言,最突出的核心功能就是居住和生产生活。对于规模较大、较为成熟的村落而言,则会形成一定的商贸功能、管理功能,根据村落里人们的地位、能力而产生一定的管理中心,并制定相关的制度,更好地促进村落集市的发展,带动商品交易。在战争时代,有些村落也会具有一定的防御功能,村落会选在地势低洼、山地起伏的地区以更好地保卫村民安全。

(3)分布

村落的分布与生活条件有着一定的关系。在生活条件好的地区,人口密度大,聚落的数量、规模都比较大,村落的分布比较集中;而在一些偏僻的山区,由于自然环境和社会条件的影响,聚落的规模、人口密度小,分布也相对较为分散。在村落选址中,主要都聚集在肥沃的江河流域,这种分布显示出了人类与自然的亲和力,也更显现出人类对于自然环境的支配,人类已经学会利用自然条件创造自己的生活环境。

(二)村落文化的特征

村落文化是以村落为载体的农民生活文化,这实际上包含了两个层次的意思,一是以村落为"单元",即同一村落有相同的文化特质,相邻的村落有相近的文化特质,村落文化不可能脱离特定的村落而独立存在;二是这种文化与农民的日常生活和生产紧密相关,具有很强的实用性和浓郁的生活气息[2]。从历史角度来看,村落文化表现的是一个村落千百年发展演变的根源和积累的内在精神,是村落之根和村落之魂;从现实角度来看,村落文化往往表现为由民俗特色、交通地理特色、物产特色、文体特色等构成的特色文化景观,是村落历史的延续与

---

[1] 章海荣.旅游文化学.复旦大学出版社,2007:69
[2] 陈世娟.论村落文化的基本特征.湖北师范学院学报哲学社会科学版,1993,(13)

发展。概括地说,村落文化应该具有以下一些特点:

1. 地域性

地域性即地方性,是村落文化在空间上所显示的特征,每一村落文化的形成、发展和消失,均受一定地域的生产生活条件和地缘关系的制约。不同的地方有不同的乡风民俗,不同的乡风民俗会留下不同的文化遗产和生活习惯。这些因地理迥异而形成的村落文化和传统节日,必然显示出本地域、本民族长期沉淀、积累乃至凝固的鲜明特色。我国地大物博,南低北高的地理形势本身就是一大地域特色,加上南北气候不同、生活条件不同,也由此带来了村落文化的不同,使得南北村民的生活习惯、心理状态乃至性格特征也各不相同。北方欣赏信天游、西北风一类的边塞情调的高亢,南方则偏向黄梅戏、越剧一类的江南小调的细腻;"临水识鱼性,近山知鸟音",讲的是因地域不同,人们认识的事物就不同,从而获得的认识就有差异;"十里不同风,百里不同俗",讲的是地域不同,习俗也不尽相同。这些都说明了村落文化具有地域的特征,也说明了村落文化的地域性具有深刻的影响力。

2. 承传性

传承性是保持村落文化特色的重要因素,没有传承性也就不可能形成某村落的特色,这是村落文化区别于其他文化的重要特征。村落文化是根植于民族传统遗产这块沃土上,在中国长达两千多年的封建统治中,村落文化在中国农村社会得到了充分的发展与延续,并以其不可抗拒的强文化势力越过时空向其他领域渗透和漫延。无论是中国传统的城镇与乡村,还是现代化进程中的中国村庄与都市都有村落文化的印迹。宗教文化、民间艺术、节日活动等传统习俗仍然是村落文化的主要内容,是村落文化传承的重要纽带,也是村落文化的根基。王安石《元日》诗中所写的"爆竹声中一岁除,春风送暖入屠苏,千门万户曈曈日,总把新桃换旧符"。这种热热闹闹欢度新春佳节的形式从古到今没多大的改变,只不过随着经济的发展和时代的变迁,传统习俗的内容发生了一点变化,根本的形式还是在延续。年三十的年饭还是要吃,但是佳肴却年年丰富。这实际上也说明了村落文化在具有历史传承性的同时也能与时俱进,能在不同时期、不同社会适应不同的文化生活需要,具有时代感,不断被赋予新的时代内涵。

3. 变异性

村落文化的形成是与一定历史条件、社会环境的文化土壤紧密联系在一起的。随着历史的变迁和社会的变动,它必然在承传的基础上发生差异。这种变异可能是某些新形式的出现,或者是新内容与传统形式的结合。以元宵节为例,元宵节本源于人们对火的崇拜,以后演变成"火把节",人们希望"持炬驱疫","消灾避祸",所以有"烧元宵"之说。在"火把节"的基础上,又演变为民间娱乐和充满艺术情趣的节日。而今天,元宵节又增添了"搭台唱戏"的新内容,这就是文化变异的结果①。村落文化的变异一方面体现出了与时代的接轨的积极一面;另一方面,当村落文化用于乡村旅游产品开发时,为了增强体验性和观赏性而导致其文化的变异就是消极的一面。游客在旅游过程中所光顾的村落常常是"特色"很浓的舞台化村落,他们所感知到的文化实际上可能是已经"变异"的、"面目全非"的村落文化。因此,保护社会变迁和旅游开发中的村落文化本质的传承与完整也是一项重要的任务。

(三)村落文化的形态

文化形态是一种具有类似生命特征的历史或社会现象,是感知文化的中介体。村落文化的形态可以分成物质形态和非物质形态。

1. 物质形态

(1)村落的架构

一般村落架构的要素包括地脉、坐落、地物(道路、桥梁、江河、植被)等,都极具文化意蕴,特别是其中的地脉文化、坐落文化。处在同一地域内的村落有着相同性,但各自的个性也是明显的。江南的一些水乡就是因为在地物上的亲水性,依水而建,使不同村落在文化上具有一定的相同性,比如乌镇、朱家角、周庄等,但是又因其不同的地脉而具有不同的特色。

(2)村落的建筑

自然环境对于村落文化的创造十分重要,同样也影响着村落的建筑。这种居住文化特质在现代村落中也看得出来。山区的建筑往往依山就势、傍山而筑,错落有致形成立体的建筑景观;云南西双版纳地区人们多用竹木作为建筑材料,因此,傣家主楼成为云南民族风情旅游的主要景观;同样还有北方黄土高原地区的窑洞、皖南村落的祠堂等。建筑文化是村落文化中最直观、最易感的部分,不同自然环境下形成的村落建筑,显示出了不同的文化特质。

(3)村落的器具

器具是村落文化中最贴近村民生活的文化载体,日用器具的要素包括家具、农具、用具等,不同地域间的日用器具也有一定的差异,其突出表现为于因地制宜的本土性融入了各种不同的文化元素。西藏地区村落的许多日用生活器皿是用金银做的,民间经常可见用银做成的勺子、筷子、碗和盘,做工十分细腻精致,表层刻有龙、虎、狮、象、凤凰、孔雀八祥徽等图案,花样栩栩如生,雕琢玲珑剔透,这种工艺也世代相传,体现了藏族文化和技术的传承。

---

① 卢荣轩,童辉波.试论村落文化的基本特征及历史性变革.社会主义研究,1993,(1)

2.非物质形态

(1)家庭文化

家庭是社会的细胞,是村落共同体的单元,因此家庭文化自然就成为村落文化的重要组成部分。家庭不仅具有生产、消费等基础功能,也会有家庭文化。家族的血统观念、宗族制度、家规家法等构成了村落文化的基本内容,是对村落文化的映射。在乡村旅游中,很多人选择住农家宅吃农家菜,就是在与村落家庭的接触中,直接地感受到村落文化。

(2)信仰文化

在村落文化中,信仰文化世代传承,拥有广泛的社会基础,它的初始表现形式是自然图腾、动植物图腾等,以后逐步发展为对鬼神、对佛祖、对上帝的信仰崇拜。因此,信仰文化包括宗教文化、鬼神文化、图腾文化等内容,如汉族的百家姓。有些也与图腾信仰有关,仡佬族的葫芦图腾和彝族的虎图腾等等,在民间都还残存着遗迹①。

(3)习俗文化

习俗即风俗习惯,习俗文化是历史上约定俗成的风俗习惯逐步积淀而成的文化心理和文化现象。所以,习俗文化是一种传统的文化观念,人们的各种风俗习惯大都蕴含着求吉利、盼祥和、讲忌讳的文化心态。习俗文化从内容到形式,无不浸透在村民生产生活的各个方面。从生老病死到婚丧嫁娶,从衣食住行到待人接物,都有着鲜明的习俗印记。从一定意义上说,没有习俗、没有民风,就没有村落文化。

(4)节日文化

我国的传统节日是农业文明的伴生物,节期选择本身便是农业社会生产生活规律的特殊表现形式。节日中诸多的礼俗深刻地体现了一个村落、族群、民族的伦理观念和人情味。节日本身是一种习俗,同时又是对村民承传习俗的一种时间规定。各民族都有自己的传统节日,例如,汉族的春节、傣族的泼水节、回族的古尔邦节等。

除了以上四类,村落文化还包括科技、教育、民谚、传说等内容,以及山歌、号子、灯笼、旱船、谜语、春联、舞蹈、社戏等艺术表现形式,他们共同构成了丰富多彩的村落文化。

二、集镇文化与旅游

随着社会的发展,人口不断繁衍、数量不断增加,村民在各自的居住地域范

---

① 钟敬文.民俗学概论.上海文艺出版社,2008:191

围内进行"商品交换","商业性"交往日益频繁,地缘圈逐渐扩大,大规模民众杂错而居,最终导致集镇的出现。集镇是介于城市与乡村之间的过渡性聚落,从地理学上来说也是乡村聚落的一种,集镇是具有工业生产活动的乡村,是商业、手工业中心。

(一)集镇的产生

集镇产生于商品交换开始发展的奴隶社会,它的出现是社会分工的结果。人类历史上一共经历了三次社会大分工,第一次是农业与畜牧业分离,出现了以从事种植业为主的村落文化;第二次是手工业从农业中分离出来,出现从事手工业制作和以商品交换为目的的生产人群;第三次是在商品交换的基础上,商业和物质生产部门分离,出现了一个不从事生产只从事交换的商人阶级。他们作为生产者之间的中间人,剥削生产者,并取得了生产的领导权。集镇产生于第二次分工。中国《周易·系辞》已有"列廛于国,日中为市,致天下之民,聚天下之货,交易而退,各得其所"的记载。集镇的形成和发展多与集市有关,宋代以后集市普遍发展,集镇也随之增多。集市最初往往是依托于物资集散的地点,而后逐渐发展成为定期进行商品交易的场所,我国北方称为"巢",在南方称为"墟"、"场"、"会"、"集"等,以及一些庙会、香会、骡马大会等大型集市,继而在这些地方渐次建立经常性商业服务设施。比如在位置适中、交通方便、规模较大的集市上,开设了酒馆、客栈等服务设施,商人们也逐渐在此地定居,因此集市逐渐成长为集镇。在集镇形成后,大都保留着传统的定期集市,继续成为集镇发展的重要因素。随着经济和集镇的发展,集市对集镇的意义则会减弱和消失。

(二)集镇文化的形成

一种地域文化的形成,总是离不开它所处的自然地理环境、经济环境和文化环境。自晋朝的"永嘉之乱"、唐朝"安史之乱"和宋朝的"靖康之难",造成我国人口三次大规模向南方迁移的浪潮后,我国文化开始南移。许多知识分子流入南方,带去了生产技术和知识,加之江南优厚的自然条件,很快使江南的经济、文化超越了北方[①]。江南地区形成了许多成熟的集镇,集镇文化也由此发展起来。具体地说,江南古镇文化的成因,很大程度上依赖于良好的水乡生态环境、明清以来商品经济的发展以及本身悠久的历史文化传统。

1.水乡的生态环境

水源是集镇文化发展的重要条件之一,我国古代集镇大多邻江河湖泊而建。丰富的水源不仅能满足集镇生活生产用水,又能提供便利的水利交通条件。江南古镇位于江南运河段,地势低洼、河网密布。良好的自然生态环境使江南古镇

[①] 章海荣.旅游文化学.复旦大学出版社,2007:94

形成了因水成镇、因水成市的亲水性文化。吴越文化的"水"环境,创造了以"水"为中心的生活环境、生活方式和文化形态,它直接影响了古镇的自然风貌、民居风格、城镇格局和生活方式。

2. 商品经济的发展

河运、商品经济与城镇兴建、繁荣之间构成了同步运动。运河一方面带来了灌溉之利,使得农业得以发展,另一方面也促进了商品交换的发展,使集镇成为商业中心。江南古镇因其"水"的环境,形成了颇具特色的"水市"商业中心,如南浔、乌镇是丝业专业市镇;同里是棉布业中心和造船业中心;周庄则是一个竹木器业和水产业专业市镇;西塘则是一个产漆器的名镇[①]。富庶的经济,导致了大量财富的集聚,从而带动了古镇文化的繁荣。

3. 历史文化传统

文化具有一定的承传性,江南古镇是我国吴越文化形成和发展的地区,长期安逸稳定的政治环境和得天独厚的自然环境吸引了社会精英的流寓、定居,从而赋予了古镇更深的文化积淀。文人雅士的流寓、本土士人的崛起,为古镇文化丰富了内涵。他们积极参与地方文化建设、提倡新风尚,一些望族在古镇的历史发展中也留下了丰富的历史文化遗产,如各种文化园林、名人故居等等,这些文化传统在岁月的长河中保存了下来,深刻地影响着古镇文化的形成。

(三)古镇文化与旅游开发

随着人们越来越关注对"过去时间"的体验,古镇游也成了现在文化旅游市场上比较热门的产品,其中江南水乡古镇旅游产品正显示出越来越强的市场竞争力。在这种开发大背景下,水乡文化旅游资源的开发就尤其值得关注。古镇文化资源由众多形态要素构成,商业、宗教、城墙、民居、街坊、店铺、官府驻地、河流、山地、农田、土地、风味小吃、手工艺品、地方特产、民俗活动等等,这些共同构成了一座古镇的整体风貌特色。在这里,我们可以简单地从建筑文化、饮食文化和名人文化来分析古镇文化资源。

1. 建筑文化资源

建筑能给游客带来最直观的文化感知印象,小到民居建筑中的小品或建筑构件,大到整体的建筑布局与格局,无论是布满青苔的石子路、残旧的砖雕门楼、还是青瓦屋顶,都透露着古镇历史的痕迹。民居正面朝路,四周均有邻里,水、陆平行,呈棋盘状格局,依水成街、沿水筑屋、前店后坊、上宅下店也是江南市镇很突出的一种建筑形式,还有街道、园林、弄堂、寺庙、各类商铺等其他各类建筑。因为江南水乡特有的水的格局,所以在各类建筑中,桥梁与核心文化旅游资源的

---

① 陆建伟.试论江南六大古镇的文化成因.湖州职业技术学院学报,2003,(2)

关系最为密切。每个古镇都有桥梁,且各时代都有一定历史文化意义。游客在古镇观光的过程中通过感知这些不同建筑的特色来体味古镇的文化。

2.饮食文化资源

饮食是旅游六大要素之一,饮食文化也是当地文化承传的一种体现。从历史上来看,江南水乡古镇都具有很长的发展历史,均超过一千年。在其发展过程中,由于当地风俗习惯的区别,产生了独特的饮食文化,其最具传统的部分是这些食品的文化内涵,特别是一些特产小吃,如,同里的闵饼、青团子、袜底酥等,都有着一定的典故。除此以外,由于江南水乡的浓厚地域性,在饮食上也尤以河鲜为特色。各类具有特色的食品对于以休闲为目的的游客来说都有很大吸引力。

3.名人文化资源[①]

一个地区的名人文化,是通过当地文化的历史积累而形成的。江南水乡古镇的名人文化旅游资源的特点是名人众多,且偏重于近代名人。江南水乡古镇的名人文化旅游资源是通过名人故居、名人墓和名人纪念馆等景观展现的。以江南九大水乡古镇为例,拥有名人故居、名人墓或名人纪念馆的景观有24处(见表3-2)。

表3-2 江南九大水乡古镇名人故居、名人墓或名人纪念馆景观

西塘3处	王宅、薛宅、倪宅
南浔3处	张静江故居、张石铭故居、陆坟
乌镇2处	茅盾纪念馆、翰林第
周庄3处	沈厅、张厅、叶楚伦纪念馆
同里2处	嘉荫堂、崇本堂
甪直6处	萧宅(萧芳芳纪念馆)、叶圣陶墓、叶圣陶纪念馆、陆龟蒙墓、王韬纪念馆、沈宅
木渎2处	榜眼府邸、古松园
锦溪1处	陈妃冢
朱家角2处	王昶纪念馆、席氏厅堂

从表3-2可以看出,在九大水乡的24处名人文化景观中有张静江故居等19处近代名人文化景观,陈妃冢等5处古代名人文化景观。这样就形成了江南水乡古镇特有的以近代名人文化旅游资源为主的空间上多方位、时间上多层次的名人文化旅游资源。

三、城市文化与旅游

城市是伴随人类文明与进步发展起来的。经历了三次社会大分工后,交易

---

① 顾金林.江南水乡古镇文化旅游资源开发分析.北方经济,2009,(7)

的繁荣和扩大逐步形成了许多手工业和商业的集中地,集镇逐步发展成为城市,继而城市文明开始传播。城市是社会经济发展的必然产物,也就是说,当社会经济发展到一定阶段,必然会出现城市。由于各个国家和地区经济发展的水平不同,城市出现的时代也就有了差异。

(一)城市起源

学术界关于城市的起源有三种说法:一是防御说,即建城郭的目的是为了不受外敌侵犯,《黄帝内传》、《世本》、《淮南子》、《吴越春秋》等古籍,都记载黄帝"筑城"或"鲧作城郭",而且还特别说明"筑城以卫君,造郭以守民",这显然是防御工程。二是集市说,认为随着社会生产发展,人们手里有了多余的农产品、畜产品,需要有个集市进行交换。进行交换的地方逐渐固定了,聚集的人多了,就有了市,后来就建起了城。三是社会分工说,认为随着社会生产力不断发展,一个民族内部出现了一部分人专门从事手工业、商业,一部分人专门从事农业。从事手工业、商业的人需要有个地方集中起来,进行生产、交换,所以才有了城市的产生和发展。中国城市出现的最早时代应该是西周,因为只有西周的都城丰镐设市,也有《周礼·考工记》为证。在中国古代,作为防御功能的城和作为商品交换的市是早就存在的,但各有自己的功能,二者之间没有结合起来。只有当城内或城的附近设市,形成了一定的经济中心的时候才出现了城市。因此只有当"城"与"市"合二为一、相互依存,既有以保障安全和秩序的防卫设施又有满足市场需要的商品交换时,才能称之为"城市"。随着人类社会的不断发展,城市已经成为人口最集中、功能最齐全、信息最密集、文化创造最丰富的聚居地,城市规模、城市功能、城市布局和城市交通等方面的不断变化,促使城市也相应地不断变革与发展。

(二)城市文化

每一个陌生的城市,都会给人以一种陌生的感觉,提醒你自己是一个局外人。千差万别的城市文化,无不以一种特有的文化符号叩击着人们的心扉,并表现为某种形象留在人们的心中。文化好比一座城市的特质,处处彰显着与其他地方的不同。文化是城市的红线,是城市的品质,是城市的根,是城市物质文明和精神文明的支柱,是城市发展的凝聚力[①]。城市文化是一个综合性的概念,从图3-1中可以看到,城市文化涵盖的内容非常广泛,包含了城市精神文化、物质文化、建筑文化、自然文化、管理文化、制度文化、行为文化等,是人与人、人与环境以及环境的社会属性的集中体现。

---

① 任志远.透视城市与城市规划.中国电力出版社,2005:257

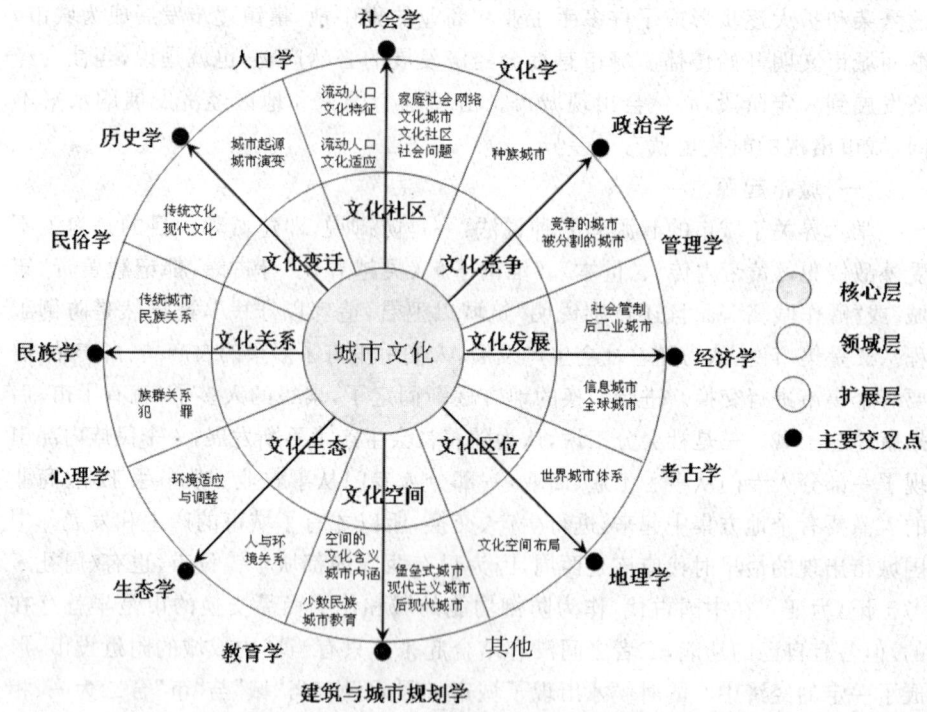

图 3-1 城市文化内容体系图①

1. 文化特征

城市文化作为特定集聚地的文化,也具有一定的文化特征,我们从地域性、多样性和开放性这三方面来进行分析。

(1)地域性

不同地区的城市具有不同的文化特征,比如上海的海派文化、西安的汉唐文化、重庆的巴渝文化、哈尔滨的冰雪文化等,这是因为每一座城市在选址的时候就决定了文化的地域性。影响城市选址的因素包括了交通、地质、地形、生态、气候、资源、人口等诸多条件,这些条件在一座城市形成的初始就开始影响着城市的自然景观和文化景观,继而影响了生活在这座城市里的人们的性格气质、思想感情,进而影响人们对客观事物的审美观、功利评价等。所以城市文化一定带有鲜明的地域性。地域性是任何一种文化所必有的、基本的特征,脱离了地域谈文化,是毫无意义的。

---

① 沈清基,刘波.都市人类学与城市规划.城市规划学刊,2007,(05)

(2) 多样性

城市社会结构的复杂决定了城市文化的多样性特征,城市文化的包容性让城市文化得到了多样性的发展。一座城市的文化在自身继承性和相对独立发展的同时,也会包容其他文化的存在并在相当长的时期内保存下来,这就成为文化多样性的一个客观原因。因此,在一个城市里,除了有一个主体性文化,还存在着许多外来文化。随着信息时代和全球化进程,城市文化也需要多样化的发展,从而改变眼前令人窒息的城市环境,让城市在多元文化中更有活力地发展。

(3) 开放性

古老的村落由于信息流通的闭塞,知识的累积不够以及思想上高度的排他性,使得村落文化在发展上仅仅是对上一代文化的复制与延续。但在城市,由于城市信息灵通和人文精神的包容,各种外来文化易于渗透到城市中来。除此之外,现代城市更经常地利用各种媒体推介与宣传,以及在城市建筑符号、城市小品中的表达和传播城市文化,也进一步体现了文化的开放性。现代城市一方面吸收外来文化,另一方面释放着自身文化,因此,开放性也是城市文化的一个非常重要的特征。

2. 文化要素

每一座城市由于其历史条件、地理位置、民族信仰、发展经历、社会结构和经济水平的不同,其城市文化的要素和形态也会不尽相同。但无论是怎样的文化,都存在着一定的共性,从图3-2中的Ⅰ可以看到,文化的构成应该具有三个层次:第一个层次也就是最表层的是物质层。物质方面的包括建筑等有形的与其特定的生活方式相适应的物质品,精神方面的包括绘画、书籍、广告电视电影等有其具体的物质载体的为满足精神和人类知识发展的文化形态。第二个层次也即中间层次,主要指社会的组织和制度。这部分虽然不直接表现为文化形态,但却是人类文化的体现和产物。第三个层次是最为重要的,是文化与社会发展的内驱力,是文化的精髓和主要表现形式[①]。由此可以相应对应出城市文化的要素的三个层次,见图3-2的Ⅱ。最内圈即最核心的是精神要素,包括观念要素与人文要素,主要包括意识形态、宗教观念以及生活态度等;中间的层次是组织和制度要素,主要是指城市管理体系、社会分层,以及城市居民在日常生活中的交往方式、行为规范等;最表面的一层是物质要素,同文化的表层一样,是指城市建筑风格、特色、色彩的文化内涵,街区的结构与风貌,城市的空间布局等。

3. 文化载体

人们在感知城市文化的时候,往往需要一些文化中介,这种文化中介可称为

---

① 林梓.城市文化及其发展.社会科学家,1987,(1)

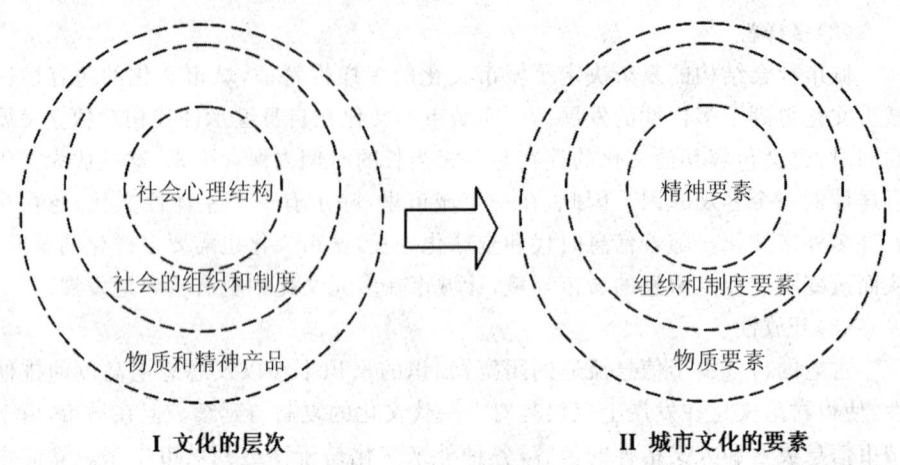

图 3-2　城市文化要素层次

文化载体。城市文化的表达离不开城市文化载体,或者可以认为城市文化载体是城市文化的物质表现。城市文化载体负载着城市文化的各层次要素,不同类型的载体以或直观、或生动、或含蓄的方式向每一位来到城市的"陌生"旅游者讲述并传达着一座城市历史故事和文化精髓。我们可以从内在和外在两个方面把城市文化载体划分成空间载体、符号载体和活动载体三个类型(见表3-3)。

表 3-3　城市文化载体分类一览表

	载体类型	载体内容
外在	城市空间载体	自然景观空间
		休闲娱乐空间
		纪念空间
		商业空间
	城市符号载体	建筑与建筑符号
		小品与公共设施
		城市标识
内在	城市活动载体	休闲文化活动
		民俗活动
		商业活动
		城市节事

城市空间载体和城市符号载体以直观的可视性直接让游客得以感知城市的文化特色。这些外在文化载体无论是大型的城市空间还是一处小小的城市小品,都以其独特的代表性体现着一座城市的整体特色,他们往往是城市里一些最

为显眼的城市建筑,如上海的金茂大厦、东方明珠,伦敦的塔桥,巴黎的铁塔和凯旋门;或是城市最具代表性的娱乐街区,如上海的南京路步行街、北京的王府井;又或是最具有历史风味的城市景区,如上海的外滩、杭州西湖等。城市活动载体传达的是城市文化的内涵,是一座城市的"魂"。游客在各种类型的活动中所体会到的是一座城市的人文精神和最本质的文化精髓。休闲文化活动反映出的是城市最真实、最贴近市民的文化,从细节中流露中一座城市的风格,比如从成都处处可见的茶馆和人们爱饮茶的习惯折射出一座城市的休闲理念和茶文化对其的影响;民俗活动反映出的是城市最传统的文化,对于城市的发展具有重要的作用,比如西班牙的斗牛、巴西的狂欢节等都各具特色;商业活动反映出的是一座城市最时尚最有魅力的文化影响,也是城市不同层次、不同形式文化的综合展现;城市节事反映出的是一座城市的整体形象,对于城市发展以及城市文化的宣传起着极其重要的作用,比如上海的旅游节、哈尔滨啤酒节等,不仅带来了巨大的经济效益,还增强了城市的知名度,烘托出城市的整体形象。总的来说,不同类型的文化载体将城市文化在物质、行为、精神等不同层面展示出来,让游客更具体地感知到了城市的地域特色和文化精神。

(三)城市游憩[①]

"游憩"一词最早出现在城市规划学科中。1933年,国际现代建筑协会制定的《雅典宪章》首次提出:城市规划的目的是解决居住、工业、游憩、交通四大活动的正常运行。这不仅仅对城市游憩发展具有重要的意义,对现代城市的发展也具有积极的指导意义。游憩作为城市四大功能之一,成为衡量一座城市功能是否完善的标志。城市游憩是指人们在闲暇时间,利用城市(包括市区和郊区),所拥有的自然资源、人文资源以及人工吸引物,所进行的以恢复体力和精力为目的的一切娱乐活动。由于城市本身具有多种综合功能,各种配套服务设施齐全,同时商业、科教、文化等活动日益活跃,使城市不仅具备游憩所必备的各种功能,且能提供其他地区所缺乏的娱乐文化设施,形成独特的体验享受,城市游憩的研究也成为了旅游学者关注的热点之一。

城市游憩的发展与城市功能的不断完善是密不可分的。现代城市是一个多种功能和要素的复合体,是区域的中心和人类文明的汇集点。其功能和要素的构成与人类社会的发展阶段紧密相关。人类社会新的发展必然使城市产生新的功能和要素,进而促使城市的功能和要素向更复杂更高级的阶段演化。游憩正是这种演化进程中出现的新的城市功能和要素。事实上,人类自古以来就有游憩的需求。只不过在城市发展的早期,城市满足人类游憩需求方面的矛盾并不

[①] 朱立新.城市游憩学.南开大学出版社,2009:9—11

突出。自工业革命以来,城市的发展主要是受经济的推动,城市建设所追求的目标主要是经济目标,追求高的生产效率和经济利益,以满足城市居民日益增长的物质需求。当生产力水平发展到一定阶段,城市居民的物质需求得到基本的满足之后,城市居民在精神方面的需求必然日显突出,对城市的功能和要素也必然提出相应的要求。游憩需求作为居民精神需求的一个重要方面,理应是城市规划建设中所必须给予重视的。城市游憩功能的开发建设不仅符合城市发展趋势,是社会发展的必然要求,而且也是工业时代过分追求城市的生产效能的结果。

从长远来看,城市是游憩目的地的主要体现或集中体现,是游憩需求的产生地、城乡资源的统筹地、游憩产业的发展地同时也是游憩设施的聚集地和游憩时尚的弘扬地。游憩对于城市的发展同样具有反作用力,好的游憩感知形象可以帮助目的地城市树立良好的品牌形象,游憩设施的跟进和发展可以提高城市人的生活水平,形成城市发展导向,并塑造城市特有的文化品位。

第二节 文化生态与旅游文化

一、文化生态学

文化生态学(Cultural Ecology)是人类学家从生物学家那里借用生态学的术语而创建的。生态(ecology)一词最初是用来表示生物与环境的关系,原属生物学的内容。最早把"生态"与"文化"相结合而提出"文化生态"这一概念的是德国生物学家 E. H. 海克尔,用以研究文化与整个环境生物集的关系。文化生态学的正式确立是由美国人类学家斯图尔德(Steweardm J. H., 1902—1972)在《文化进化和过程》(1953)一书中提出的。他认为文化的特征和文化的变迁是环境影响的结果,环境的多样性带来文化的多样性。斯氏所创立的文化生态学,几十年来在西方已有长足发展,但其基本取向依然集中于对早期人类的生产、生活方式与生态环境的相互关系的考察。随着文化生态学理论的不断发展,现代文化生态学的理论框架也在不断扩充与完善。江金波(2005)从宏观、中观和微观三个层面探讨了现代文化生态学的理论框架和研究规律(见图 3-3)。宏观研究层面考察区域文化与其所在的地理环境关系;中观研究层面研究物质文化、精神文化与制度文化相互渗透、互为表里的关系;微观研究层面研究不同文化内部各文化景观产生、发展的互相影响及其各自特质的形成与地理环境的感知、影射密切关系,三个研究层面是逐层渗透和进化的。由此我们也可以发现文化生态学主要研究的是环境对人类文化的影响,以及人类如何适应环境、利用和改造环境而创造文化。

文化生态学主张从人、自然、社会、文化的各种变量的交互作用中研究文化产生、发展的规律,用以寻求不同民族文化发展的特殊形貌和模式①。在一定环境中,物质文化、精神文化与制度文化的相互形象和作用,必然会形成一种共生关系,这种关系影响着文化的产生和形成,促进其发展成为不同类型的文化模式。例如,一个民族的生产生活、文学艺术、风俗礼仪等文化,不仅是对自然环境的适应,也是对社会文化环境的适应,而且这个民族的文化发展模式必然是区别于其他民族的文化发展模式。所以我们在研究文化的时候,需要将文化放到一定区域的整体环境(自然地理环境和社会文化环境)中去探讨它的形成规律。

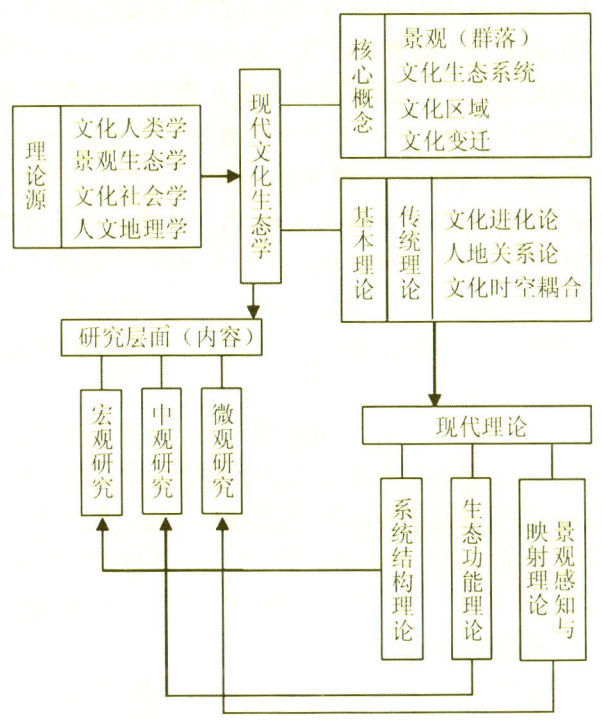

图3-3 现代文化生态学的理论构架②

---

① 周尚意,孔翔,朱竑.文化地理学.高等教育出版社,2008:98
② 江金波.论文化生态学的理论发展与新构架.人文地理,2005,(4)

(一) 自然地理环境与文化的形成

自然环境是文化赖以生存和发展的各种自然条件,地理环境对于文化的发展虽然不起最后的决定作用,但却起着重大的影响。地理环境是文化发展的基础和条件,在地域文化特征形成、发展速度等方面扮演着重要的作用。

在对文化的考察研究中,人们很早就注意到自然环境对文化发展的影响。"物竞天择,适者生存",人类至今离不开对大自然的依赖。以齐文化为例,齐文化形成独具鲜明特色的地域文化,与其独特的自然环境有密不可分的关系。

首先,齐国山海相间,河流众多,土地肥沃,气候温暖,雨量充沛,良好的天然自然环境使齐国不仅在农牧业生产上获得高水平发展,还为齐文化的发展、繁荣、兴盛打下了坚实的物质基础。其次,齐国发达的水陆交通条件为齐文化与各地域文化的交流提供了极有利的方便条件,这使齐文化具有开放性特点,善于吸收其他外来文化发展自身文化,并不断向外传播本国文化。由于齐国濒临大海,使它具有许多内陆国家所不能拥有的海洋文化的特点。在宗教习尚上,海滨及海岛社会所特有的海仙传说的盛行,以及齐文化中海仙崇拜、八祠神说、方士巫术乃至阴阳五行思想等的形成都与其靠海的地理环境有着直接的关系。第三,齐国西、南两面,都与单纯的内陆诸国接壤,这些地方是中华民族文化最早的发祥地之一,属于河谷文化或被称为黄土文化,这些文化在齐立国之后,以周鲁文化的巨大影响力和辐射作用,对齐文化产生巨大影响[①]。因此我们可以认为,齐文化具有滨海文化与内陆文化交汇融合的特点,之所以形成独具特色的文化类型,成为开放的、先进的地域文化,都与它优越的自然条件和特殊的地理环境有着密不可分的关系。

在今天,各地区、各名族的地方文化都是当地居民数千年来其与环境抗争和适应的结果,什么样的自然环境就孕育出什么样的地方文化。但是必须指出的是,自然环境不是形成文化的决定因素,人类才是文化的创造者。文化是人类在与环境的适应中不断沉淀和发展而形成的,自然环境是文化发展必须依托的空间载体,为了人类文化的可持续发展,必须做到人与自然的和谐共处。

(二) 社会文化环境与文化的形成

每种文化是具体的,它不仅依存于一定的自然环境中,也依存于一定的社会文化环境中。社会文化环境是与群体生活相关联的各种社会条件总和,它包括该群体所构成的社会内部结构方面和该群体与其他群体的交往关系等外部环境的关系,同时还包含了该群体所共有的道德观念、价值体系、风格习惯、宗教形态

---

① 齐地历史自然环境对齐文化的影响, http://www.zbsq.gov.cn/html/2004/10/10/20041010153000.html

等诸方面。社会文化影响和制约生产文化。人们根据环境条件使用一定的工具,海、河沿岸居民必然创造船和网,而高原草原就没有这种文化。生产文化又影响经济文化和社会(制度)文化,最后形成人们的观念的、精神的、价值的文化。反过来,价值的精神的文化又引导文化的再创造,通过社会的、经济的、技术的文化去反作用于环境,改造文化从而创造新的文化环境,因此社会文化环境与文化的形成是在人的主导作用下互相作用的。

文化的东西从来就是民族的东西,没有无文化的民族,也没有无民族的文化。这充分说明了任何一个民族的文化一定受到了该民族的社会文化环境的影响。以民间的非物质文化遗产为例,任何一种民间文化的形态一定是深深扎根在某一民俗文化环境之中,如果离开这种特定的民俗环境,这种文化形态就要衰退以至消亡,犹如某种鲜花只适宜某种土壤气候,离开它就会枯萎。江浙一带汉族和西南一些少数民族有哭嫁的习俗,姑娘在出嫁时,根据习俗仪式,要唱"哭嫁歌"、"哭爹娘"、"哭兄"、"哭嫂"、"哭弟"、"骂媒",还要唱"哭席"、"梳妆"、"上轿"等。这种仪式歌是在仪式过程中唱的,这是由于在当时的社会环境中旧的婚姻制度给出嫁姑娘带来巨大痛苦,人们便借哭嫁仪式唱出对旧的婚姻制度的控诉。随着社会环境的不断变化,婚姻制度的发展使得这种文化习俗已经不多见。然而在现代文化旅游开发中,旅游开发商让这种文化习俗再次复原的行为实际上是一种舞台表演,真实的文化内涵因为脱离了一定的社会文化环境而早已消失,旅游者感受到的只是一场表演的闹剧而已。

二、文化生态旅游

在传统经济增长理论和增长方式影响下的旅游业,片面追求商业利益,在促进经济快速增长的同时,给生态环境带来了许多负面影响。以数量扩张和经济增长为标志的大众旅游(Mass Tourism)受到了很多批判。生态旅游(Ecotourism)作为替代大众旅游的一种新兴旅游形式,受到了越来越多人的关注[1]。文化生态旅游是在文化旅游和生态旅游的基础上发展而来的,是一种可持续发展的旅游,指通过了解旅游目的地文化与历史知识,学习、研究、考察、欣赏特定文化景观,促进区域文化特色保护和区域文明程度提高,促进区域经济发展,以使旅游者获得文化教益的一种专门层次的旅游活动[2]。文化生态旅游实际上是将文化旅游进行生态化的发展,就是要采取一切生态保护的手段,最大限度地减少旅游发展引起的环境和文化影响,维护生物多样性和保护原生态环境,保存文化

---

[1] 潘海颖.文化生态学视角的旅游生态化建设.消费导刊,2008,(2)
[2] 黄安民,李洪波.文化生态旅游初探.桂林旅游高等专科学校学报,2000,(3)

多样性和传承原生态文化。因此文化生态旅游的发展应当是实现人与自然的平衡,并实现以文化多样性、文化交互性、文化平衡性为特征的"文化生态"的平衡,要在协调区域文化生态旅游资源有效保护和科学利用基础上,追求显著的环境效益、可观的经济效益和良好的社会效益的有机统一(见表3-4)。我们可以从旅游资源和旅游产品两个方面来看文化生态旅游的问题。

表3-4 文化生态旅游目标体系[①]

目标	具体表现
环境效益	文化生态规律得到遵循;文化生态环境及其赖以生存的自然生态环境得到有效保护和科学利用;区域文化景观保持相对原生性和完整性
经济效益	区域经济因旅游开发而加速发展;当地居民收入因旅游介入而显著提高以及带来相应的生活水平提高;政府将更多的资金投入文化生态旅游资源的维护和开发
社会效益	当地原有的社会文化氛围得到恢复和加强;促进社区居民的文化信心和自尊;民族民俗文化得到维护;可持续发展意识在全社会得到认可和普及

(一)旅游资源生态化开发

文化旅游资源的生态化开发就是按照生态化的要求开发和利用文化旅游资源,使之成为生态化的文化旅游产品。这种文化生态旅游产品是具有鲜明特色的文化景观,包括作为文化遗存本体的特色城镇、文物古迹、古建筑、宗教寺庙、民居建筑、民族服饰、饮食习惯、节日庆典等。这些文化景观中既包括了具体的可直接被游客感知的物质文化景观,又包括了抽象的非物质文化景观。但是文化景观的核心一定是人与自然、人与社会相互作用而发展形成的产物,是文化的核心载体,是直接体现文化的符号。例如,在茶文化生态旅游开发的过程中,要找到最能体现茶文化内涵的文化符号来进行开发,如展现与茶文化有关的自然和文化的原生态风貌,让旅游者身临其境,感受淳朴、自然和真实,从而更好地理解茶文化的实质和内涵。并且开展多种形式的茶文化生态旅游活动,如观看马帮巡演、观看茶艺表演、参观茶园生态风光、领略采茶制茶的劳作生态、感受茶乡风土人情生态、走茶马古道等,让游客在不同的文化景观中意会和理解茶文化的内涵(李维锦,2007)。因此,在文化生态旅游资源开发过程中,要注重物质文化景观和非物质文化景观的共同培育和开发,使两者相得益彰、相映成辉。

(二)旅游产品生态化保护

文化生态旅游是一个旅游经营者、游客和当地居民共同参与、互动共赢的过程,它既需要生态化的文化旅游产品,也需要生态化的文化旅游行为——生态化

[①] 孟铁鑫.文化生态旅游资源的可持续开发研究——以绍兴市为例.国土资源科技管理,2006,(2)

保护[①]。首先,旅游产品的首要功能是供游客欣赏,给游客带来纯粹文化之美,旅游经营者需要保护好旅游产品所负载的原生态文化之美。其次,游客在欣赏和享受的同时,需要与旅游经营者一起共同维护文化生态的完整与良好。旅游者应该保持对异地文化的尊重,承认文化差异,接受并认可异地文化的存在,不对文化景观进行破坏和损毁。旅游经营者也应适当地顺应旅游者的偏好,把历史文化、民间艺术、民俗风情、宗教文化等地域文化生态精华纳入可参与的旅游活动中来,让游客在参与中体验,在体验中认同,在认同中保护。最后,当地居民要尽到东道主的责任,主要参与到文化生态旅游的开发中,以主人姿态参与到旅游产品的开发环节,主动保护地域原生态文化,要在延续与促进历史文脉、区域文化的文化利益与生态文化旅游开发所带来的经济利益中把握住平衡点。

第三节　文化区、文化圈与旅游地文化

文化区与文化圈是20世纪初由欧美人类学家所提出的两个大体相似的概念,都是以居住在同一地理区域中不同人群之间相关联的文化特质为思考基础,认为文化是时间与空间所共同建构的产物。文化区与文化圈是描述文化分布的概念,是文化地理学重要的研究对象,也是最能集中体现文化的地理特征的内容。

一、文化区

(一)文化区的概念

文化区(Culture Region)是指具有某种共同文化属性的人群所占据的地区,在政治、社会或经济方面具有独特的统一体功能的空间单位,是根据生产方式、语言、宗教、政治形态、日常生活、房屋构造、风俗等各种文化要素的差别所划分的区域。广义上来讲文化区指的是文化事物、文化现象和文化体系覆盖的地区,狭义的文化区概念仅指某种文化体系覆盖的范围。

文化区的概念是从文化源地发展开来,文化向各方面扩散,最后形成的相对稳定的文化特征分布区域。文化源地是人类文明和文化产生的起源和发祥地。文化从它的源地通过膨胀型扩散和迁移型扩散两种扩散机制向周围传播[②]。一

---

① 杨大明.试论文化生态旅游的发展——以绍兴为例.绍兴文理学院学报,2007,(2)
② 范淑梅.浅析文化区的经济意义.锦州师范学院学报,2000,(4)

方面通过地理空间的拓展,为文化与自然环境互相作用提供了更多机会;另一方面在不同文化的相互接触中,互相吸收融合形成一种与原来文化不尽相同的新文化,这个过程实际上就是文化的整合,在新旧文化的整合过程中,激发人们对更多知识和信息的探求,进一步促进文化的空间扩散。文化的传播是随着人口商品流动及思想交流进行的,当文化传播的动态逐渐趋于沉寂时,就形成了某种文化特征相对稳定的分布区域,也就形成了相对稳定的文化区。

(二)文化区的特征

文化区是文化集聚在空间上的体现,是客观存在的地理实体。同一文化区内文化的传播也存在着一定的时间和空间差异,因此,文化区是一个动态的概念,是一个时空交织的多层次、多维度,变化发展着的文化复合体。

1. 区域内文化特质的同一性

文化特质(cultural traits)是指文化的单个要素,这些特质构成了文化整体。换句话说,我们也可以把文化特质理解为文化的符号。在同一文化区内,文化传播受到时间和空间的差异的影响会造成的文化的差异是普遍存在的,但从一个文化综合体的角度来看,这种文化的差异是次要的,它们的共性才是主要的,在同一文化区内,其文化特质有比邻区更多的同一性。例如,在中国文化区,北方与南方在耕种方式、饮食习惯等方面都有很大的差异,在语言上也有所不同,但是两者在文字、种族、历史、政治以及大量的文化传统和观念上却有更多的同一性,这些共同的文化属性或文化特质使中国的北方、南方结为同一文化体系,并属于同一文化区[①]。

2. 相邻文化区之间的过渡性

每一文化区内都有其核心区和边缘区。核心区在文化特质上有较高的同一性及分布密度,其文化与邻区文化的差异较为明显。从文化核心向外传播越远,则该文化越弱,文化特质的分布密度逐渐降低,到了与邻区接触的边缘地带,由于区外文化的渗透,就形成相邻文化区之间的过渡地带。在文化区的过渡地带,有时候文化差异非常明显,有明确的边界,这种文化区的边界称为"硬边界";有时候相邻文化区之间的文化在边缘地带会相互重叠或融合,边界不明显,这种文化区的边界称为"软边界"。在某些文化区之间的过渡地带,人们很难找出一条确切的分区界线,有时在最后确定其分区界线时往往带有一定的主观性。

(三)文化区的类型

文化区的研究者一般把文化区划分为形式文化区和机能文化区两种类型。形式文化区(formal culture regions)是指具有一种或多种文化特征的人所

[①] 蓝万炼.论文化区研究的几个问题.湖南社会科学,2000,(3)

分布的地域范围,它主要是根据一种或多种文化元素如语言、宗教、民俗、经济类型、社会组织、居住形式等,将性质大致相同的文化地理范围划分出来,且确定出具体的边界,那么这个分布范围就是具有某种文化特征的形式文化区。例如,长江流域分布着的巴蜀文化、楚文化、吴越文化就是以不同的文化特征作为指标进行的划分;伊斯兰文化区、基督教文化区、儒教文化区、印度教文化区等是以不同宗教信仰为指标进行的划分。形式文化区具有同心圆的空间模式(见图3-4),文化区内有一个核心区域,它具有最为鲜明的文化特征,一般在文化区形成之前,核心区域就是其文化发源地。在核心区外部的一圈是外围区,此时文化特征相对一致并随着距离的增大其代表性文化特征开始逐渐减弱,最外圈为边界较为模糊的过渡带,由于不同形式文化区之间的边界不明显("软边界"),此时不同文化区之间的文化容易相互影响。形式文化区的边界常常具有一定的主观色彩。

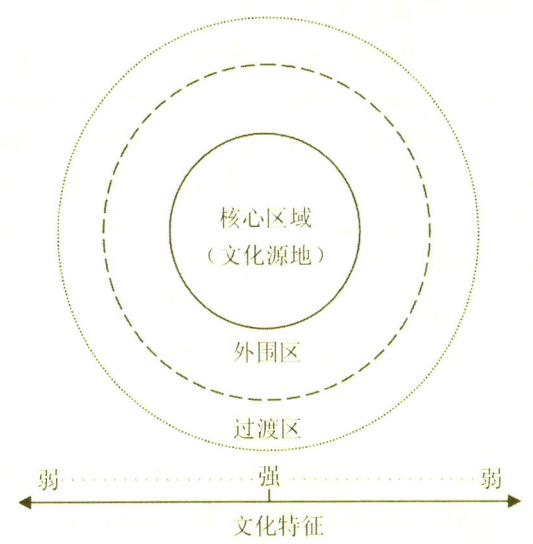

图3-4　形式文化区空间模式

机能文化区(functional culture regions)也称功能文化区,是在非自然状态下受政治、经济或社会功能影响的文化特质所分布的空间区域,与形式文化区相比,它更强调的是文化的职能作用。机能文化区是按照行政或者某种职能而划分出来的,比如一个国家、一个城市、一个行政区都可以是机能文化区。因此,不同的机能文化区之间有着非常清晰的界限,且与行政区基本重合,也就是我们前面提到的"硬边界"。行政区划对功能文化区具有直接的影响,在同一行政区内,文化接触比较频繁,文化联系更加紧密,文化的机能特征突出,与其他行政区之间的区别也就越为明显,比如人们在城市文化中常常说到的广东文化、北京文化和上海文化就是因为行政区划明显而直接以城市命名文化区的。

　　无论是形式文化区还是机能文化区,文化区内的文化都有比较明显的外部特征,如语言(方言)、服饰、风俗、建筑等,因此文化区的识别和划分还是比较容易的,但是形式文化区域与机能文化区域(指行政区)的边界往往并不一致,这就在分类上形成了一定的难度。一般有以下三种情形:一是形式文化区域与机能文化区域的边界完全一致;二是一个机能文化区域中包含两个或两个以上的形式文化区域,或者说这个机能文化区被两种以上的形式文化区所分割,如安徽省(机能文化区)就包含皖南文化和皖北文化,江苏省包含苏南文化和苏北文化;三是形式文化区域中包含两个或两个以上的机能文化区域,或者说这个机能文化区域被两个或两个以上的机能文化区所分割,如楚文化就包含着湖南文化和湖北文化等[1]。因此,有些行政区兼有文化区的性质,而有些行政区仅仅是一个区域划分的概念,不具有文化区的性质。

　　除了以上两种分类以外,还有学者发现另一种类型文化区,即乡土文化区或感性文化区(vernacular culture regions)。它是存在于文化区内居民意识中的一种"地区"概念,既无一致的文化体系,也无实现某种机能的组织,只能根据流行文化或民间文化的地区间差异特征来加以划分,如北方文化、南方文化、东方文化与西方文化等,都可以归属于乡土文化区的范畴。乡土文化区既没有明确的功能中心,也没有明确的边界线,其文化特征主要存在于该区域内人们的思想中,是一种笼统的、感觉化的抽象认识。目前,对于乡土文化区的探索和认识还处于比较粗浅的阶段,还有待学者们进一步深入的探索。

二、文化圈

　　文化圈(cultural circle)与文化区的概念大体相似,它涉及的时间和空间范围比文化区更为广泛,使用这个概念便于作更深入的研究。

(一)文化圈的概念

　　文化圈的概念是由德国民族学家 F. 格拉伯纳首先提出的。他在 1911 年出版的《民族学方法论》一书中使用"文化圈"概念作为研究民族学的方法论。他认为,文化圈是一个地理空间,在这个空间内分布着一些彼此相关的文化丛或文化群。文化圈只表明地理上外显的文化关联,它的内容则是文化丛。文化丛是一定时间、空间产生和发展起来的一组功能上互相整合的文化特质丛林,比如纸、墨、笔、砚这些文化特质,有机地联系在一起形成"书法文化";茶叶、茶杯、茶壶、茶艺等有机地组合在一起形成"茶文化"。文化圈的概念在 20 世纪 40 年代被维

---

[1]　阎耀军.文化区域与区域文化性格的识别.天津大学学报(社会科学版),2007,(3)

也纳学者 W.施密特的研究推到顶峰。他对于南美、东南亚、澳大利亚文化的研究,大力推进了文化圈理论与方法的发展。他所作的题为"南美的文化圈和文化层"的学术演讲,对完善文化圈理论起到了重要作用。他的代表作《文化史民族学方法手册》一书成为文化圈理论的经典之作。W.施密特主张文化圈不仅限于一个地理空间范围,它在地理上不一定是连成一片的。同一个文化圈可以在两个地区,其中一个地区有整个文化圈的文化成分,或者只有某一个神话有相关性,就可以认定为同一文化圈,如东亚文化圈、北美文化圈等。他还认为文化圈不仅是持久不变的也是可以移动的。这种移动"强调文化圈有独立整体的文化丛,移动的文化要素并不一定都是个别文化的单一成分或被冲破了的成分,而是整个文化圈的移动,是一个文化中全部文化范畴的一齐移动"[1]。

总的来说,"如果有一定地带的类似的文化丛相连接,其主要的文化特质内容相似或基本相同,文化社会学就称这种地理上的文化相关联现象为文化圈"[2]。一个文化圈的形成可以看做人与环境交互作用的持续过程,圈内的文化包括了人类生活所需要的各个部分,如经济、社会、宗教、风俗、语言等。文化圈有大有小,大到种族、民族、国家,小到城邦、村落、家族等。无论是哪一种文化圈,一定包含物质文化和精神文化,并且同文化区一样由文化核心区和边缘区组成,文化圈内的文化特色由其核心区向四方扩展,使周遭的地区在文化上表现出共同的特质。

(二)文化圈的划分

中国的文化圈从民俗文化特征上进行划分,主要呈"七大圈"状分布:东北部文化圈包括黑龙江、吉林、辽宁北部及内蒙古东部,其特点是满汉民族风俗的大融合;游牧文化圈包括内蒙古大部,辽宁、河北、陕西三省的北部,宁夏北部及新疆,其民风强悍勇武;黄河流域文化圈大致北起长城,南至秦岭、淮河,西抵青海湖东,东及黄海,其特点是体现出我国传统文化;长江流域文化圈位于秦岭、淮河以南,西藏至青海高原东侧,其特点是秀美精巧;青海文化圈主要是青海一带,其特点是藏族风俗同藏传佛教结下不解之缘;云南文化圈主要指云南、贵州的多民族聚居地,风俗文化千姿百态。

从世界文化范围来看,世界文化的进一步发展,演绎出多种文化,并逐渐形成对世界产生重大影响的五大文化圈。学术界基本上一致公认,在世界范围内的文化起源先后主要有五大文化圈(表3-5),即:西方文化圈(拉丁文化圈),东亚文化圈(汉字文化圈),伊斯兰文化圈(阿拉伯文化圈),印度文化圈(南亚文化

---

[1] 乌丙安.非物质文化遗产保护中文化圈理论的应用.江西社会科学,2005,(1)
[2] 章海荣.旅游文化学.复旦大学出版社,2007:86

圈)和东欧文化圈(斯拉夫文化圈)。

表 3-5 世界五大文化圈

文化圈	区域	特点
西方文化圈	主要以白种人的居住地为主,包括欧、美、澳等地	代表天主教(以及新教各派)文化,后来突出科技文化,物质文明发达,基督教的价值观仍为主流以及重视消费与享受
东亚文化圈	以东亚为主,以中国为核心,包括韩国、日本、越南等地	汉字、儒家思想(例如这些地方都设有孔庙)、中国化的佛教
伊斯兰文化圈	印度半岛、阿拉伯半岛、东南亚以及非洲,包括阿拉伯国家(埃及、沙特阿拉伯等)以及信奉伊斯兰教的其他国家和地区(伊朗、巴基斯坦等)	对伊斯兰教的信仰,以及阿拉伯文字的使用
印度文化圈	主要在印度半岛与东南亚的一些地区,包括印度、孟加拉、缅甸、尼泊尔、斯里兰卡、泰国、老挝、柬埔寨等	印度教和佛教文化,对梵文系字母的使用和印度教的宗教信仰
东欧文化圈	主要以俄罗斯、东欧以及巴尔干半岛等地为主,包括俄罗斯、保加利亚等	代表东正教文化,以东正教为其宗教信仰,使用斯拉夫字母

　　随着现代科技文明的发展和全球一体化的进程,各个国家、地区和民族的文化都在不断地发展和变化,也愈发呈现出丰富多彩的形态变化,这也就意味着新的文化体系、文化丛、文化圈也在不停地变化和发展,整个世界的文化呈现出多样性和多元化的发展。文化传播得越广,在世界范围产生的影响就越大,不同的文化圈之间从远古到现在的历史关联得到了人们的认定,使全世界的文化成为全人类共享的文化资源,从而进一步激发人们走出本我文化空间,到他者的文化空间里感受一番洗涤身心的神圣之旅。

重点概念

　　村落文化　集镇文化　城市文化　文化形态　文化载体
　　城市游憩　文化生态学　生态旅游　生态化保护
　　生态化开发　文化区　文化特质　形式文化区
　　机能文化区　乡土文化区　文化圈

复习思考题

1. 简要说明村落文化的特征。
2. 选取一处古镇旅游地,并分析其旅游资源特征。
3. 举例分析城市文化的特征。
4. 城市文化的构成是什么?城市文化的载体是什么?
5. 简述文化生态学的研究内容。
6. 从世界文化范围来看,目前有几大文化圈?请分别说出其特征。

主要参考文献

1. 章海荣.旅游文化学.复旦大学出版社,2007
2. 邵方.中国北方游牧业的起源问题初探.中国人民大学学报,2004,(1)
3. 陈世娟.论村落文化的基本特征.湖北师范学院学报(哲学社会科学版),1993,(13)
4. 卢荣轩,童辉波.试论村落文化的基本特征及历史性变革.社会主义研究,1993,(1)
5. 钟敬文.民俗学概论.上海文艺出版社,2008
6. 陆建伟.试论江南六大古镇的文化成因.湖州职业技术学院学报,2003,(2)
7. 顾金林.江南水乡古镇文化旅游资源开发分析.北方经济,2009,(7)
8. 任志远.透视城市与城市规划.中国电力出版社,2005
9. 沈清基,刘波.都市人类学与城市规划.城市规划学刊,2007,(5)
10. 林梓.城市文化及其发展.社会科学家,1987,(1)
11. 朱立新.城市游憩学.南开大学出版社,2009
12. 周尚意,孔翔,朱竑.文化地理学.高等教育出版社,2008
13. 江金波.论文化生态学的理论发展与新构架.人文地理,2005,(4)
14. 潘海颖.文化生态学视角的旅游生态化建设.消费导刊,2008,(2)
15. 黄安民,李洪波.文化生态旅游初探.桂林旅游高等专科学校学报,2000,(3)
16. 孟铁鑫.文化生态旅游资源的可持续开发研究—以绍兴市为例.国土资源科技管理,2006,(2)
17. 杨大明.试论文化生态旅游的发展——以绍兴为例.绍兴文理学院学报,2007,(2)
18. 范淑梅.浅析文化区的经济意义.锦州师范学院学报,2000,(4)
19. 蓝万炼.论文化区研究的几个问题.湖南社会科学,2000,(3)
20. 阎耀军.文化区域与区域文化性格的识别.天津大学学报(社会科学版),2007,(3)
21. 乌丙安.非物质文化遗产保护中文化圈理论的应用.江西社会科学,2005,(1)

第四章 旅游的跨文化现象

学习目的

从文化学角度来看,旅游的实质是文化空间的跨越与联结,是一种特殊的跨文化交际活动。通过本章的学习,了解旅游跨文化现象的概念和结果,学会分析旅游的文化扩散与涵化的区别和过程,重点掌握跨文化交流中的文化震惊和文化冲突概念,以及对旅游者所产生的影响。

主要内容
- 旅游的跨文化现象概述
  旅游跨文化交流的概念、优劣势、结果
- 旅游的文化扩散与涵化
  文化扩散　文化涵化
- 旅游的文化整合与转型
  文化整合　旅游主体文化身份的转型
  旅游目的地文化的重构
- 文化震惊与文化冲突
  跨文化交流中的文化冲突
  旅游者的文化震惊
  文化震惊的调试和跨文化的适应

第一节　概述

旅游活动是旅游者在客源地与目的地之间的移动产生的,旅游者的迁移使客源地与目的地之间发生相互作用和相互影响,促使不同空间在物质上、文化上、经济上发生交流和关联。从文化学角度来看,旅游的实质是文化空间的跨越与联结,是一种特殊的跨文化交际的活动,它为不同国家之间的文化交流提供了一种新方式。旅游者从"本我文化"空间进入到"异质文化"空间,在与"他者"进行交流的同时不断接受和传播信息,从而直接导致不同的文化开始碰撞与融合。在这个过程中人们也体验着与"本我文化"不同的陌生文化,并对自身文化进行重新发现和认识。

一、旅游跨文化交流的概念

"跨文化交流"(intercultural/cross-cultural communication)概念最早产生于美国,指的是来自不同文化背景的个体、群体或组织之间进行的交流活动的过程,是两种不同文化的碰撞与融合。"跨文化"(intercultural)中的"跨(inter)"涉及以下几个内容层面:①"之间"(即文化间);②"相互"(即文化相互关系);③"互动"(即文化互动性);④"对立/对峙"(即文化对立/对峙性)。第一至第三层面的跨文化互动性往往是积极的、正面的,而第四层面则涉及跨文化互动消极的一面,即文化间差异性和对峙层面,因而"跨"的第四内容层面往往会造成跨文化理解困难、交际困难以及文化冲突(Alois Wierlacher,2003)[①]。因此跨文化交流所带来的影响既有积极的一面也有消极的一面。我国历史上的"丝绸之路"、玄奘取经、郑和下西洋等都是跨文化交流的典范。在科技发展日新月异、世界信息化日益明显的今天,人们甚至足不出户便可以进行跨文化传播了。借助各种媒体、网络等技术的发展,人们完全可以通过文字、声音、图像等形式与来自不同文化背景的人聊天、游戏。跨文化交流现象的内涵和外延正在不断扩大,甚至已逐渐渗入到经济、社会发展,并随着全球一体化的发展而越来越受到广泛关注。密切的跨文化交流使"地球村"的"村民"们彼此间的交往日益增多,使更多的人们开始对其他文化进行认知,也更加深刻地认识了自己,跨文化交流已是当今世界的一个重要特征。

旅游跨文化交流是指在旅游过程中由于空间的跨越而导致不同文化(客源地与目的地文化)的碰撞与融合。求异的心理引导着越来越多的人们走出家门到异地进行旅游活动。1999年世界旅游组织制定的《全球旅游伦理规范》中将旅游对促进人民和社会之间的相互了解与尊重的贡献放在第一条,充分表明了旅游跨文化交流在社会发展中的作用。从世界旅游组织每年提出的旅游主题中也可以看出对"旅游能促进不同文化交流与理解"的作用的重视,如1980年的"旅游为保存文化遗产,为和平及相互了解作贡献",1984年"旅游为国际谅解、

---

① 何谨然.旅游的跨文化交际性研究.理论月刊,2007,(7)

和平与合作服务",1985 年"开展青年旅游,让文化和历史遗产为和平和友谊服务",1986 年"旅游:世界和平的促进力量",1989 年"自由的旅游促成世界一家",1992 年"旅游是促进社会经济发展和增进各国人民了解的途径",1996 年"旅游业——促进世界和平与谅解的主要因素",2001 年"旅游业——为和平与文明之间的对话而服务的工具",2004 年"体育和旅游是相互理解、文化和社会发展的两大原动力",2006 年"旅游,让世界受益"。这些旅游主题的提出充分说明了旅游这种交往形式为不同国家之间的交流提供了一种方式。随着国际旅游的发展,越来越多的国家注意到了旅游的这种功效,并将其作为国家文化对外宣传的重要窗口。因此,旅游作为一种特殊的跨文化交流的方式,与一般的跨文化交流活动一样担负着文化传播的功能,并且旅游活动的特殊性质使得旅游在传播目的地文化时具有更大优势。

表 4-1 WORLD TOURISM DAY THEMES
1998~2009

Year	Theme
1998	Public－Private Sector Partnership: The Key to Tourism Development and Promotion
1999	Tourism: Preserving World Heritage for the New Millennium
2000	Technology and Nature: Two Challenges for Tourism at the Dawn of the 21st Century
2001	Tourism: A Tool for Peace and Dialogue among Civilizations
2002	Ecotourism, the Key to Sustainable Development
2003	Tourism: A Driving Force for Poverty Alleviation, Job Creation and Social Harmony
2004	Sport and tourism: two living forces for mutual understanding, culture and the development of societies
2005	Travel and transport: from the imaginary of Jules Verne to the reality of the 21st century
2006	Tourism Enriches
2007	Tourism opens doors to women
2008	Responding to the Challenge of Climate Change
2009	Tourism - Celebrating Diversity

资料来源:http://www.unwto.org/index.php

二、旅游跨文化交流的优劣势

旅游作为跨文化交流的优势首先在于旅游活动的直接性。旅游者与目的地当地居民之间可进行直接的人际交流,能及时得到反馈,从而更好地调整、把握,有利于减少误解、促进沟通。旅游活动的直接性还体现在获得信息的真实性上，旅游者在与当地居民交往中获得的是通过自身真实体验的"一手资料"，而不是经过各种媒体渠道加工渲染后的"二手资料"，从而能够更直接地触及到目的地文化。其次在于旅游活动的全面性。旅游的接触往往是全面的接触，旅游者在游览中不会只接触一类资源，旅游地会向游客传递各方面的信息。旅游者欣赏到的不只是一种景观，还包括丰富多彩的、从物质层面到思想层面的文化[①]。同时旅游者还可以在与导游、景点工作人员、当地普通居民等形形色色的人打交道的过程中增添对目的地文化的认识，而不是只限于代表性的精品或是本国政府有意识的片面宣传。一些旅游者偏向自助游在很大程度上也是为了能更自主地贴近当地真实生活，与当地居民进行更直接深入的接触，从而更全面地了解当地文化。第三则在于旅游活动的愉悦性。旅游所带来的这种愉悦心理环境使信息接受者没有太多的戒备心理或敌对心理，因而更有利于文化信息的接受和文化的传播。由于文化背景的不同，文化交流活动中的矛盾冲突是难免的，但旅游者本身具有交流的意识使传播的阻碍减少，加之旅途中轻松愉快的心情使他们在文化冲突发生时能更好地去理解和解决。

尽管如此，旅游作为跨文化交流的一种方式也有着自身的一些弊端。相对于比较系统、正式的文化传播方式而言，由于旅游这种方式本身的轻松随意性以及时间和线路的限制，旅游者对一个地区文化的了解一般来说是比较片面的、浅显的，缺乏全方位、多层次的了解，而且往往容易融入个人主观意识，以偏概全。旅游者由于性别、年龄、教育等不同自身因素也直接影响对自己所感知到文化的理解，因而所带回去的信息也会有所偏差。而且，旅游者在旅游活动中所进行的文化交流往往难以深入，只停留在自己所看到或听到的丰富多彩的表层，尽管旅游中接触到的旅游资源类型多样，但仍然只是旅游目的地文化的一部分而已。

总体来说，作为一种特殊的跨文化传播方式，旅游在物质交往日益密切的今天还是有很多其他文化传播方式所无法替代的优势，许多国家都已充分认识到其在文化传播领域的重要功能，在充分发挥其优势的同时，也采取一些相应的措施弥补不足，以达到最好的文化交流与传播效果。

三、旅游跨文化交流的结果

交流（communication）在学术上被定义为"信息的发送者与信息的接受者共享信息的过程。"这一过程由信息源（Sender）、编码（Encode）、信息（Message）、接受者（Receiver）、译码（Decode）、反馈（Feedback）、噪音（Noise）等因素

[①] 肖芸.旅游：传播目的地文化的重要方式.西华大学学报（哲学社会科学版），2004，（10）

构成(图 4-1)。信息源通过对言语和非言语符号的选择,将交流需求编译成信息(编码)而后传递;接受者收到信息(译码),按照一定的规则理解信息并作出反应。其中编码和译码具有尤其重要的意义,因为思维是不能直接交流的,而是通过符号的编解来达到交际的目的。一个理想的交流应该是信息源和接受者共有同一种符号。一个符号在不同的文化中产生的意义可能千差万别,即使在相同的文化中,由于年龄、性别、职业、地位、地区等的不同,往往也会产生差距,而这就直接造成了交流结果的不同[1]。

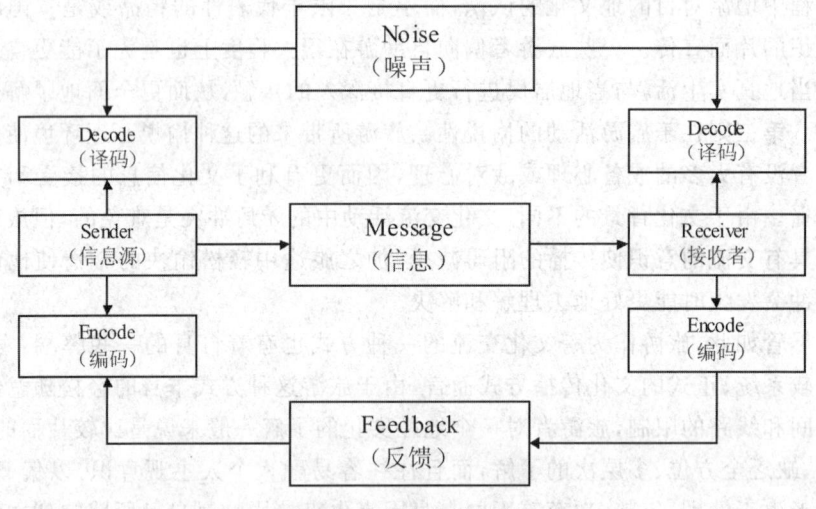

图 4-1 信息传递过程

跨文化交流的一个重要特点就是这一过程是在两种文化背景下进行的,人们的文化背景会影响人们的交流行为和实际处理信息的方式,文化符号的不同直接导致跨文化交际过程中偏差的产生(图 4-2)[2]。

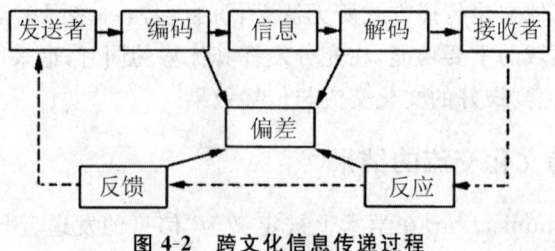

图 4-2 跨文化信息传递过程

---

[1] 何谨然. 旅游的跨文化交际性研究. 理论月刊, 2007, (7)
[2] 李晓红, 吴晓创. 跨文化视野下的交际障碍与文化感知. 求索, 2002, (5)

在跨文化交流中,编码可分为语言符号和非语言符号两种形式。语言符号是人类最重要的交流工具,也是旅游活动中最重要的交流工具。由于交流双方往往来自不同的国家,语言符号是两个不同系统的符号,其编码遵循着各自民族语言符号学的规律,所以在旅游跨文化交流中,两种语言符号的沟通还需要翻译,这在很大程度上影响了交往和理解,甚至导致交流结果的巨大偏差。非言语交流是指语言行为以外的所有交流行为,常为人所忽略。事实上,非言语符号在交流中能起到重要的作用。非言语符号种类繁多而且复杂,主要包括副语言符号、体态符号、触觉符号、服饰符号、空符号等如姿势、身体动作、体触等副语言,这些符号和语言符号一样,有一套严格或不太严格的编码规则,不同民族文化、不同地域文化其编码规则不同,传达出来的信息也不一样。在中国同性朋友间的身体接触比西方人多,因为在中国同性之间的接触只是一种亲近的表现,而在许多西方国家只有儿童这样做才被视为正常,欧美国家同性之间的身体接触行为,如手拉手、勾肩搭背、搂腰都被视为禁忌[①]。之所以会造成这样的偏差是因为在解码的过程同样受到了不同文化背景的影响。旅游者是以自己固有的文化代码、观念习俗和行为方式为参照系来解读新异陌生的文化代码、观念习俗和行为方式的。因此,当面对旅游目的地陌生文化符号时,旅游者在信息接收和解读上同样会出现一定的偏差,这种偏差将直接导致跨文化交流的结果,不同文化背景的旅游交流者就会有不同的内容解读,这种解读的结果可能会造成文化冲突,也有可能会促进文化整合。

无论旅游的跨文化交流的结果如何,旅游活动都是传播文化的生动途径。要更好地发挥跨文化交流的作用,除了认同文化差异在跨文化旅游中的存在外,旅游者、旅游从业人员以及旅游目的地居民应当秉承尊重其他文化群体的态度,尊重文化多样性,避免以自我文化中心的偏执,为跨文化旅游创造和谐美好的环境和氛围,让旅游者在跨文化旅游中获得更多的愉悦与收获。

第二节 旅游的文化扩散与涵化

旅游活动为生活在不同文化空间的人们提供了跨文化面对面交流的平台,从而带动了客源地与目的地之间不同文化的传播。文化传播是一种文化特质或一个文化综合体从一群人传到另外一群人的过程,它既包括了文化在同一地区

---

① 孙洪波.文化差异对旅游跨文化交流符号意义的影响.辽东学院学报(社会科学版),2009,(12)

不同代际人中的传承,也包括了文化在不同地区人群中的扩散,并且在传播过程中文化还受到技术、意识形态、政治、经济等因素的影响而发生一定的文化变迁,促使了不同文化间的进化、涵化、冲突、同化等。旅游并不是推进文化变迁的唯一因素,但是随着旅游业的不断发展,旅游已经成为旅游目的地文化传播的加速器,并影响着目的地文化的传播和变迁。

一、文化扩散

文化扩散(culture diffusion)是指文化从一地扩散到另一地的空间过程,是文化传播现象的空间移动和时间发展过程。文化扩散大体上分为横向扩散和纵向扩散两类。横向扩散主要指的是文化的空间扩散,即不同文化间的传播;纵向扩散主要是指文化的代际传播,即同一文化的延续。在旅游跨文化交流中,我们更关注是旅游客源地与目的地两种不同文化空间的交流及其所产生的文化扩散现象,因此主要研究的是文化的空间扩散。

文化扩散的过程包含三个环节:一是文化移动的起点为文化源地,二是文化的移动的结果是文化区的分布,三是将文化源地和文化分布区连接起来的文化扩散路线。在跨文化交流的旅游中,文化源地就是旅游目的地,文化扩散线路就是旅游活动本身,文化扩散的结果就是跨文化旅游交流给旅游者以及客源地所带来的影响。见图4-3所示。

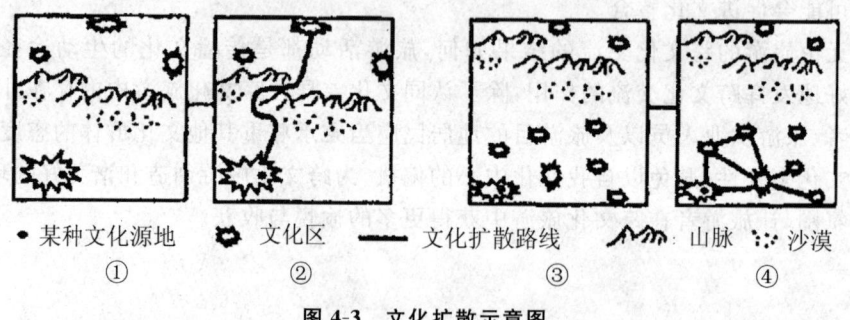

图4-3 文化扩散示意图

(一)文化扩散的类型

美国学者根据空间移动距离的远近将文化扩散分为两大类:一类是迁移扩散(relocation diffusion),另一类是扩展扩散(expansion diffusion)。

1.迁移扩散

指的是通过作为文化载体的个人或群体的迁移活动,把新观念或新工艺带到新的地区,最终可能形成新的文化区。随着世界人口的迁移运动,不同的文化通过迁移扩散传播到世界各地,促进世界文化的交流与发展,例如,欧洲移民涌入美洲和澳大利亚,带来欧洲的宗教、生活方式、政治制度、社会制度等,华人移居世界各地也将中华饮食文化传播到直接各地。从图4-3(①、②)中可以看到,这种扩散作用不仅传播距离远,而且同源文化区之间有很大间隔,是一种跳跃式的传播方式。迁移扩散由于移民长距离迁移,在新的定居地所出现的文化现象与原有分布区往往并不相连而成为一种孤立的分布现象。

2. 扩展扩散

指的是一种文化事物或现象由人们接力似地从一地传往另一地的过程,最终从文化源地扩展成为范围更大的文化区,如伊斯兰教和阿拉伯文化在7世纪以来从其源地阿拉伯半岛扩大到埃及、北非和中东,后来甚至到中亚、印度以及东南亚,扩大了伊斯兰教和阿拉伯文化的分布范围。从图4-3(③、④)中可以看到,扩展扩散过程中人的空间移动距离短,文化的传播在地理空间上是连续不断的,旧的文化区位于新的分布范围之内。扩展扩散又可分为传染扩散(contagious diffusion)、等级扩散(hierarchical diffusion)和刺激扩散(stimulating diffusion)三种(表4-2)。

表4-2 扩展扩散的三种类型

类型	定义	举例
传染扩散	一种文化现象通过已经接受它的人,传给正在考虑接受它的人的扩散过程	马克思主义理论在中国的传播
等级扩散	一种文化现象在不同划分标准的空间等级中,由高至低或者由低至高的扩散过程	一些文化现象自大城市向中小城市,然后向乡村扩散
刺激扩散	一种文化现象由一地传到他地后,保留了思想实质而摒弃了具体形式的扩散过程	动物的驯化、南方滑旱冰、西北滑沙

区分文化扩散的不同类型在旅游开发和宣传中可以帮助人们推进或阻碍某种文化的扩散,比如时尚的旅游消费具有等级扩散的特点,往往在年轻人中兴起,然后才扩散到中老年人,那么在进行旅游广告宣传性就会更有针对性,效果也更佳。然而事实上迁移扩散与扩展扩散的区别往往是相对的,在旅游所带动的文化扩散中同样无不包含着迁移扩散的情况。以佛教传入中国为例,它传入中国主要是迁移扩散。印度僧与西域僧不远万里来到中国,带来了印度文化区的宗教信仰,法显、玄奘等中国僧也不辞劳苦去天竺取经,这属于迁移扩散。佛教进入中国之初,先为上层社会(如皇帝等)接受,而后才逐渐扩散到民间,这种扩散过程则是扩展扩散中的等级扩散。所以不能绝对地说,佛教在中国的传播只是迁移扩散。由此可以发现,即使是同一种文化扩散现象,从不同的侧面去分析,它的突出特点也就有差异。这实际上说明了文化的扩散是立体的、多方位的,我们不必刻意区分每一种文化的扩散类型,但应该知道人类社会的发展与文

化的扩散是密不可分的。

(二)文化扩散的条件

文化扩散的原因有外在动力和内在动力两方面。不同文化之间的差异是文化空间扩散的外在动力。任何文化都有不同于其他文化的地方,两者文化不论强弱,他者文化中的"异质"都会引起其他另一方的注意,此时就确立了文化扩散的基础。文化的自身发展需要是文化空间扩散的内在动力。封闭的文化发展非常缓慢,恰当地接受外来文化有利于文化的发展。日本接受外来文化使之迅速跻身于强国之列,就是例证。落后的文化往往面临着强势文化的入侵,存在文化生存问题。任何文化必须不断地与时俱进。中国几千年的封建社会在大多数情况下对外来文化采取的是漠然甚至敌视的态度,以我为中心,导致生产力发展缓慢,直至西方的大炮轰开了中国的大门,才真正使文化呈现出开放的趋势。

除了内外两种动力以外,文化空间扩散还需要有一定的交通、地理条件,以及合适的政治、经济和社会环境。过去,在以陆地和海洋为信息传递基础工具的文化扩散中,地理环境对文化扩散的影响最为明显,崇山峻岭、无垠的沙漠都是阻碍陆路交通发展的自然环境,没有良好的交通,信息的沟通困难直接影响了文化扩散的程度。如今,无线通信的发展和交通枢纽的贯通,使得交通、地理环境条件的制约对文化扩散所产生的影响越来越小。此外,一定的政治制度既可以促进文化的交流,也能限制文化的交流;良好的社会经济环境也能为文化扩散提供良好条件。如果闭关锁国,竭力保持本我文化的专属性,而不许外来文化渗透,就会阻碍文化的扩散,造成本区域文化的停滞不前甚至灭亡。

(三)文化扩散的影响

文化扩散是文化发展和繁荣的重要途径之一,传统文化的弘扬、现代和当代文化的流行和普及,都离不开文化扩散。各个文化区在不断吸收其他文化区的文化优势,并将其与地方文化有机地结合起来的同时,也赋予了地方文化新的生命意义,世界文化就是在不断的趋同和趋异中发展的。我们每个人在日常生活、工作和学习中都会自觉或者不自觉地参与文化扩散的过程,文化扩散的现象在生活中处处可见。例如,在上海、北京这样的大型城市中有相当多的年轻人说英语,这种现象正是文化扩散的结果。这些人中可能有本来母语就是英语的居住者,也可能有通过各种媒介学习和掌握英语的本地人。但不论是哪一种,都表现了英语文化在中国大型城市的扩散。在科技技术高度发展的今天,促进文化扩散的媒体日益丰富,逐渐普及到人们的生活领域中,广播、电视、网络的普及,学校教育和人际交流范围的扩大,这些都促进了文化的扩散,进而带动了社会文化的发展。

旅游活动带动的文化扩散同样具有一般文化扩散过程的特点,都是以人作为文化的载体,在人与人的文化交往之间进行传播和扩散。在跨文化旅游交流中,旅游者实际上承担着文化扩散中介的角色,在空间上将旅游目的地文化传播到客源地。客源地和目的地空间的相互作用导致了游客的流向和流量,也就形成了文化扩散的形态。随着交通运输设施的进步、人均收入和消费水平的提高、闲暇时间和旅游动机类型的增多,客源地和旅游目的地之间的空间距离和心理感知距离越来越短,文化扩散的自然阻隔正在日益减小。与此同时,在提倡"地球村"的今天,文化的多样化和包容性进一步推动了世界性大众旅游的发展,文化扩散中的人为阻隔也在逐渐减小,这些都使跨文化旅游交往中文化扩散变得容易,可以更好地搭建不同种族、国家、民族和地区的文化桥梁,从而维持政局的稳定和社会的安定。

二、文化涵化

"涵化"(acculturation)属于人类学的专业概念,指不管人们愿意还是不愿意,只要发生文化接触,其社会文化就会发生变化。早在 20 世纪 50 年代,美国"社会科学研究理事会"在夏季报告会上对其作过定义:"文化涵化是指由两个或更多的文化系统之间的联系接触所发生的文化变化。"由于不同文化接触的形式不同,涵化的形式也具有多样性,其中"借入"(borrowing)是一种重要的形式和因素。这种"借入"往往是双向的,每一方都会通过"借入"另一方的文化因素使自己的文化产生某些变化[①]。如果这种变化只是体现在表现行为改变上而没有意识行为的改变,那就是文化漂移;如果表现在行为和意识行为两者都互相适应,发生改变,就是文化涵化。

文化涵化属于文化变迁中的一种情况(见图 4-4)。文化变迁始于社会文化环境和自然环境的改变,产生新的需要,并通过创造出新的因素进行传播,最终可能产生文化的进化和涵化两种结果。涵化与进化不同。进化首先要区分文化的等级,是将文化的发展状态按照一定的标准进行分段式排列的方法。一些学者认为文化的进化就是文化由低到高逐步发展的过程,因此文化的进化是一种由低级阶段到高级阶段逐步发展的过程。而涵化则不反映这种文化历时的变迁,涵化的双方文化可能存在发展阶段的不一致,也可能一致。涵化是同时代文化相互接触、相互影响的结果,是文化在同时空下不同区域之间的横向流动模式[②]。

---

① 彭兆荣.旅游人类学.民族出版社,2004:290
② 张晓萍,李伟.旅游人类学.南开大学出版社,2008:182—183

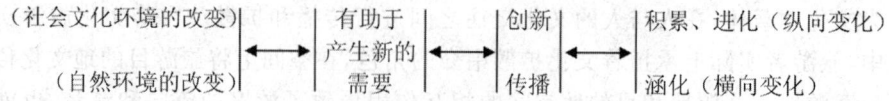

图 4-4 石奕龙提出的文化变迁的一般性模式①

(一)涵化的影响因素

文化涵化的发生受到两种因素的影响,一种是外部因素的介入导致本我文化发生的变化,另一种是内部因素即群体的内部凝聚力、文化认同、对外来文化影响的承受力等。在跨文化交流旅游活动中,文化涵化受到了以下三方面因素的影响。

1.文化接触的广度与深度

旅游者在旅游目的地与当地文化的接触程度影响着文化涵化的程度和范围。旅游者与目的地居民接触得越密切,介入当地公共文化设施越多,如商店、娱乐场所、学校、博物馆等,旅游者就可以更多地感受异地文化,接触越深,彼此影响越多,涵化的结果也就越多。

2.目的地的社会文化态度

目的地国家和地区对旅游者承载的异质文化的态度,是接纳,还是隔离,甚至排斥,会直接影响文化交流和涵化。为了吸引游客,东道主社会需要持更为开放的社会文化态度,打开文化边界,欢迎不同文化背景下的人们参与到自身的经济生活变迁中,从而加深彼此文化间的涵化程度。

3.跨文化距离变量

客源地与旅游目的地两种文化群体间的文化距离影响着文化涵化,文化距离小,两文化群体间的相似度高,共同点多,交流时更容易理解对方文化;反之,文化距离越大,文化差别大,双方在交流时越可能误解对方,例如,来自日本、韩国的旅游者来中国旅游要比来自欧洲国家的旅游者更容易涵化于中国文化。

(二)涵化的过程与结果

文化涵化的过程是由于一种文化的潜移或移入,导致一方或双方的文化模式发生变化。变化的结果是使一种文化接受其他文化的要素,并增强对另一种文化的适应,从而使不同文化的相同性日益增强。一般来讲,涵化的过程分为接受、适应和冲突三种情况。

接受包括接触、传播、选择、采借等一系列过程,指一组文化特质对另一组文化特质的全部或某一部分内容进行吸收或取代。这一阶段的涵化可以分为"逆

---

① 石奕龙.应用人类学.厦门大学出版社,1996:118

涵化"和"顺涵化"。前者是指被涵化方受到外来文化的强制而被迫涵化的过程，后者指的是解除双方资源或自发去吸纳外来文化的因素[①]。例如，当两种文化中一方属于"高文化"，另一方属于"低文化"的时候，前者对后者所施与的作用和影响要远远大于后者对于前者的作用和影响，此时"高文化"的一方就会"霸权性"地使"低文化"被迫涵化。

适应和冲突这两个过程实际上都是一种"对抗性"的涵化作用，无论哪一种结果都是文化受到影响后的重新调和。适应是从接受来的不同文化中吸取新的文化特质，并与自己的传统文化协调起来从而完成涵化的过程。在这个过程中，若一种文化单方面地受到另一方文化的影响后，经过单方面的调和成为对方文化的一部分，这个过程称之为"文化同化"；若双方文化在长期的接触中发生双向的调和，产生出与各自原有文化特征均不相同的新的文化现象，这个过程则称之为"文化融合"。在我国历史上民族同化和民族融合这两种情况都是存在的，比如我国的匈奴、鲜卑、羌、氐、突厥、回鹘、契丹以及蒙古、满等族，都曾不同程度地同化于汉族；乌孜别克族、哈萨克族就是由突厥人和蒙古人等在长期的共同生活中，于十五六世纪融合而成的[②]。

冲突，是指在涵化过程中，由于政治上处支配地位的文化的压力太大，变迁发生得过猛，即对接收一方的破坏和压迫过于迅猛，以至许多人不能接受这种变迁，从而产生排斥、拒绝、抵制或者反抗的现象[③]。在跨文化旅游过程中发生的文化摩擦和冲突是跨文化旅游活动中的必然现象。不同文化因素之间的相异表现在许多方面，除了语言外，还包括双方之间的非语言交际、世界观、价值取向、文化传统、心理因素、行为规范、社会地位、角色关系、交际场合等。这些文化因素是引起文化误解和冲突的潜在基础，一旦其中一方（特别是旅游者）无法忍受对旅游地文化观念、价值取向、生活方式等的极度不适应，此时就会演变成摩擦甚至冲突。

(三)一般优势法则

文化涵化是一种互动的现象。从微观层面看，文化涵化是异质文化间的互动，其结果是文化类型的趋同或同质化；从宏观层面看，总是强势文化能更深刻地影响改变弱势文化，这就是文化涵化的一般优势法则。因为拥有更多文化优势的一方，其文化的外扩力也就越强；处于相对弱势的一方，其文化自身的抵抗力也就越弱。复杂性越高的文化具有更强的抵抗力，越简单的文化系统所具有

[①] 张晓萍，李伟.旅游人类学.南开大学出版社，2008：185－186
[②] 历史上的民族同化、民族融合与和亲政策 http://theory.people.com.cn/GB/49157/49163/9673423.html
[③] 石奕龙.应用人类学.厦门大学出版社，1996：151

的抵抗力越弱,因此在跨文化旅游当中,究竟是旅游目的地文化影响了旅游者还是旅游者影响旅游目的地的文化,要看谁的文化是强势文化。

旅游人类学的研究表明,在旅游跨文化交流中,东道主往往处在弱势文化的地位,特别是第三世界的旅游目的地,那些来自西方发达国家的游客会给东道主社会带来巨大的影响,导致东道主社会文化加速变迁。这样的接触与交流是不平等的,是一种"旅游行为中的帝国主义"。因此,站在东道主社会的角度来看,在大规模迎接旅游活动到来的同时,要注意提高对"自我"文化体系的保护水平,维持社会文化的稳定性,并对内部功能结构进行及时调整,以使整个群体适应来自不断变化的外部因素的影响。

不论涵化的结果如何,它在跨文化旅游活动中是不可避免的。游客与东道主之间的双向互动带来的是彼此间文化的交融,甚至出现一种新的文化。这种变化反映的是现代人的一种需求,也许会更适应现代社会的发展,所以我们应当从辩证的角度来看待文化涵化的问题,更为坦然地接受文化的变迁。

第三节 旅游的文化整合与转型

一、文化整合

在文化学研究中,关于"文化整合"的界定主要有两种:一种是把"文化整合"理解为一个过程,比如,何晓明认为:"文化整合是渊源和特质均不相同的文化相互吸纳、重新组合的过程。"另一种是把"文化整合"当作一种结果,如王恩涌在其《人文地理学》中认为,"在一个文化系统内,各文化层次,各层次的文化特质在功能上形成协调,这就是该文化系统实现了文化整合"[①]。因此,我们可以把文化整合(cultural integration)定义为,各种文化协调为整体的过程或整体化的状态。文化整合不是简单的集合,它是不同文化表现出的形式、功能、意义经过相互选择、改变、融合而达到的新的适应。文化整合将改变某些文化特征,使之产生新的特征,因此文化整合也是文化创新并形成文化体系的过程。

(一)内整合和外整合

地域文化系统的文化整合包含内整合和外整合两个方面。

[①] 陈岗.旅游文化:文化整合的过程与结果——文化整合的视角看旅游文化.桂林旅游高等专科学校学报,2004,(12)

1. 内整合

同一文化系统中物质文化、精神文化、制度文化三者之间的整合关系,称内整合。文化系统中的内整合关系如同自然环境中各要素之间相互作用、协调的关系,如果某个要素的变化超出了限度,就会导致整个系统的不协调。例如,现代技术和现代生产的发展和运行既需要上层建筑推动,也需要建立符合经济发展的管理体制与市场,甚至还需要有与价值观念相应的意识形态。这说明,物质文化、制度文化与精神文化要相应变化,协调进行才能形成整合。只有物质文化的变化,没有精神文化和制度文化的变化,地域文化得不到协调发展,反而会产生一系列的矛盾和问题,"两手抓,两手都要硬"就是这个道理。只有当各个方面的变化、发展都协调、平衡,才能使一定区域里的文化系统顺利地发展。

2. 外整合

地域文化综合体与新文化的整合关系称为外整合,即两种不同文化的整合。文化在时间过程中是不断变化的,地域文化系统在发展过程中形成自身的文化传统。当外来文化影响本地文化时,总要经过一定时间与本地文化传统相整合。这种地域文化的外整合,促进了地域文化系统的发展[①]。例如,黄梅戏起源于湖北黄梅县,原先用湖北话演唱,之后黄梅戏扩散到安徽安庆并在安庆发扬光大,安庆成为黄梅戏的中心以后,则以安庆话为基础进行演唱,这就是外整合过程。

文化整合是人类历史上客观存在的一种普遍现象。纵观我国华夏文化的渊源历史,中华文明经历过无数次剧烈的整合,既包含汉民族文化与各少数民族文化之间的内整合,也包含中西不同文化之间的外整合,从而由分散走向统一并步入世界。任何一种地域文化都是在不断的内外整合中保持协调稳步地发展,一方面要维持本我文化的内部力量,以维持文化各方面的稳定性;另一方面要面对促使本我文化发生变化的外部文化特质,通过与对方文化之间彼此协调来适应不断变化的外部环境。虽然文化整合是注意文化内部和外部各层次、各特质之间的相互关系及其协调情况,但是其变化与发展也总是在一定的地域之中。因此它也会在一定程度上反映了地域条件的烙印,高度的地域性和民族性也会给文化整合带来一定的阻碍,特别是在外整合过程中,如果对对方的存在、价值和意义不给予理解和肯定,就会产生非常强烈的排他性而导致人类文化整体的间断。由此可见,文化整合的道路上充满了重重障碍。

(二)文化整合的过程

从微观上看,文化整合是一个文化系统以自身文化价值为核心、以自身内在结构为参照而对其他文化的文化特质的选择和建构,而文化又是一个开放的全

---

① 章海荣.旅游文化学.复旦大学出版社,2007:190

层次系统,因此,文化整合的过程必然呈现出全层次性和序化定向性[①]。也就是说,在文化整合中,文化系统的物质层面、制度层面和精神层面是有序地分别进行着整合。因为在文化系统的三个结构层次中,物质文化层次稳定性较差,制度行为文化次之,精神文化则较为稳定,相应地它们各自发生整合的难易程度和先后顺序便有所不同。所以当一个文化系统在对其他文化系统的文化特质进行整合时,最先作为整合内容的是物质文化特质,其次是制度行为文化特质,最后才是精神文化特质。

从宏观上看,文化整合过程是在矛盾与斗争的反复交替中不断前进的。现代旅游跨文化交流中由于旅游客源地与目的地文化背景、政治经济等其他因素的差异,最先发生的是文化冲突。冲突带来的是不同文化间的比较和竞争,其结果有正、反两种可能。当两种文化发生冲突时,一种文化要想与另一种文化竞争,并进而在社会中占有一席之地,它自身必须做一些调整,重建自己的体系,以适应另一种文化以及当时的社会条件。文化在经历了冲突、调整和适应之后,就达到了整合的趋向,此时的结果往往会促进新文化的产生,给社会进步提供巨大的动力。如果在文化接触中一方或者双方文化都强调自我文化的优越性,视其他文化为危险物,就会导致文化整合产生巨大的障碍,当双方文化接触的时候,便会产生高度敌对的关系,甚至企图消灭对方的状况,导致文化隔阂加深。

但是文化整合发展还是跨文化旅游发展的总体趋势。一方面异质文化的吸引是跨文化旅游的主要动机,因此旅游者是以积极的态度去主动适应旅游地文化和接受旅游地的文化观念和文化行为,并且试图在旅游结束后将旅游地文化精华融入自身文化系统。在这个过程中,旅游者经历着从文化惊喜到文化模仿以及最终文化融合这样三个过程(图4-5)。另一方面,旅游业的健康持续发展给东道主社会带来了文化、经济等多方面的利益,旅游地也会主动接受、容纳和融会甚至综合来自旅游者的文化因素,致使旅游地文化发生着极大变化,渗透着越来越多的外来文化因素,旅游景区往往成为各种文化的汇聚地和展现地。从这两方面我们可以发现,旅游客源地与目的地在文化交流与整合中,会对旅游者的文化身份和旅游目的地文化都造成一定的影响,这种影响可以是积极的也可以是消极的。

二、旅游主体文化身份的转型

旅游主体文化身份即旅游者的文化身份,在前面的章节中我们学习过文化身份的概念,是指一个人、一个群体、一个民族在与他人、他群体、他民族相比较

[①] 胡启勇.文化整合论.贵州民族学院学报(哲学社会科学版),2002,(1)

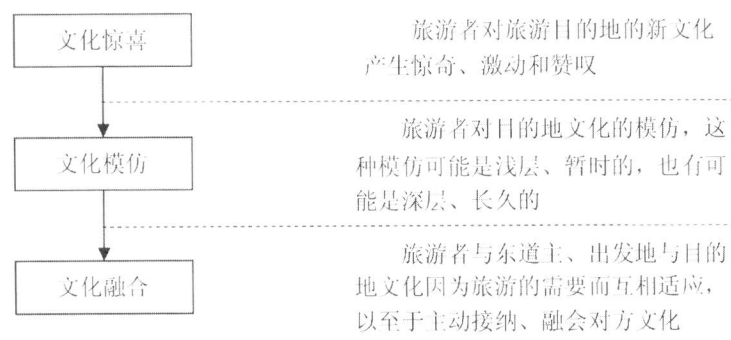

图 4-5　旅游者经历文化整合的过程

之下所认识到的自我形象,包含了价值观念或价值体系、语言、家庭体制、生活方式和精神世界五个方面。一个人的文化身份与他所长期生活的环境和所在地是密切相关的,由此我们可以推断,一个人的文化身份并不是一成不变的,在不同的环境有不同的体现,其中地理环境的变化是一个人文化身份改变的重要原因。对于旅游者而言,旅游者在不同的地理空间进行转移,此时旅游主体的文化身份也会发生一定的转型。从单个的旅游者来看,地理环境的改变使得旅游者本我的文化身份随之改变,不论以前旅游者的文化身份如何,这时候他们的文化身份都是"旅游者"。

(一)"旅游者"文化身份

随着大众旅游的发展,越来越多的人参加到旅游当中,旅游者构成的旅游社会团体也越来越多。自由旅游的背包一族,喜欢户外运动的"驴友"群体,偏爱"在路上"文艺气息的结伴旅行,追求刺激的冒险旅游一族,享受更多便利的旅游团队等,这些旅游团体的不同类型构成了相应不同的"旅游者"文化身份。属于同一团体的旅游者,尽管他们的本我文化身份各不相同,但是却在一定程度上具有高度的同一性,一样的兴趣爱好、一样的旅游偏好、一样的文化价值观等,这些不同于原本文化身份的要素构成了新的团体旅游者的文化身份。比如在一个"驴友"圈中,会聚集着来自不同地区,有着不同职业的人们,有的人是老师,有的人是公司职员,有的人是健身教练,他们本来的文化身份可能相差甚远,一旦当他们离开惯常生活的环境进入旅游者的角色中,文化身份也相应地转变为"驴友"的文化身份。

相对旅游目的地居民和旅游业从业人员来说,"旅游者"文化身份就没有这么复杂。在他们眼中,无论是属于什么团体的旅游者都具有同一种共性,那就是旅游者就是花钱来休闲、享受服务的人,此时旅游者所构成的移动的旅游社会团体代表着旅游者的一种族群身份,是旅游者所具有的共同的文化身份。旅游主体文化身份的转型,使旅游者新的文化身份成为旅游客源地与目的地之间文化交流与互动的桥梁,旅游者在进行文化传播的过程中既影响着旅游目的地的文化,也受到了来自旅游目的地的影响,从而自己的原本文化身份也随之发生改变。

(二)文化身份转型的影响

现代意义上的旅游是一个具有宗教意味的朝圣过程,是一种"神圣之旅",旅游过程实际上就是一个"世俗—神圣—世俗"的过程,因此旅游者文化身份转型的影响可以从三个阶段来探讨。第一个阶段是旅游者本我文化身份与旅游者文化身份的转型,第二个阶段是旅游过程中对新的旅游者文化身份的影响,第三个阶段是旅游返程即结束后的对旅游者原本文化身份的影响。

在第一阶段中,旅游者经历从本我文化身份到"旅游者"文化身份的转变,旅游者的性格、价值观、行为举止、道德准则都发生了一定的变化,此时的旅游者往往忘却控制自己,思考能力不知不觉减退、自行其是、个性解放、性格暴露,甚至出现反常的言行。而这一系列的变化都因为"旅游者"这个特殊的文化身份而使他在一路上的行为、言语和追求变得合法化、神圣化,并且能得到周围其他人的认同和理解。

在第二阶段中,旅游者文化身份主要受到的是来自旅游目的地文化的影响,此时旅游者经历的是一种新文化的冲击。特别是跨文化旅游者在与东道主居民的交往中,会受到由于种族、文化、社会风貌等方面的差异造成的影响。根据交往假设理论(Contact Hypothesis),对不同文化背景的群体来说,人们之间的交往活动既可能产生积极的结果,也可能导致消极的结果。这种结果既受个人因素的影响,也受社会因素的影响,其中文化背景是社会因素的重要组成部分。如果两国的文化差异是细微的、互补的,跨文化旅游者与东道主之间就更可能产生积极的交往活动;如果文化差异是巨大的、互不相容的,就会使跨文化旅游者与东道主之间的交往产生困难,甚至出现文化休克(Cultural Shock)现象[1]。

在第三阶段中,旅游者从"旅游者文化身份"中再次转变成原本的文化身份,在经过了一次旅游朝圣的洗涤后,旅游者的原本文化身份也必然受到一定的影响,这种影响同样也体现在积极和消极两个方面。从积极的角度来看,旅游具有一种明显的教育意义,通过旅游这种短暂的间歇方式,使旅游者对他国、他民族有了一定的了解,在游览和参与他种文化的过程中有所体验、比较和理解,使旅游者对自己的本位文化感到满足。除此之外,旅游使人们得到休息和放松,促进了身心的健康发展,得到了休闲,精神得到放松,而且增长了知识。如果"当旅游

---

[1] 伍晓奕,林德荣.跨文化旅游者消费行为研究综述.旅游科学,2008,(6)

者在旅游过程中对世界的了解过于肤浅甚至遭到歪曲,当旅游中允许不道德的行为或是没有创造出有利于深入的情感锻炼的条件"①时,旅游就会对旅游者在回归本我文化身份后产生消极的影响,而且本我文化与东道主社会文化的巨大差异引发的文化休克、文化冲突也会对回归后的旅游者产生巨大的消极影响,使他们难以重新投入到过去的生活中。

总之,旅游影响提供了一系列的可能性,究竟是积极的还是消极的,很大程度上还是取决于旅游者自身积极的旅游态度、接受多元文化的胸襟以及按照新的观念和模式行为的勇气和能力。

三、旅游目的地文化的重构

对于旅游者来说,旅游只是相对于日常生活的一个脱离的短暂过程,在这个过程中旅游者与当地居民的接触也是相对短暂的,因此在语言、观念、行为方式、以及旅游活动本身对旅游者的影响产生的作用是有限的。而从旅游目的地角度来说,当地居民接待了一批又一批的旅游者,这种接触的时间是持续的、长期的,甚至是平行或融于日常生活,此时当地居民受到的影响远大于旅游者受到的影响,这种影响可以表现为旅游地居民在价值观、个人行为、家庭结构、生活方式、道德观念、宗教、语言、健康和文化等诸方面的变化,也就是对旅游目的地文化的重构。文化的存在、发展都必须依赖一定的社会环境,如果文化赖以生存的环境发生改变,那么这种文化将不可避免地发生文化变迁。旅游的发展带来旅游目的地居民生存环境的改变,进而导致文化的内涵发生改变以及文化表现形式发生改变,这种文化上的改变有可能促使旅游目的地原有文化形态消失,新的文化形态出现,这也正是所谓的文化重构过程。

旅游既是一种社会文化现象,又是一种社会经济现象。作为一种经济现象,旅游在经济发展过程中的作用和意义,已经得到人们普遍的认识。旅游活动引导的旅游经济在国家创汇、平衡国际收支、带动相关行业发展、促进地区经济增长和带动就业等方面起到了重要作用。根据我国"十一五"规划,旅游被定位为新的经济增长点,国内已有 26 个省市将旅游作为支柱型产业。2008 年经济寒流袭来时,旅游更是成为各主要省市刺激消费、拉动内需的主要力量,由此可见旅游经济的带动性成为旅游目的地社会转型的主要外部刺激因素,特别是在欠发达旅游目的地社会的转型上尤为明显。

欠发达旅游目的地是指经济比较落后,但旅游资源丰富,对旅游者具有吸引力的地区。当前我国实施西部大开发战略,旅游扶贫成为西部诸多欠发达地区

---

① 章海荣.旅游文化学.复旦大学出版社,2007:200

发展经济的重要举措,在我国西部及周边的一些少数民族那里产生了"开发旅游,脱贫致富"的口号,那些地区通过开发旅游景点成为旅游目的地,发展旅游业成为该地区经济发展的支柱产业。发展旅游给当地的经济、社会、文化、环境带来较大影响,进而促进欠发达旅游地的社会文化变迁。因为旅游的开发,当地居民被迫放弃原来的生存方式,转而从事与旅游相关的行业。原先从事耕地劳作的人们开始成为旅行社、旅游接待公司、餐饮旅店等旅游业职员;原先按农事和岁时发生的节日及民俗民间活动变成了旅游者即时消费的文化产业[①]。根据一般优势法则,欠发达旅游目的地的文化是相对于旅游客源地文化的弱势文化,因此当地居民与旅游者的文化交流对当地产生的影响更大。旅游者的文化身份会对当地居民产生较大的示范作用,并促进当地社会文化结构发生变迁。保继刚和楚义芳(1999)认为:"年轻人注意到了西方年轻旅游者的自由和优越的物质生活并千方百计去争取同样的享受,他们受示范效应影响较大,往往到商界、旅游部门或政府机关寻找工作以获取高额报酬,来追求西方生活方式。老一代居民虽不同程度地受到外国生活方式的影响,但仍保持着祖先们传下来的生活习惯。"[②]这充分说明了旅游者的文化身份对当地居民特别是年轻人的文化观念影响更大,在一些偏远的旅游目的地所见到的当地旅游从业人员多半是年轻人,而老年人则大多维持着以往的生活方式。所以,针对欠发达旅游目的地的转型,关键在于如何通过发展旅游实现欠发达旅游地的社会文化变迁,促进人的社会心理现代化,但又保留该地区优秀的、富有特色的文化,从而为该地区实现现代化提供文化、精神支持[③]。

  旅游目的地文化的重构是各种文化碰撞引起的文化变更的结果,并不仅仅是旅游发展的结果。旅游的发展带动了城市基础设施的建设,便利的交通、畅通的信息渠道加快了文化的传播,使旅游者和目的地居民进行更多的文化互动和交流。在文化交流的过程中,旅游成为文化传播的媒介,强势文化和弱势文化相互作用,使得这种文化交流具有不平衡性,在文化变化上有所倾斜。如果超过了一定限度,当地的原生文化就难以承受,将会导致一系列社会问题的发生,所以旅游对旅游目的地文化的发展犹如一把双刃剑。因此旅游接待地的相关部门应该重视当地社会文化的重构,及时适当地调整对策,通过研究旅游目的地发生的各种变化,找到对策,把变化限制在可接受的范围内,保障旅游目的地文化的生命力和原真性,促进旅游业健康地、可持续地发展。

---

  ① 章海荣.旅游文化学.复旦大学出版社,2007:193
  ② 李经龙,郑淑婧,周秉根.旅游对旅游目的地社会文化影响研究.地域研究与开发,2003,(12)
  ③ 李祝舜,蒋艳.欠发达旅游地社会文化变迁与社会心理现代化.北京第二外国语学院学报,2003,(5)

第四节　文化震惊与文化冲突

一、跨文化交流中的文化冲突

文化冲突这个词最初是用来描述当一个人在陌生的环境里所产生的焦虑感。从"冲突(conflict)"这个单词的拉丁语词根上来看,"com"和"fligere"分别指"一起"和"撞击",简而言之就是"一起撞击"之意。冲突意指两种力量或体系的撞击,是一种不和谐状态,这种不和谐状态的体现可以是明显的也可以是隐晦的[①]。在跨文化交流中,当不同的文化碰撞在一起的时候,冲突不可避免。文化冲突是指两种或者两种以上的文化相互接触所产生的竞争和对抗状态。不同个体、团体、民族和国家的文化,有不同的世界观、价值取向、文化传统、心理因素、行为规范等。当不同文化在传播、接触的时候,便产生了竞争、对抗甚至企图消灭对方的状况。因此,从跨文化冲撞这个层面上来看,文化冲突所产生的不和谐的状态也可以是明显的或是隐晦的。在前面我们学习到跨文化交流实际上是文化交流双方对信息解码与编码的过程,因此,信息差是跨文化冲突产生的导火索。这些信息差通常导致误会、冲突,使文化交流双方产生心理上的不适,此时的文化冲突是一种隐晦的。然而,这种心理压力不能得以解决,它就会形成人际冲突,此时文化冲突就会转变为明显的,甚至会产生更为严重的负面后果。从本质上来讲,文化冲突的产生是受到文化差异和文化认同两方面的影响所导致的。

(一)文化差异与文化冲突

文化差异也称文化距离,包括了思维方式、价值标准、道德观念、行为准则和生活方式等诸多方面,文化差异是产生信息差的主要原因。由于信息发送者不了解信息接收者与自己会有文化差异,在信息编码过程中,将信息变换成交际行为中不得体甚至触犯对方文化特征的信号;而信息接收者也有可能由于不了解文化差异而简单地用本文化的习惯去解码,或因对信息发出者的文化一知半解而误解了所收到的信息。文化差异越大,跨文化交流中所产生的信息差变差越大,文化冲突出现的可能性也越高。美国学者萨姆瓦在其《跨文化沟通》一书中以美国为例,对社会文化差异的大小进行排序:最大差异是西方人和亚洲人的文化差异;欧洲人与阿拉伯人的差异大于美国人与欧洲人的差异;美国内部白人与

---

① 蔡荣寿,李彩霞.跨文化冲突及其对策.浙江传媒学院,2006,(5)

有色人种的差异大于美国人和英国人以及讲英语的加拿大人的差异①。东方文化和西方文化在价值取向、思维方式和行为规范上都有着截然的区别,文化差异也是巨大的。美国人类学家克拉克洪与斯乔贝克(Kluckhohn & Strodbeck,1961)曾经从文化价值的六大方面对中美的文化差异进行了分析(表4-3)。

表4-3 中美文化差异②

六大价值取向	美国文化	中国文化
对人性的看法	性本善和性本恶的混合体	有可能变化,善或恶改变很难
人们与外部环境的关系	人是自然的主人	和谐并受制于自然
与他人的关系(等级观念)	个人主义	集体主义(重视等级)
行动取向	重视做事或行动	重视存在
人们的空间观念	个人、隐私	公共
人们的时间观念	未来/现在同时间做一件事情	过去/现在同时做多件事

随着旅游业的迅速发展,越来越多的西方人到中国来旅游。当中西文化进行交流和接触的时候,这种由于文化价值取向的不同而造成的差异感便成为人们的首先感受,除此之外,举止、习惯、言谈方式、肢体语言或手势等文化差异因素也都是引起文化误解和冲突的潜在基础。尽管如此,文化差异只是导致文化冲突产生的一个因素,文化交流双方的文化认同程度是导致文化冲突的另一个必要因素,只有在两个因素的共同作用下,文化冲突才会产生。

(二)文化认同与文化冲突

文化认同是一种个体被群体的文化影响的感觉,其表现在方方面面,如政治、经济、伦理、宗教、语言和观念等,凡同人的活动有关的一切领域几乎都是文化的领域。一般来说,文化认同就是对自身文化身份与地位的一种自觉和把握,是对本我文化的认知。因为个体在母环境下所处的时间最长,受到的文化影响也是最大的,对该环境的文化认同度最高。文化认同作为自我概念的重要部分,一般当个体身处母文化的环境中时,是不大被个体察觉到或是强烈感受到的。但是当个体发生跨文化的行为时,个体的文化认同会被更明显地感受到。也就是说,只有当一个人离开自己的母环境进入到其他文化空间时,他对自身的文化认同感才开始变得明显起来。尽管对于自身文化身份的认同是一直存在的,但是只有脱离了母文化的环境时,才能明显地意识到文化认同的存在,比如当两个同乡人在异国他乡偶尔相遇,彼此都会因为对方的文化身份感到亲切和强烈的认同感,若是在自己的家乡,尽管身边遇到的都是家乡人,但是文化认同的意识

---

① 姜鹏.文化维度下的文化差异性与文化休克研究.兰州大学,2007年硕士论文
② 克拉克洪著,高佳译.文化与个人.浙江人民出版社,1986:32

就不太明显。一个人自我文化身份只有当他身处在别的文化背景下和不同社会群体交往时会变得更为明显,因此跨文化旅游的交流活动在很大程度上能让个体的文化认同变得凸显,让个体更强烈地意识到自己的文化认同。然而过于强烈的文化认同会对自我文化产生一种极端的"种族中心主义",认为自己的文化优越于其他所有的文化,只有自己的文化才是"正确的"、"优质的",其他所有的文化都是"错误的"、"低劣的"。在这种情况下,文化交流的双方都从主观上极端排斥对方文化,东道主和游客之间容易产生负面后果或较为严重的文化冲突。

文化认同不是固定的永久认知,它也是可以变化的,比如出国的经历和自我概念的扰动都会导致文化认同的改变,但这种改变在国外的环境中很难被察觉,只有当个体再次回到母环境中,才会意识到自身文化身份的转变,并对母文化产生强烈的不适应而导致新的文化冲突。比如,一些海外留学归来的"海归们"在回国初期重新面对自己祖国的生活环境时,会逐渐察觉到自己的变化。因为在国外长时间的生活,使这些"海归"适应了国外的生活习惯,受到了异文化的感染。这些影响在无形中导致他们在文化认同上的或多或少的改变,因此在回国后导致文化认同混乱,需要重新适应才能回归原本的文化身份。

21世纪是多元文化交融和并存的时代,也是商业社会高度发展的时代,文化认同已经不仅仅限于对自身文化的认同,它表现出的是一种对其他文化的尊重、认可、学习和融入。大多数文化冲突的产生还是因为交流双方对对方文化不理解、不认同而产生的。文化冲突是跨文化交流中不可避免的现象,只能尽量减少文化冲突的产生,或是把文化冲突带来的消极影响降到最低,这需要全球"地球村居民"培养一种海纳百川的文化胸襟。接受文化差异,在对自身文化身份认同的基础上,以宽大的包容心接纳异文化,认同不同文化的存在,彼此尊重,减少文化冲突带来的消极影响,使不同文化在全球良好的环境中相互沟通与学习,促进世界多元文化的共同发展,推动人类文化的进步。

二、旅游者的文化震惊

文化震惊(Culture Shock),最先是由文化人类学家奥伯格(Kalvero Oberg)在1958年提出,用来表示当人们面对与自己所熟悉的社会文化符号和行为时所产生的焦虑现象。日本学者星野命认为,"文化震惊指的是一个人在接触与自己的文化所具有的生活方式、行为规范、人际关系、价值观或多或少不相同的文化时,最初所产生的情感上的冲击和认知上的不一致"。结合以上这些学者的观点,可以把文化震惊定义为,"生活在某一种文化中的人进入一种新文化环境时所经历的情感落差或创伤性经历",也可称为"文化冲击"、"文化休克"和"文化震荡"等。文化震惊通常在不同地区、不同社会群体、不同民族之间的文化交流与碰撞过程中发生。在跨文化旅游中,当旅游者发现自己处于陌生的环境,无法对信息作出相应的反应,不能问路,也不知道如何回答他人的问题,气候与自己家乡的气候完全不同,食物几乎不认识等,这些给旅游者带来的震惊犹如经历一场内在文化积累或文化构成上的动乱①。文化震惊是一个普遍存在的客观现象,除非是旧地重游,否则没有旅游者不经过这样一个文化震惊过程,或者说初次旅游者中没人能避免这一过程。

(一)旅游者文化震惊的心理过程

古拉豪恩(Gullahorn)于1963年提出,在跨文化旅游中,旅游者的文化震惊经历六个不同的阶段,分别是蜜月期(Honeymoon Phase)、敌意期(Rejection Phase)、诙谐期(Adjustment Phase)、回家期(Acceptance and Adaptation Phase)、反向文化震惊(Reverse Cultural Shock Phase)、重新调整期(Reentry Phase)。旅游者相应的心理变化过程一般呈"W"型曲线图(见图4-6)。

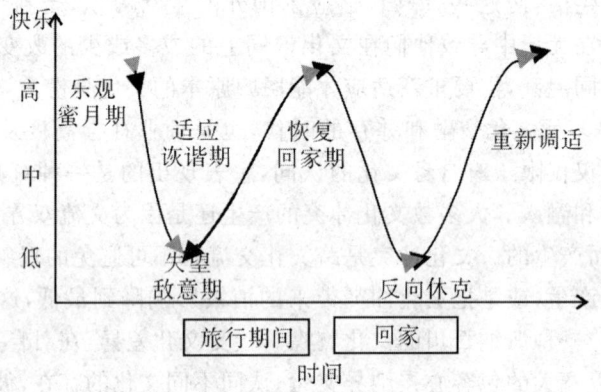

图 4-6 跨文化旅游的文化震惊阶段②

1.蜜月期(Honeymoon Phase)

这一阶段,旅游者主要呈现出迷恋、惊喜和乐观的特征。初到旅游目的地,旅游者对新的文化环境充满期待和激动,心理上兴奋、情绪上高涨,对旅途生活充满美好的憧憬,对所看到的人、景色、事物等一切都感到满意。这一阶段的持续时间往往很短。

2.敌意期(Rejection Phase)

短暂的"蜜月期"过后,由于生活方式、行为规范等方面与自己文化不一样,尤其价值观的矛盾和冲突,旅行者开始感受到文化身份的不同带来的巨大差异,

---

① 卿志军.旅游文化传播中震惊产生的心理机制以及调适.旅游论坛,2008,(12)
② 温丽玲,刘鑫鑫.跨文化旅游中的"文化休克"分析.市场论坛,2010,(2)

而对当地文化产生抵触、排斥心理,他们更愿意与自己的旅伴交往。因为不同文化的碰撞使旅游者强烈感受到"外乡人"的身份,原来认为是规范的、良好的生活方式在异文化中频频碰壁,还有可能被本地人嘲弄、伤害,因此之前的兴奋渐渐被失望、烦恼和焦虑等情绪所代替。人们在对付这种心理上的沮丧、失落感时,有两种表现:一种是敌意。在沮丧期的一些人常常看不起本地人,嘲笑所在的地区或国家。有的人还可能以损害个人和公有财产来发泄其敌意。另一种是回避。有些人可能回避与当地文化的接触,他们不仅不愿意讲不愿意学当地语言,而且也不愿意与当地人接触,而喜欢在自己的"老乡"中交往[①]。

3. 诙谐期(Adjustment Phase)

在经历"敌意"阶段后,旅游者尽力去适应旅游地文化,尝试与本地人接触,熟悉本地人的语言、食物,了解本地的风俗习惯,慢慢地能够接受文化差异,理解当地文化,最终甚至会欣赏当地文化。他们心理上的混乱、沮丧、孤独感、失落感也会渐渐减少。

4. 回家期(Acceptance and Adaptation Phase)

在这一阶段中,旅游者心理上处在一个既想回家又想继续在旅游地逗留的矛盾心理。天下没有不散的筵席,可能当旅游者刚刚开始能够适应当地文化时,就不得不踏上返程的归途;另一方面,旅游者在努力适应当地文化中筋疲力尽,期盼早日回到家中。因此旅行者既盼望回家,又为不得不离开新的文化而感到遗憾。

5. 反向文化震惊(Reverse Cultural Shock Phase)

指旅游者受异地文化的影响在回到客源地后,反而对自己的母文化有一种不适应,或者陌生感,从而产生新的文化震惊,这正是跨文化旅游的文化后果之一。例如"海龟"可能对"相濡以沫"的饮食习惯、见面不打招呼的交际习俗、粗暴生硬的服务态度、"亲密接触"的乘车方式等感到不适,他们在本土文化环境中感到迷茫、被异化、无法融入本土文化,因而变得心情沮丧。

6. 重新调整期(Reentry Phase)

旅游者在回到客源地后为了能投入到之前的工作生活,不得不重新调整心态,在短时间内学习本土文化,适应自身所处的环境,应对各种正常生活中的问题。这一阶段时间不会很长,因为母文化对于旅游者来说是一个长期的涵化过程,所以大多数人们能够很快地找回原来的文化身份。

文化震惊过程每一个阶段的情感强度以及持续的时间长短取决于文化差异程度、旅游者所具备的文化知识、适应能力、在异地逗留的时间长度、在东道主社

---

① 温丽玲,刘鑫鑫.跨文化旅游中的"文化休克"分析.市场论坛,2010,(2)

会中的朋友数量、旅游者的类型、旅行安排的种类以及许多其他因素。旅游者与东道主之间的文化差异度越大,文化休克的强度可能就越大[①]。需要指出的是,不是所有的旅游者都能完整地经历这六个过程。有的旅游者适应能力强,他们往往能很快地接受并适应异质文化,享受文化震惊的过程,在旅游过程中获得新的知识和技能,旅游的影响是积极的;而有些旅游者的主观调试能力差,难以适应异质文化,几乎就停留在敌意阶段或回避阶段,接下来的旅游行程对他们来说如同煎熬,渴望马上回归原来的生活,因此他们只能在心理和生理的双重恐慌中度过或未能度过整个旅游过程。

(二)文化震惊对旅游者的影响

学者们对文化震惊产生的影响的研究主要集中在旅游过程中的两个阶段,即跨文化旅游过程中文化震惊所带来的影响和回到客源地之后的文化震惊所带来的影响。这是因为,在一个完整的旅游过程中,旅游中和旅游回归这两个阶段是旅游者受到文化震惊最强烈的阶段(图4-7),也是前文的"敌意阶段"和"反震惊阶段"。这两个阶段实际上都是不同文化身份触碰而产生的文化震惊,旅游中是旅游者本我文化身份和东道主文化身份的碰撞,旅游回归后是"异化"的旅游者文化身份和旅游者原本文化身份的摩擦。所以,文化震惊对旅游者所产生的影响主要集中体现在这两个阶段,这种影响既有积极的一面也有消极的一面,既会让旅游者产生强烈障碍感,也会让旅游者获得文化惊喜。

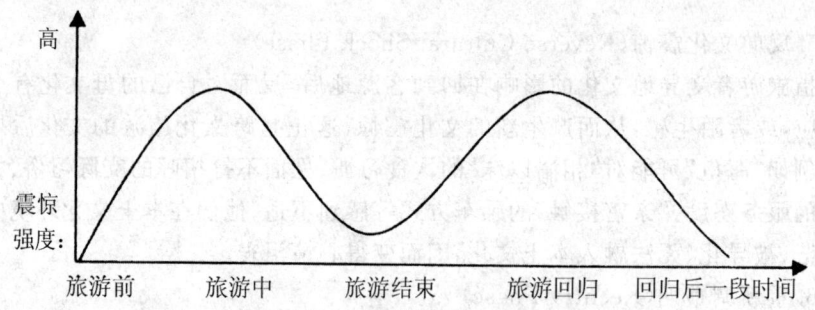

图4-7 旅游者在旅游过程中文化震惊的强度变化图[②]

1.文化震惊产生的障碍

瑞辛格(Y. Reisinger)与特纳(L. W. Turner)指出了文化震惊的大量症状,如,紧张、源于脱离自己所熟悉的环境而产生的失落感、由于在新环境中不能应

---

① 温丽玲,刘鑫鑫.跨文化旅游中的"文化休克"分析.市场论坛,2010,(2)
② 卿志军.旅游文化传播中震惊产生的心理机制以及调适.旅游论坛,2008,(12)

对自如而产生的无能为力的感觉、尴尬、屈辱、沮丧、被新环境中的成员所拒绝的感觉,对其本身的价值观与身份的迷茫、缺乏竞争力、挫折感、对东道主的消极情感、拒绝学习新的语言、烦躁增加、疲惫、挑剔、主动性降低,甚至对清洁状况的过度关注与担忧。詹特(Jandt)分别从生理和心理两方面概括出文化震惊产生的不良影响。生理症状包括对健康与安全的紧张、惧怕与新国家中的任何人有身体交往、渴望感、酗酒与吸毒、过度关注清洁状况、工作质量下降。心理症状则包括失眠、倦怠、孤立、孤独、方向感错乱、挫折感、对新国家持批评态度、神经紧张、自我怀疑、易怒沮丧、气恼,以及情感与智力上的衰退[①]。从上述学者对文化震惊症状的总结中可以发现,文化震惊产生的障碍既有身体上的、生活习惯上的、也有感觉感情上的,也有思维方式上的、价值理念上的。这种消极的文化震惊程度越大,旅游者所受到的影响越严重,甚至会长时间难以回归到原来的正常生活中,比如,日本的传统饮食文化认为食物的加工技术应最小化,尽量以最接近自然的状态来吃,不料理才是料理的思想,而最具有代表性的就是生鱼片。然而这却难倒了一些跨文化旅游者,有些旅游者出于好奇尝试一番后,由此看到鱼就产生条件反射,感到恶心甚至呕吐,这实际上就是饮食文化上的文化震惊。

2. 文化震惊产生的文化惊喜

旅游者选择跨文化旅游活动的动机是出于对异质文化的好奇和探索,因此,适度的文化震惊可以给旅游者带来心理上的期待,刺激他们的好奇心理,让他们对旅游过程产生兴趣,这种心理也可称为"文化惊喜",即指在旅游过程中所遇到的现象或事物所引起的积极性的心理震动。这种惊喜大致分两种情况:一是亲眼见到或亲身感受心仪已久的事物,验证或改变心里已有的该事物形象,在理性知识基础上增加感性认识,从而达到增长和丰富见识的目的;二是遇见完全没有预料到的事物,从而产生惊奇、惊喜、震动,大有意外收获,有一种不虚此行的感觉[②]。文化惊喜带来的是整个旅途的满意和收获,有些人从中看到自身不足,从而找出差距,在回归客源地后继续模仿东道主社会的风俗习惯、生活方式、交流交际方式等,甚至与本我文化相融合,进一步完善本我文化;还有些人从中激发对自身文化的热爱,并也可能冷静地认识社会文化差异,激起帮助落后地区的责任感。

经受文化震惊的人们,往往也变得更愿意理解他人,更宽容大度,愿意站在对方的立场考虑问题。所以旅游者的文化震惊并不一定是消极的东西,关键是如何减少文化震惊的负面影响,而尽量转化为积极的因素。

---

① (澳)Y. Reisinger & L. W. Turner. 旅游跨文化行为研究. 朱路平译. 南开大学出版社,2005:65
② 刘丹青,黄荣. 论跨文化旅游的文化后果及其解决. 长沙理工大学学报(社会科学版),2006,(3)

三、文化震惊的调试和跨文化的适应

文化震惊是旅游者在跨文化适应的过程中必定经历的感受,那些宣称在跨文化旅游中没有经历任何形式的文化震惊的旅游者或是根本没有意识到自己的真实感受,或是并没经历真正的跨文化适应。我们需要认识文化震惊与跨文化适应的关系以及文化震惊在其中所扮演的角色。在跨文化适应的过程中,文化震惊表现出的是生活在一种文化系统中的适应能力无法完全适应另一个陌生文化环境的需要所产生的表象,是文化适应变化的必要前提。Kim(1991)把跨文化适应的过程看作具有活力的"压力—适应—成长"(Stress—Adaptation—Growth)的相互影响,并在跨文化适应中显示出文化震惊压力与文化适应变化的统一性,即压力和变化两者相互依存。值得一提的是这种压力有一定的范围,是跨文化适应中出现的合理的焦虑、沮丧、挫折,并被认为是学习、成长、个体创造性的推动力。因此文化震惊所带来的文化身份临时瓦解可以看作是随后对新环境认知的增长和找到解决方式的基础。Weaver(2000)也同样提出,跨文化适应过程中出现的文化震惊允许人们放弃过去不全面的感性认知和解决问题的能力,并给予人们进一步产生更为完善的全面认知系统的机会,就好比"死亡—重生"(Death—Rebirth)的文化循环系统。因此有效地解决跨文化适应中文化震惊带来的消极影响,并不是减少或避免文化震惊的产生,而是应该通过对文化震惊的调试,使文化震惊产生更少的压力和更多积极的体验。

(一)提高旅游者跨文化交际能力

文化震惊作为旅游者个人体验的文化现象,虽然是由旅游目的地和旅游客源地之间的文化差异而引起,但旅游目的地的文化是不变的,不能指望依靠旅游目的地来解决这一问题,要真正提升跨文化的适应能力,解决者还得是旅游者本人,所以旅游者必须从提升文化能力做起。文化能力(cultural competence),它主要是指处理不同的人际关系,处理不同的情景和场合,扮演不同的社会角色和承担不同的社会身份的能力[①]。文化能力的提高能有效地促进人们向他文化学习的能力,而这种能力是跨文化交际的重要基础。鲁宾(Ruben)认为跨文化交际能力是"具备一种与某一环境中的个体为了实现其性格、目标及期望所应具备的同样独特活动方式的能力,一种可以达到人的基本要求、满足其性格、实现其目标及期望的相对能力"[②]。跨文化交际能力是在人们的知识和经验的积累中

---

① 黄国文. 交际能力与交际语言教学. 现代外语,1993,(3)
② Ruben B. D. Assessing Communication Competency for Intercultural Adaptation, *Group and Organizational Studies*,1976:334—354

形成的,因此能力大小因人而异。在跨文化旅游中,有些旅游者能正视文化震惊,顺利地渡过了敌意阶段;而一些旅游者反而回避冲突,没有使矛盾与冲突公开化;还有些旅游者消极地对待冲突,使冲突激化等,这就是因为跨文化交际能力的不同,导致旅游者受到文化震惊的强度烈度、持续的时间长短以及所受到的影响不同。从心理的角度看,这是因为每个人的心理素质各不相同的缘故。对异质文化适应性强的人,通常具有如下的心理特征,如性格外向、态度积极、行动灵敏、办事灵活、自主性强、有创造性、吃苦耐劳、领悟力强等。对异质文化适应性弱的人,其心理特征正好与之相反。不同的心理特征的组合,会产生不同性格特征的旅游者[①]。根据旅游者反应的类型和适应的程度,大体可以有四种类型的划分(见表 4-4)。

表 4-4 不同类型旅游者跨文化适应程度

类型	在跨文化适应中的特征
以自我为中心的旅游者	产生强烈的抵触情绪,进而横加指责。这种人较少与旅游目的地的当地人士接触,不能迅速地学习和尽快适应,更不愿融入当地社会。文化震惊强度最高,产生后果最严重
边缘型的旅游者	在异质文化中不知道如何与当地人打交道。他们用逃避的方式减轻异质文化带来的文化震惊,尽量逃避参与当地人的活动。逃避主流,也就滑向边缘
迎合型的旅游者	对自我文化感到自卑,没有自己的主见,且对自身的文化抱有一种自卑感,对异质文化全部接受,被异质文化同化程度最高
适应型的旅游者	尊重本我文化和异质文化的存在,主动理解他人的文化,以积极的态度适应当地环境,更理性、客观地看待文化差异,具有创造性。这种旅游者受异质文化带来的文化震惊冲击较少,并且能将其转化为积极的因素,跨文化适应能力最强

不是所有旅游者都能像"适应型"旅游者这样具有良好的跨文化交际的能力,根据另外三种旅游者在文化震惊中出现的消极特征,可以相应地提出提高跨文化交际能力的对策。

首先,要端正文化态度。对文化多样性持有积极正确观念的人在跨文化交流中会受到较少的文化冲突影响,旅游者需要建立开放的文化心态,愿意接受不同文化之间的差异,不回避他人的观念。旅游者还需要让自己学着变通、灵活,通过调整自己情绪去适应其他文化的交流方式以及在旅游目的地遇到的情况。

其次,要掌握丰富的文化知识。这种文化知识包含特定文化和大众文化知

---

① 龙凌,马跃龙,熊苾群.湖南工业职业技术学院学报,2005,(9)

识。特定文化知识(culture-specific knowledge)就是旅游目的地的社会文化知识。旅游前认识旅游目的地文化,学习当地文化的不同交流特征以及其他与本我文化的不同区别是提高跨文化交流的最有效的方式,包含了当地文化的价值观、宗教、习俗、语言等多方面的文化知识;而大众文化知识(culture-general knowledge)指的是所有文化共同具有的特征和交流方式,增长这些知识能有效提高相互沟通和理解。文化在具有差异性的同时,也存在着一定的共通性,比如,全球的奥林匹克体育文化,音乐、舞蹈等艺术文化都能克服不同文化的障碍成为人类共有的文化财富。多渠道、多方面丰富旅游者的文化知识,能很好地提高旅游者跨文化的适应能力,缓冲文化震惊带来的伤害程度。

最后,要锻炼娴熟的技能。旅游者需要培养具备跨文化交际的技能,加强不同文化间的有效沟通。国外学者提出了一个"Social Skills Training"(SST)的模式,把它作为跨文化理解和文化震惊管理的有效工具。"SST"是一个多元文化的模式,一方面它旨在让旅游者在满足自身需求的基础上在异地环境中行为的恰当和沟通的有效,并且持续保持对母文化的认可,即帮助以自我为中心的旅游者和迎合型旅游者减少对母文化的过分自大或自卑的情绪;另一方面"SST"不是为了同化文化旅游者以及第二代移民而进行的培训。所以"SST"能比较全面和客观地减少文化冲突带来的负面影响,是目前各国提高旅游者跨文化交际能力运用比较广泛的模式,它包括了语言、职业道路咨询、接触原旅游目的地当地人、文化、国家的历史背景等。

旅游是一个动态的过程,旅游者应该怀着积极的态度、掌握充分的知识、持有良好的技能,在旅游过程中不断地调整,去适应新的旅游环境,在旅游中拓宽自己的知识面,进一步认识世界文明。

(二)旅游服务人员的人文关怀

旅游者在跨文化旅游中主要接触的人就是各种旅游服务人员,其中也包括一些参与到旅游活动中的东道主居民。尽管跨文化适应的能力是旅游者自身因素占主导地位,但是旅游服务人员在旅游过程中的关怀对缓和旅游者文化震惊影响有着很大的帮助。对于旅游目的地来说,旅游者在跨文化交流中出现的心理不平衡或失调正是旅游目的地经营者所追求的,这种不平衡越明显,旅游者感受的心理压力越大,震惊程度越高,留下的印象越深刻,目的地的旅游文化特色也就越鲜明,对旅游者的吸引力也会越大。但从人文关怀角度来看,旅游地应当适度地运用文化震惊产生的效果,在博得更多的吸引力之前应该把旅游者的承受力和身心健康放在首位。

一方面,要了解旅游者的文化身份,特别是在语言、思维、行为、生活环境、交际方式、情感表达方式等方面的差异。例如,西方人的交流方式是直接的、直率的,而亚洲人则是间接的、含蓄的。西方人的交际类型是一种亚里士多德式的辩论体系,信息交流通过理性的辩论来传达,强调最终的信息表达是交流过程最重要的方面。与此相对照,亚洲人的交流方式重在情感交流的一致性和交往的愉快感[1]。在语言上,旅游接待地最好能配备懂旅游者母语的服务人员,比如导游、地陪、领队,在地名标注时,除当地语言外,还要标注世界通用的英文名称。在饮食上,要了解文化身份的差异,不要强迫旅游者做到入乡随俗,以免出现尴尬的局面,导致旅游者产生强烈的挫折感和厌恶感。生活地理环境的巨大差异也会给旅游者带来强烈的压力,比如生活在中原地区的旅游者到西藏等高原地区旅游,会出现高原反应,旅游服务人员应该了解这些差异,在旅游过程中给予游客温馨提示和照顾,旅游当地也应当提供高原反应的药物和适当的食物,真正体现对旅游者的文化关怀。

另一方面,要减少庸俗丑陋的文化现象,特别是不能以丑陋庸俗的文化去迎合和取悦旅游者的某些阴暗心理。"求异"是旅游者在跨文化旅游中的追求,有些旅游目的地把这种"求异"心态极端放大,满足一些旅游者在客源地无法满足的低级趣味的需求。以色情旅游为例,世界范围的色情旅游已成为一个越来越大的市场,其中包括东南亚国家、摩洛哥、巴西、巴拿马、塞内加尔、多米尼加、突尼斯等国家。将色情旅游复杂化的最重要因素是经济利益,因此一些国家的地区和城市出于经济考虑,事实上对此采取了默许纵容的态度。但是色情旅游的蔓延已经导致许多国家的不安,也给旅游业的健康发展蒙上阴影,很多国际组织已经逐渐提高了对此类问题的关注度,除了不发达国家完善措施打击色情业之外,一些发达国家也出台了一系列规定。减少这些庸俗丑陋的文化现象,一方面是对旅游者的精神保护,使旅游者不受到低级丑陋文化的侵扰,这也是一种文化关怀;另一方面,也是让旅游者对旅游地的主流文化有更正确的认识,避免他们误将这些低级丑陋文化看成是旅游地文化的全部或主体,从而更蔑视、轻视该旅游地文化。靠展示文化落后丑陋的那一面来取悦国际游客,无论怎么讲都是短视的[2]。

文化震惊并不是一种疾病,而是一个学习的过程。任何一次重大的文化环境转换都可能产生巨大的压力与焦虑,但这种压力与焦虑却是一种正常的社会适应性后果。虽然不能阻止文化震惊的再度发生,但至少可以通过旅游者自身的学习、知识经验技能的积累来减轻进入新的客家文化的适应压力。从某种意

---

[1] J. Servaes,"Cultural Identity and Modes of Communication", in J. A. Anderson ed., Communication Yearbook 12, 1989, Sage, Newbury Park, 383—416

[2] 刘丹青,黄荣.论跨文化旅游的文化后果及其解决.长沙理工大学学报(社会科学版),2006,(3)

义上说,在跨文化旅游中,即使是再严重的文化震惊现象,也称得上是一种新的文化体验,一种新的娱乐方式,在给旅游者带来更多惊讶的同时,也会在历经之后令旅游者获得更包容和更强大的内心。

重点概念

跨文化交流　文化扩散　文化涵化　一般优势法则
文化整合　文化震惊　文化冲突
文化认同　文化休克

复习思考题

1. 简要分析跨文化信息传递的过程。
2. 什么是文化扩散？举例说明文化扩散的影响。
3. 在跨文化交流旅游活动中,文化涵化受到哪些因素的影响？
4. 什么是一般优势法则？如何正确对待这种现象？
5. 分析旅游者经历文化整合的过程。
6. 以图示分析旅游者文化震惊的心理过程。
7. 如何提高旅游者跨文化交际能力？

主要参考文献

1. 何谨然.旅游的跨文化交际性研究.理论月刊,2007,(7)
2. 肖芸.旅游:传播目的地文化的重要方式.西华大学学报(哲学社会科学版),2004,(10)
3. 李晓红,吴晓创.跨文化视野下的交际障碍与文化感知.求索,2002,(5)
4. 孙洪波.文化差异对旅游跨文化交流符号意义的影响.辽东学院学报(社会科学版),2009,(12)
5. 彭兆荣.旅游人类学.民族出版社,2004
6. 石奕龙.应用人类学.厦门大学出版社,1996
7. 张晓萍,李伟.旅游人类学.南开大学出版社,2008
8. 陈岗.旅游文化:文化整合的过程与结果——文化整合的视角看旅游文化.桂林旅游高等专科学校学报,2004,(12)
9. 胡启勇.文化整合论.贵州民族学院学报(哲学社会科学版),2002,(1)
10. 伍晓奕,林德荣.跨文化旅游者消费行为研究综述.旅游科学,2008,(6)
11. 李经龙,郑淑婧,周秉根.旅游对旅游目的地社会文化影响研究.地域研究与开发,2003,(12)
12. 李祝舜,蒋艳.欠发达旅游地社会文化变迁与社会心理现代化.北京第二外国语学院学报,2003,(5)

13. 蔡荣寿,李彩霞.跨文化冲突及其对策.浙江传媒学院,2006,(5)
14. 姜鹏.文化维度下的文化差异性与文化休克研究.兰州大学,2007年硕士论文
15. 克拉克洪著,高佳译.文化与个人.浙江人民出版社,1986
16. 卿志军.旅游文化传播中震惊产生的心理机制以及调适.旅游论坛,2008,(12)
17. 温丽玲,刘鑫鑫.跨文化旅游中的"文化休克"分析.市场论坛,2010,(2)
18. (澳)Y. Reisinge &L. W. Turner.旅游跨文化行为研究.朱路平译.南开大学出版社,2005
19. 刘丹青,黄荣.论跨文化旅游的文化后果及其解决.长沙理工大学学报(社会科学版),2006,(3)
20. 黄国文.交际能力与交际语言教学.现代外语,1993,(3)
21. Ruben B. D. Assessing Communication Competency for Intercultural Adaptation, Group and Organizational Studies,1976

第五章 旅游对接待地社会文化的影响

学习目的

旅游引起的社会文化影响是复杂的、多方面的。通过本章的学习,了解旅游活动中旅游接待地当地人和旅游者之间相互接触的特点,掌握旅游影响机理和反馈理论,学会研究并分析旅游活动对接待地社会文化的影响和表现。

主要内容

- 旅游活动中主客接触的特点
  主客接触的表面性
  主客接触的不平等性
  主客接触的商业性
- 旅游影响理论
  旅游影响研究
  旅游影响机理理论
  旅游影响反馈理论
- 旅游对接待地影响的具体表现
  生活方式　社会道德　语言　宗教
  传统工艺品　民俗风情　新殖民主义

20世纪80年代开始,作为我国创汇重要渠道和对外开放窗口的旅游业进入全面振兴的发展时期,并逐步成为国民经济生产中的新的重要增长点。在旅游的经济影响及物质环境影响得到人们普遍关注的同时,旅游的社会文化影响,特别是旅游对目的地的社会文化影响也逐渐成为一个热点问题。各不同理论间基本达成了一个共识,即:经济影响大体上是获益的,社会文化影响大部分是令人不快的,环境影响则是混杂的①。旅游引起的社会文化影响是复杂的,多方面的。从前面的章节中我们陆续学习了旅游活动对旅游客源地文化、旅游者的影响,在本章中,我们将继续学习旅游活动对接待地社会文化的影响。

第一节　旅游活动中主客接触的特点

在第二章我们曾经学习过旅游的运转过程。一次完整旅游活动的运转按时间顺序分成了六个阶段:旅游需要产生并为之做准备阶段、离开居住地前往目的地的过程、旅游者在目的地畅游阶段、旅游者回归居住地的过程、旅游者重新汇入原来的生活阶段和旅游者离开后,居住地继续运转的生活。其中"旅游者在目的地畅游阶段"是旅游影响作用于接待地社会文化的主要阶段,在这一阶段中必然涉及主人与客人之间的接触。这里的主人指旅游接待地居民,既包括一般居民,也包括旅游行业从业人员;客人是指外来的旅游者,在国际旅游中指其他国家的旅游者。这种主客接触不同于历史上其他类型的人口流动(如征服、移民等)而引起的接触。为了更进一步了解旅游活动对接待地产生的社会文化影响,需要先了解旅游活动中主客接触的特征。

一、主客接触的表面性

旅游活动持续时间的长短,对旅游者与当地居民之间的交往和接触起到了直接的限制作用。短暂的接触使得主客接触最首要的特征是表面性,东道主和旅游者在短暂的时间里,从陌生关系发展成为一种旅游中的暂时关系。

从旅游者的角度而言,由于受交往欲望和其他因素如行程安排、出游时间等的阻碍,旅游者大多满足于仅仅认识旅游国的旅馆、浴场、具有代表意义的大街和风景名胜,而没有强烈的意愿并且也很少有机会与旅游国的人们进行真正的接触。这实际上也说明了,旅游活动的短暂使得旅游者大多都是跟随着团队进行走马观花似的旅游活动,接触到的当地场景和生活场景也是颇具"代表性"和"典型性",甚至可能是"舞台性"的。旅游者在短暂的关系中,以偏概全认识到的当地文化会给旅游者在对文化的认识上造成误差。从目的地居民的角度而言,当地居民对与旅游者进行交往的态度也影响着主客接触的效果。在旅游发展的

---

① 王雪华.论旅游的社会文化影响.桂林旅游高等专科学校学报(旅游学科建设与旅游教育增刊),1999,(10):60-63

初级阶段,旅游开发所带来的经济效益和诸多方面的利益使目的地居民对外来旅游者往往持欢迎态度,也乐于与他们进行交往;随着旅游目的地的发展,渐渐出现了一些矛盾和问题,使得当地居民认为旅游者是一切问题的制造者,和旅游者的交往欲望也会随之减弱。大体来说,当地居民对旅游者的态度变化就是一个从欢迎到愤怒的过程,对此国内很多学者曾把这种态度划分为5种不同的程度:(1)欣快的程度。旅游发展之始,当地居民十分积极,他们满怀善意地接待旅游者,双方都感到很满意;(2)冷漠的程度。旅游发展起来以后,人们变得以盈利为目的,人与人之间的接触也形式化起来;(3)愤怒的程度。当发生瓶颈效应或饱和现象,或者当本地发生已不能单独解决的旅游问题时,愤怒情绪也就出现了;(4)对立的程度。愤怒越来越公开,旅游成了当地发展带来的所有弊端的替罪羊,旅游遭到坚决否定;(5)最终的程度。当某些人谈论他们所失去的天堂时,另一些人则试图学会在与过去全然不同的一种生态系统中生活,如果这一旅游地大得可以接待大众旅游,那么它就将继续发展下去[①]。因此,当地居民对旅游交往的态度不是长久不变,而是一个不断变化的过程,这些变化的程度都会影响客主交往的进一步深入。

除了时间和空间的限制以外,旅游者和当地居民彼此文化水平的层次不齐、语言的不同、宗教信仰的不同等因素也使得双方文化交流难以深入,交往双方往往只停留在自己所看到或听到的丰富多彩的表层,主客之间的交往都只是表面的,两种文化的沟通局限于较浅的层面。

二、主客接触的不平等性

在文化传播过程中,一般优势法则决定了区域间的文化传播无论采取哪种传播形式,都是以强势文化地区向较后进的地区传播为主导的。在旅游业发展的过程中,这种不平等性更为明显,旅游目的地居民与旅游者的经济地位、文化身份、交往动机以及所扮演的角色的不同,对主客交往的影响极大。要判断是目的地居民对旅游者影响大还是旅游者对目的地居民影响大,则要看谁的文化是强势文化。在旅游发展中,一般旅游接待地受到的影响相对而言更为明显,特别是一些经济文化处于弱势地位的旅游接待地更容易受到来自发达国家或地区的游客所携带的强势文化的冲击,这种冲击直接表现为旅游者与当地居民交往上的不平等,主客接触中主人必须服从和满足客人愿望,双方关系是不对等、不平衡的。在旅游过程中,一方在休闲娱乐,另一方则为这个付钱的"顾客"忙碌;一个在台上表演,另一个则在台下欣赏、拍照、录像,双方形成一种明显的非对称性

---

① 李经龙,郑淑婧,周秉根.旅游对旅游目的地社会文化影响研究.地域研究与开发,2003,(12)

关系，使旅游活动变得不单单是旅游经历的买卖，还会给当地人带来金钱等观念的改变，从而使当地人改变自己而去迎合游客。

从心理学的角度来说，主客双方交往动机的差异使得主客交往双方获取的对方的信息也存在不对称性和不平衡性。在实际的旅游交往过程中，主客双方的动机不尽相同。绝大多数的旅游者选择与当地居民接触是为了了解目的地的社会文化、当地风俗、奇闻异事，使自己增进对当地文化的直接了解。而当地居民与游客的交往动机往往更为复杂，有些目的地居民与游客交往是出于了解对方的文化，有些则是为了学习对方的语言，有些是出于利益动机，是为了从游客身上获得经济利益才和他们交往。动机的不同类型和强度强弱会影响旅游者和当地居民交往的意愿和态度。比如，一个一心想了解当地文化的游客极力想与当地居民进行深入交谈，而当地居民却努力想要游客购买旅游商品，此时两者由于互不满足所获取的信息和利益，彼此间会产生矛盾，给旅游交往带来不愉快的体验。

三、主客接触的商业性

旅游业是典型的体验经济，旅游是旅游者从经销商或者从经营者那里购买一种体验或者经历的过程。旅游者把这种经历视作一场花钱买来的寻求愉悦、快乐、自由和自我实现的游戏。作为旅游服务商品的供应者，他们也努力营造出各种各样"真实性"的氛围，在他们的旅游产品上贴上各式各样的标签，诱惑更多旅游者来购买他们的产品，这个过程使得主客在交往中也带有商业性的色彩。随着大众旅游的发展，旅游者个人缺乏与当地居民会面的自发性和主动性，而更多地受"文化中介者"的支配，特别是在团队旅游中，大部分旅游者与当地居民的接触是事先安排好的，甚至一些聚会也是事前计划好的。这种聚会是旅游活动的组成部分，且常常成为一种商业性的安排。在一些发展相对成熟的旅游目的地，客主之间的交往更商业化，比如在民族旅游中，很多团队旅游项目中有与当地居民共饮一杯酒、同唱一首歌，这类活动的商业性十分明显，往往都是文化中介者即当地地接人员和当地居民共同策划的一场演出，利益关系十分明显。看起来主客间交往似乎是很平常的事情，实际上是当地居民参与的一场"舞台性"的商业表演，旅游者感受到的文化体验是非真实的。科恩从景观的本质（Nature of Scene）和旅游者对景观的印象（Tourist's Impression of Scene）二维角度出发，建立了旅游情形类型框架，为构建主义真实性和客观主义真实性的比较提供了研究基础（图5-1）。

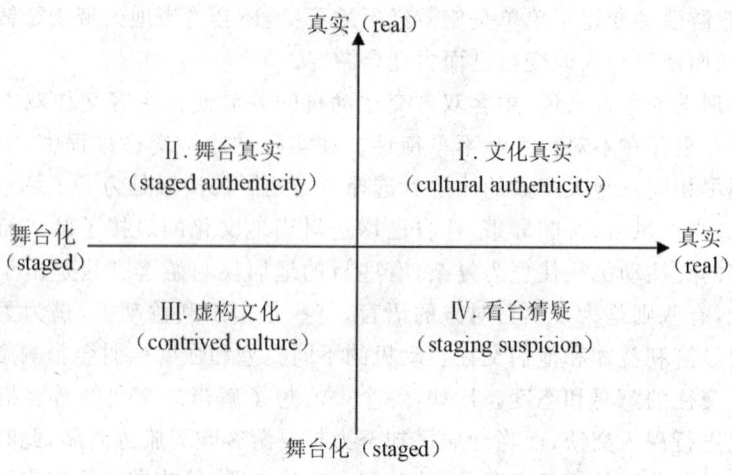

图 5-1　科恩旅游情形类型框架①

图 5-1 中,横轴表示旅游地文化的本质,纵轴表示旅游者对旅游地文化的印象。在对"舞台真实"的阐述中,社会学家戈夫曼(Erving Goffman)把社会比作了一个大舞台,将社会结构分为"前台"(Front Stage)和"后台"(Back Stage)。从旅游交往的角度来看,"前台"是游客看到的地方,即是旅游者当地居民接触交往的地方;"后台"是旅游经营者和当地居民所准备的真实现场。图 5-1 中的第 I 和第 IV 象限反映的是真实的文化,即后台。但是两者不同的地方在于旅游经营者的舞台化包装。尽管反映的都是真实的当地文化,但是在第 IV 象限,旅游者会由于舞台化趋势和包装痕迹的明显,对真实的文化产生怀疑。而在第 II 象限中,旅游者会把舞台化的"伪"文化视为"真实的"文化加以接受,误导旅游者对当地文化的认识,这种结果十分破坏旅游地文化的原真性。随着大众旅游的发展,目的地越来越标准化、商业化,即便是遥远的、偏僻的山村,也无处不见旅游的痕迹。到处是密密麻麻的游客,当地居民套上传统的民族服装跳舞,即便是过去很淳朴好客的村民也会变得只有看见游客手中的钱才会露出好客的微笑。

旅游交往商业化的主要原因是因为目的地居民对游客的到来已经习以为常,这时候把主客交往进行一定程度的"策划",制造更多交往的空间,可以间接转变为经济收益的一个来源。由于旅游者在旅游目的地停留时间一般都很短,再加上旅游者到目的地旅游通常都有季节性,而且一般不会再来。在这种情况下,主客双方很容易遭遇欺骗、剥削和不信任,因为对主客交往双方而言,他们没必要考虑那些由于他们的不诚实、敌意以及欺骗行为所造成的后果。在旅游目

---

① 朱华.旅游学概论.北京大学出版社,2009:71

的地,当地居民用敲竹杠的办法来取得经济利益是很常见的事情,而旅游者也常常会对目的地居民进行欺骗。但舞台真实化所带的影响并非都是坏的,有时候适当的、舞台化的、重造的真实也会让游客获得更高质量的旅游体验,使旅游者在主客接触中获得更多的愉悦。美国学者佛克斯(Fox)说"旅游业是一把火,他可以煮熟你的饭,也可以烧毁你的屋"。把握好主客接触之间商业化的尺度,才能使旅游对旅游接待地社会文化影响促成积极的作用。

旅游活动对接待地社会文化的影响就是在旅游者与当地居民的交往中潜移默化地进行着。当具有不同文化背景的客人与主人(当地居民)接触时,必然产生文化之间的交流和沟通,这一过程既影响旅游者又影响当地社会和居民。主客接触所具备的表面性、不平等性和商业性的特点,使这种影响会对以示范的方式先影响接待地社会的个体,继之是群体,最后形成宏观的社会意识,变为对接待地的社会文化影响,这种影响有积极的一面也有消极的一面(表5-1)。因此,针对旅游对接待地社会文化的影响,应采取相应的控制原则和对策,发扬积极影响,控制消极影响,保护旅游资源的特色,实现可持续发展。

表5-1 旅游接待地社会文化的变化[①]

积极影响	1. 旅游业发展为当地提供更多就业机会
	2. 从事旅游业有比较高的薪水,和以往的简单劳作相比,能更轻松、更快地增加经济收入
	3. 旅游设施改进和完善,当地生活环境的整体改善,提高了居民的生活质量;当地的交通网变得方便、发达,方便了当地居民的日常生活;医疗卫生条件有所改进和完善
	4. 城市游客大量进入,乡村居民普通话接近标准,为了接待国外游客,城乡居民学会英语
	5. 外地的先进文化和现代化事物开阔了相对落后地区居民的眼界,提高了知识文化水平
消极影响	1. 游客的高消费能力,促使当地的物价上涨,从业居民慢慢学会在价格上宰客
	2. 游客在旅游接待地的"富翁"表现,促使当地部分人心理不平衡,出现旅游区抢劫、偷盗游客的犯罪事件
	3. 为了迎合部分游客的要求,传统民俗被商品化、庸俗化,民俗艺术降级为低级的表演
	4. 外地开放的性文化影响了当地居民的道德观念,卖淫现象渐多,婚恋观发生变化,导致家庭和社会伦理混乱以及传统家庭的解体
	5. 出现赌博、毒品交易

---

① 董文燕.旅游接待地的社会文化承载力研究.旅游管理,2007,(5)

第二节　旅游影响理论

一、旅游影响研究

旅游的影响研究(the impact study of tourism)根据研究对象的不同,划分为旅游的经济影响、旅游的环境生态影响和旅游的社会文化影响三个大的类别(图5-2)。长期以来,人们一直认为旅游是属于经济性质的一种社会现象,世界各国(地区)发展旅游也主要着眼于它的经济效益,所以早期的旅游影响研究亦倾向于关注旅游的经济效应。直到20世纪60年代,一些人类学家和社会学家开始对旅游带来的社会文化影响进行研究,旅游影响研究才逐渐扩展到社会文化方面,并逐渐成为旅游研究中一个非常重要的领域,重点关注发展中国家和经济不发达地区在发展旅游业过程中当地传统文化收到的冲击。

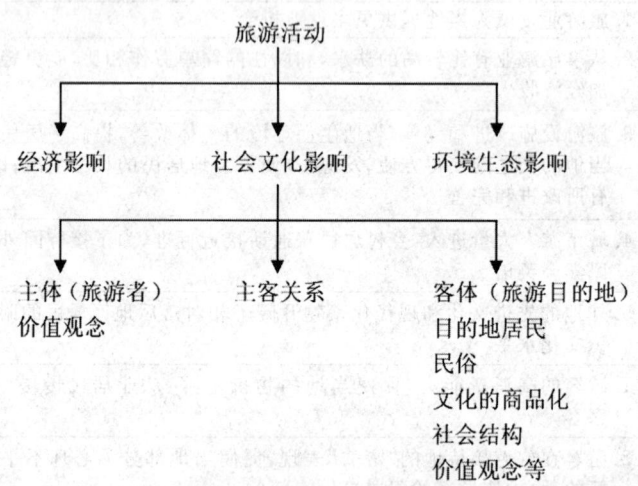

图5-2　旅游影响研究架构[①]

旅游对目的地社会文化的影响,简而言之就是对人的影响,是旅游地居民通过与游客的直接或间接的接触所受到的影响。这种影响体现在旅游对接待地社会在以下方面的改变中所发挥的作用:价值体系、个体行为、家庭关系、集体生活

---

① 张文.旅游影响——理论与实践.社会科学文献出版社,2007:96

方式、安全水平、道德导向、沟通方式、传统文化、社区组织等。刘赵平(1999)①以演绎与归纳相结合的逻辑思维方法为指导,探索性地提出了关于旅游对目的地社会文化影响的结构框架(图5-3)。

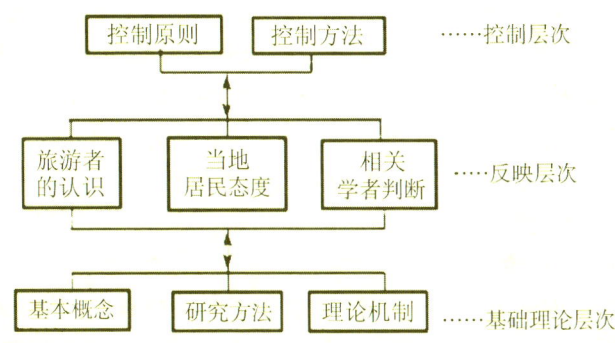

图5-3 旅游对目的地社会文化的影响研究结构框架

整个结构框架分为三个层次。第一层次是基础理论层次,由基本概念、研究方法及理论机制三部分组成。这个层次的各项研究构成了整个研究的理论基础。第二层次是旅游对目的地社会文化影响的反映层次。通过外来旅游者、目的地居民和相关学者等三个角度的认识,可形成关于旅游影响状况的全息图像。第三个层次则进入控制层次,由控制的理论指导原则和控制方法组成,它们是此项研究的终极目的。从整体而言,开展旅游对目的地社会文化影响研究,最根本的出发点是为了能够积极发挥人的主观能动作用,对旅游的社会文化影响加以有效的控制,即最大限度地发挥其正面影响,抑制其负面影响,使旅游活动能健康顺利地进行,并使旅游的发展为目的地带来较大的综合收益,实现旅游者和目的地居民的融洽相处,由此形成控制层次。为了对各项社会文化影响进行控制,首先必须就旅游对目的地社会文化影响的实际状况进行调查和测度,以判定目前影响的范围和程度以及相关各方对旅游开发和旅游带来的社会文化影响的认识和态度,所以必须有反映层次。而从最根本上讲,所有的研究都应建立在基本概念、研究方法、理论机制等基础性研究之上,以使得整个研究规范和严谨,从而有基础理论层次。由此,三个层次逐一过渡,形成理论和实践的结合。

二、旅游影响机理理论

旅游活动会对目的地社会文化产生影响主要有两方面的原因:一方面旅游

---

① 刘赵平. 旅游对目的地社会文化影响研究结构框架. 桂林旅游高等专科学校学报,1999,(10)

者在旅游目的地开展活动过程中,通过与当地居民直接或间接的接触机会,会以其有意或无意的行为对当地居民产生影响。旅游者以自身的意识形态和生活方式介入旅游地社会中,引起旅游地居民的思想变化,产生各种影响,当地居民出于招揽游客的目的也会对外来文化有一个"主动"适应过程。另一方面,现代旅游活动已经发展成为一种社会现象,大量旅游者的不断来访,旅游接待地反复持续地接受不同文化的冲击和影响,不可避免地会造成当地的社会和文化产生一定的变化,在某些情况还会产生相当大的影响,甚至会影响到旅游地社会文化结构发生一定的变化。从理论上来讲,这两方面的原因,可以分别用示范效应理论和文化涵化理论来进行解释。

(一)示范效应理论

"示范效应"(demonstration effect)是经济学中的概念,是指消费者在认识和处理自己的收入、消费及其相互关系时,会不自觉地和其他消费者比较,以认定自己的所属,这时候其他消费者对这个消费者的影响,就被称为"示范效应"。在旅游研究领域中,示范效应主要是指当地居民对外来旅游者的行为举止、态度和消费方式的吸收和接受,示范效应是旅游对目的地社会文化产生影响的主要途径。

在旅游活动中,特别是跨文化旅游,当两种不同文化接触时,东道主往往轻视自身文化,会产生自卑情结,导致其盲目地模仿旅游者的行为。特别是在文化发展水平较低的旅游接待地,来自发达国家的旅游者因其社会经济状况而使其所带来的文化呈强势,使得当地居民产生自卑情绪而开始模仿。在模仿过程中,旅游者无意中变成了"示范者",而当地居民则变成了"模仿者"。示范者(旅游者)向其模仿者(当地居民)所示范的内容,既包括动态的如言语、表情、手势等,也包括静态的如衣着、仪表等。示范效应的变化过程首先是影响个体,个体首先感受到新的刺激,继之是群体,群体和社会赋予其一定意义,示范效应通过一个模仿过程使某一(或某些)行为从微观转向宏观,从而被放大,形成一种社会意识。[1]

在当地居民中,年轻人最易受示范效应的影响。保继刚和楚义芳(1999)对示范效应作了较详尽的分析。他们认为:"年轻人注意到了西方年轻旅游者的自由和优越的物质生活并千方百计去争取同样的享受,他们受示范效应影响较大,往往到商界、旅游部门或政府机关寻找工作以获取高额报酬,来追求西方生活方式。老一代居民虽不同程度地受到外国生活方式的影响,但仍保持着祖先们传

---

[1] 王妙,孙亚平.旅游对接待地的社会文化影响.天津商学院学报,2001,(7)

下来的生活习惯。"①年轻人思维活跃,能很快地接受异地文化,而老年人接受能力较差,产生的影响较小,仍保持着过去传承下来的生活习惯。在一些少数民族旅游区,很多当地的年轻人能用多种语言和不同语言的旅游者进行简单交流,他们不一定是专门去学习这种语言,而是在与来自不同地区、不同文化的旅游者的频繁接触中间接习得,这就是示范效应影响的结果。示范效应所产生的结果可能是有益的,也可能是有害的。对落后地区来讲,示范效应对提高人口素质有积极作用,落后地区的居民通过模仿和学习,其行为举止、卫生习惯、经商意识都得到改善和提高,从前面的例子来看,也能提高居民语言的学习和知识文化的进步。但是盲目模仿、过度倾向于外来文化,会给当地社会文化带来有害的影响。在旅游交往中,当地居民通过对旅游者行为的观察,会逐渐在思想和行为上发生消极变化并对自己的生活方式感到不满,接着他们的道德观念会受到影响,从而导致家庭破裂和离婚率的上升。例如,有些当地居民本身就存有过去那种"洋人特殊"、"种族优越"等旧时代的余毒,再加上看到旅游者的闲情逸致以及富有时髦的外表,故而造成自卑心理和媚外思想,认为"外国的月亮都比中国的圆",外面的一切都比本地好,从而不加区分地"照单全收",由模仿旅游者的生活方式,进而接受他们的价值观、人生观和道德观,以至于完全抛弃了自己的传统文化,其结果不仅仅"丢掉的恰恰是金饭碗,拣起的却是一个破瓦碗"②。"示范效应"不仅反映在当地居民身上,在旅游企业的从业人员,尤其是涉外酒店的员工身上也有明显反映。正确地处理好传统文化和外来文化的关系,积极面对来自不同文化的冲击,才能发挥示范效应的积极影响,对旅游地社会文化的良性发展也才能起到重要的作用。

(二)涵化理论

在之前的章节中,我们从文化变迁的角度学习了文化涵化,指的是两个或更多的文化系统之间的联系接触所发生的文化变化。当一个社会与另一个社会在经济文化上都比较强大的社会接触时,较弱势的社会常常要被迫接受强势社会的许多文化要素,这种由于两个社会的强弱关系而产生的广泛的文化"借鉴过程"(borrowing)就是涵化(acculturation)③。文化双方可以通过适应的借鉴过程缩小彼此间的差异,但"借鉴过程"并不是对等的,在很大程度上受到双方社会经济状况以及人口数量差异等因素的影响,实际上也存在着一般优势法则,总是强势文化能更深刻地影响改变弱势文化。因此在旅游交往中,究竟是旅游目的

---

① 保继刚,楚义芳.旅游地理学.高等教育出版社,1999:216-224
② 瞿明安.社会转型中的民族文化适应机制.贵州民族研究,2000,(4)
③ Dennison Nash Valene L. Smith. Anthropology and tourism. Annals of Tourism Research,1991, 18(1):12~25

地文化借鉴旅游者还是旅游者借鉴旅游目的地的文化,要看谁的文化是强势文化。如果旅游者来自经济发达的国家,因其社会经济状况而使其所带来的文化呈强势,而接待地文化相对呈弱势。此时接待地的文化会在传统习俗、价值观等方面更多地受强势文化的影响,并被这种强势文化不断消融。因此在外来文化冲击下,当地文化会被外来的强势文化所同化,使得传统文化逐渐衰退,这种情况在少数民族旅游地发生的几率较高。

从旅游对目的地社会和居民影响的视角出发,人类学者认为旅游是一种涵化形式,在这种跨文化沟通中,由众多旅游者形成的旅游者社会对旅游地的影响是持续的,而居民作为当地文化的主体和载体,也会根据自身的价值取向对各种旅游影响做出回应,进而促进旅游地社会文化的变迁。从微观上看,外来旅游者在目的地一般只做短暂逗留,使得两种不同文化的沟通只能局限于肤浅的表层,因此我们可以认为旅游活动对于单个旅游者和当地居民的影响的持续时间是短暂的,影响是小的。从整体的角度来看,单体旅游者一次旅游逗留的时间虽然短暂,作为由众多旅游者组成的整体而言,却形成了一个规模庞大、许多时候甚至大大超过主人社会的新的社会群体——旅游者社会。此时旅游者作为一个群体对旅游接待地社会文化所带来的影响是长期的、巨大的,当地居民为了不断适应外来旅游者的文化而对自身采取各项改造措施时,不可避免地要屈从于外来旅游者的态度和价值观,以及当地旅游企业、政府机构的各种促进旅游经济发展的举措。这种貌似自发的行为中实际上隐含着一种压力和无奈。以丽江古城为例,丽江古城之所以独具魅力,使如此众多的海内外游客趋之若鹜,关键是一个"活"字,是一座"活"着的历史文化名城。而创造这一"活"文化的主体是世代以古城为家的居民们,正是他们的日常生产生活构成了独树一帜的"活"的古城文化。可如今由于"蜂拥而至的游客严重破坏了丽江地区的文化和生态平衡,越来越多的纳西人被挤出了他们的文化之都",致使"传统的真实的生活方式、居住活动(文化)",正在被功利的、庸俗的商业活动、旅游文化所取代,居民的古城正慢慢地蜕变为"游客的古城"[①]。

文化变更并不一定就是坏事,从另一个角度说,旅游对文化的影响也要辩证地看待,不能简单地用对与错、好与坏来形容旅游业给文化带来的变革,对传统文化的保护,并不意味着传统文化不能改变的观点[②]。旅游业只是文化涵化的一个方面,各种文化碰撞引起的文化变更并不仅仅是旅游发展的结果,便利的交通、城市化的进程、探索者与土著人的交往等都能促进文化的移入。因此,在研

---

① 张波.旅游对接待地社会文化的消极影响.云南师范大学学报,2004,(3)
② 张晓萍.文化旅游资源开发的人类学透视.思想战线,2002,28(1):31—34

究中一定要分清哪些是来自旅游业的影响,从而有针对性地保护旅游目的地的社会文化的可持续发展。在大规模迎接旅游活动到来的同时,提高对当地文化的保护水平,维持社会文化的稳定性,以使整个群体适应来自不断变化的外部因素的影响。

三、旅游影响反馈理论

(一)发展阶段理论

旅游发展阶段理论(Tourism Development Cycle Theory)也被称为旅游地生命周期理论(Tourist Area Cycle of Evolution),是指旅游对旅游接待地的影响随着旅游业发展而呈现阶段性变化,这些变化既包括旅游目的地旅游者数量和旅游产业的变化,也包括当地经济发展的变化,还包括当地居民对旅游发展态度的变化。

被学者们公认并广泛应用的旅游地生命周期理论是由加拿大学者巴特勒(Butler)提出的,巴特勒综合了其他学者的相关研究成果,在1980年对旅游地生命周期理论进行了系统阐述,并成为经典之作。巴特勒在《旅游地生命周期概述》一文中,借用产品生命周期模式来描述旅游地的演进过程(图5-4)。

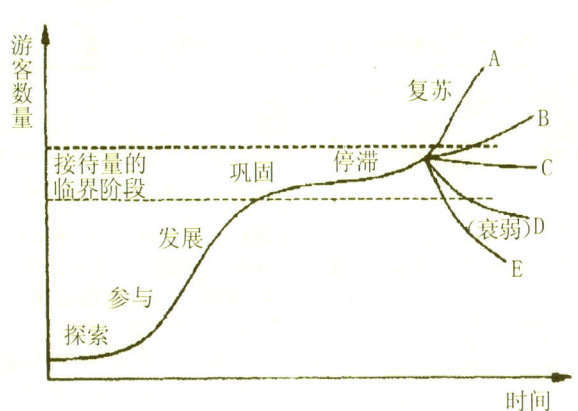

图 5-4 旅游地生命周期曲线模型(Butler,1980)

Butler 提出旅游地的演化要经过六个阶段:探索阶段(exploration stage)、参与阶段(involvement stage)、发展阶段(development stage)、巩固阶段(consolidation stage)、停滞阶段(stagnation stage)、衰落或复苏阶段(decline & rejuvenation stage)。要进入复苏阶段,旅游地吸引力必须发生根本的变化,为达到这一目标有两种途径:一是创造一系列新的人造景观;二是发挥本开发的自然旅游资源的优势,重新启动市场。在衰落或复苏阶段有五种可能性:A 表示深度开发卓有成效,游客数量继续增加,市场扩大,旅游区进入复苏阶段;B 表示限于较小规模的调整和改造,游客量可以较小幅度地增大,复苏幅度缓慢,注重对资源的保护;C 表示重点放在维持现有容量,遏制游客量下滑的趋势,使之保持在一个稳定的水平;D 表示过度利用资源,不注重环境保护,导致竞争能力下降,游客量显著下降;E 表示战争、瘟疫或其他灾难性事件的发生会导致游客急剧下降,这时想要游客量再恢复到原有水平极其困难[1]。

旅游地生命周期理论的核心是社会承载力问题,也就是说当旅游地的发展冲破一定范围内可接受的改变程度(a certain level of acceptable change),即超过其承载力后,社区居民在旅游发展初期阶段的支持态度就会逐渐转为反对态度。旅游目的地在发展中的不同阶段,目的地居民态度以及具体的社会文化影响是变化的(见表5-2)。当地居民在旅游发展初期阶段的支持态度随着旅游地达到一定的可接受限度及承载力峰值后,将出现降低和反对的倾向,即任何一个旅游地发展旅游都有一定的限度,当旅游发展超越了其社会承载力的最高承受度即峰值,将会导致负面影响。社会承载力理论得到人们的普遍认可,特别是在旅游影响居民感知的研究中得到广泛应用,被用来解释旅游对目的地的影响程度。

表 5-2 旅游地生命周期主要阶段社会文化变迁[2]

阶段	游客数量	目的地居民反映	社会文化的影响与变迁
探索期	较少	愉快、欢迎	旅游的发展使人们感到振奋,和游客相处有外部交流和增加收入的机会,旅游地的社会文化吸引并影响着旅游者
发展期	较多	习惯、漠视	随着产业扩展,发展旅游成为东道主获利的目标,与游客逐渐形成较正式的沟通与融合,游客对居民的影响增大
稳定期	很多	反感、恼怒	基础设施没有相应发展,旅游地环境恶化,原有的生活方式被改变,抵触情绪逐渐产生
停滞衰退(或复兴)期	较少或较多	对抗、抵触	抵触、对抗情绪公开化,增收机会减少,赖以生存的社会文化环境不复存在。旅游地可能再度吸引游客,但社会文化景观已发生了很大变化

---

[1] 阎友兵. 旅游地生命周期理论辨析. 旅游学刊,2001,(6)
[2] Butler S. The Concept of a Tourism Area Cycle of Evolution:Implication for Management of Resources. Canadian Geographer,1980,(24):5—12

除了旅游地生命周期理论之外，多克西（Doxey，1975）根据自己在巴巴多斯（Barbados）和尼亚加拉湖区（Niagara-on-the-lake）的案例调查，总结得出旅游对目的地社会文化影响可根据当地居民对旅游发展的态度而划分为不同阶段，随着旅游开发的深入和广泛依次呈递进的趋势。他所提到的五个阶段是：融洽阶段、冷漠阶段、恼怒阶段、对抗阶段和最后阶段。这一理论认为，当地居民对旅游者的态度改变来自旅游者数量的不断增加以及他们的到来给当地原有的生活方式所带来的威胁。随着旅游业的结构性转变和主人社会受旅游开发影响的范围及时间的变化，旅游对目的地的社会文化影响也会发生相应的变化。目前，人们对这一理论的认识尚存在争议[1]。

（二）社会交换理论

社会交换理论（Social Exchange Theory）产生于20世纪50年代末期的美国，由美国著名的社会学家乔治·霍曼斯创立，后来又有彼得·迈克尔·布劳、詹姆斯·科尔曼、理查德·埃莫森等人进一步发展了该理论。这一理论是在古典政治经济学、人类学和行为心理学基础上发展起来的，将人与人之间的互动行为看成是一种计算得失的理性行为的社会学理论，它认为人类的一切行为互动都是为了追求最大利益的满足，是有关资源在相互作用的个体或团体间交换的社会学理论。这一理论主张人类的一切行为都受到某种能够带来奖励和报酬的交换活动的支配，因此，人类一切社会活动都可以归结为一种交换，人们在社会交换中所结成的社会关系也是一种交换关系。在交换过程中，双方都想获得满意的收益，若一方预测到自己从交换中得到的收益为负，他可能会中途退出交换，而当双方都认为自己会有正向收益时，交换关系才正式形成。交换完成之后，会产生一系列的结果。这些结果中包含有形产出（从交换中得到的物质或象征性可见收益）和无形感受（各自的心理感受）。然后他们会对这些结果进行评价，如果觉得自己收益大于付出，那么就会努力促成交换行为的保持；若认为自己在交换过程中受损，将会减少或退出交换。

20世纪80年代末，许多学者才开始在旅游影响研究中提及社会交换理论。美国Texas A&M大学的约翰·艾普在1992年写了一篇探讨社会交换理论在解释旅游影响作用机制（特别是在居民对旅游影响的态度）方面适用性的论文。他结合各种社会交换理论的基本概念和因素，试图理解居民与旅游者之间的动态相互关系，解释居民对旅游影响形成的知觉，并提出了一个社会交换过程的模型。模型概括说明居民初始涉及旅游交换、持续交换及最后脱离交换的过程。模型反映的交换过程的基本构成有四部分：需求满足、交换关系、交换后果、不交

---

[1] 刘赵平．旅游对目的地社会文化影响研究结构框架．桂林旅游高等专科学校学报，1999，（10）

换。联系各部分间关系的过程有:初步交换(1)、交换形成(2)、交易估价(3)、后果积极估计(4)及后果消极估计(2b、4b)。模型结构如图5-5所示。

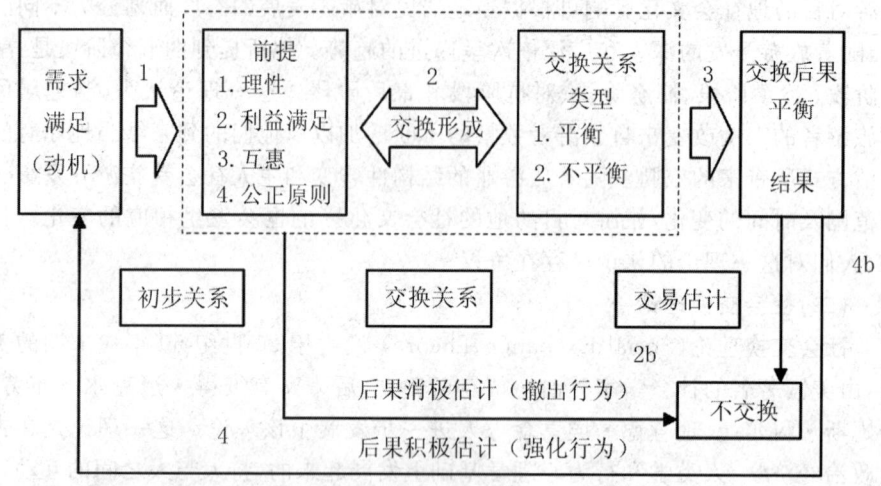

图 5-5　社会交换过程模型图[1]

在这个模型中包含的基本假设之一,就是人们社会活动的动机是为了满足自身的需要。在旅游开发中,目的地社会的基本动机是为了满足当地居民在经济、社会及心理等方面的需求。它把旅游开发中的其他动因(如增进交往、陶冶旅游者情操、保护文物等)都看做是次要的。当交换的一方(或双方)表达出自己的需要时,交换过程就开始了。要使交换正式形成,还必须满足几个先决条件:第一,理性;第二,追求满意收益;第三,有用性;第四,公平性。若一方预测到自己从交换中得到的收益为负,他可能会中途退出交换,而当双方都认为自己会有正向收益时,交换关系才正式形成[2]。艾普指出,当居民与旅游业之间资源交换的程度很高而且处于平等位置,或者虽然不平等,但是倾向于居民一方,他们对旅游业则持积极支持态度;反之,如果资源交换虽然平等,但交换程度很低,或者是地位不平等,居民的态度则转为消极反对。由此可以得出一个推论,即凡是对旅游持肯定态度的居民多数是从旅游开发中得到经济收益者,他们对旅游产生的负面影响一般持宽容的态度。反之,居民个人利益如果受损,就会对旅游持强烈不满态度。

西方社会交换理论用来研究旅游现象已有四十多年,已经取得了一定的成

---

[1] 李有根,赵西萍,邹慧萍.居民对旅游影响的知觉.心理学动态,1997,5(2):21—27
[2] 刘赵平.旅游对目的地社会文化影响研究结构框架.桂林旅游高等专科学校学报,1999,(1)

果。很多国外学者倾向于运用社会交换理论来研究旅游影响问题,研究个体参与交换的动因;还有一些学者的研究已表明经济因素、社会因素、环境因素等会影响居民对旅游的知觉以及他们对旅游发展的态度,居民对交换过程中几种因素的评价影响着他们对旅游发展的态度。也有学者通过建立社会交换理论的模型来解释社区居民参与旅游的各种现象,交换的因素是怎样相互作用、相互影响的等[1]。杨斌(2008)按照社会交换的模型,对洪江古商城社区居民参与旅游进行了分析。在调查中发现,凡是对旅游持肯定态度的,多为从发展旅游中得到经济收益者,他们对旅游产生的负面影响(如环境污染、物价上涨等),也多具有较宽容的态度和较大的忍耐力。而一些无法从中获益的居民,对旅游的态度较为刻薄和挑剔,还存在有一些居民破坏古建筑、敲诈游客的现象,这有力地证明了社会交换理论对于社区参与旅游有较强的解释性和适用性。因此,以社会交换理论为指导,我们可以找出如何弘扬旅游对目的地社会文化的正面影响和抑制其负面影响的有效措施,从而推动目的地居民以积极的态度对待旅游。

第三节 旅游对接待地影响的具体表现

随着旅游开发的进一步深化和旅游业规模的不断扩大,旅游给目的地带来的社会文化影响日益明显,人们的关注目光逐渐从旅游所带来的经济上的效益,转向旅游的整体效应,尤其是旅游的社会文化后果。总的来说,旅游活动所产生的主客接触和文化交流对目的地社会文化的影响主要包括了对目的地社会的社会生活、价值观和民族文化等方面所产生的影响,尤其重视在旅游的开发过程中对旅游接待地的传统生活习俗、语言、民族艺术、民族节日、宗教和手工艺等方面的影响。在本节中,我们将一一了解旅游对接待地影响的具体表现。

一、生活方式

生活方式是一个内容相当广泛的概念,它包括了人们的衣、食、住、行、劳动工作、休息娱乐、社会交往、待人接物等物质生活和精神生活的价值观、道德观、审美观等各个方面。随着旅游开发的不断深入,旅游地的物质生活和精神生活都随之发生一定程度的变化。

---

[1] 杨斌.基于社会交换理论的社区参与旅游发展研究——以洪江古商城为例.湘潭大学,2008

1. 物质生活的变化

物质生活的变化是随着旅游地经济发展而产生的。旅游业的发展,促使当地经济迅速发展,尤其是与旅游相关的农业、手工业、服务业。当地居民从原先自给自足的农耕生活进入到了商业生活,并参与到旅游的发展之中,如过去独门独户过着自家生活的农家人,把自己的农宅变成小型旅社,为旅客提供各种服务,或是开起餐馆做起了生意等。旅游业发展带动了旅游地商品经济的发展,居民的商品意识、竞争意识增强,过去安于现状、不求进取的价值观受到冲击。旅游业发展还带动了当地基础设施建设的发展,公路的修建、网络的覆盖也给当地居民的生活带了更多的便利,增加了与外界交流的机会。旅游的发展还直接促进了当地经济收入的增加,特别是参与到旅游开发的居民,他们的生活方式也有了改变的可能性,生活质量也得到了相应的提高。

然而,游客的大量涌入造成了供需矛盾突出、排污量激增、水和空气质量下降、人口密度增大而交通堵塞,使得当地居民的生活空间变得相对狭小,进而造成当地有限生产生活资源的供应紧张,因而也会给当地居民带来诸多不便,干扰当地居民的正常生活,甚至引起居民的反感。而且旅游地发展过于迎合旅游者,也会造成自我特色的消失,一些少数民族的服装、建筑和饮食习惯由于受外来文化的影响,其固有的特色直接或间接地受到影响,民族传承性的特色逐渐被同化。在丽江古城里,原来满街的妇女天天都身着"披星戴月"的民族服装,可如今除了老奶奶以外,已经很少有人在日常生活中穿民族服装了。可见旅游的发展正在从各个方面慢慢地改变着旅游地的物质生活。

2. 精神生活的变化

旅游同样改变着人们的精神生活。经济基础决定上层建筑,随着居民的收入、生活水平的提高,他们的精神生活也产生的一定的变化,特别是在年轻人群中,他们受到外来文化冲击的影响大,善于吸收各种不同的文化,通过与旅游者的交往,他们感受到了不同的价值观、审美观,他们从文化的各个层面吸收外来文化,包括从表面的服饰、语言的模仿到思想、观念的趋同。过去人们仅仅认为过着封闭的生活足矣,赚钱是为了持家。而随着旅游的开发,他们逐渐意识到工作是为了赚取更多的钱以便娱乐和享受,并且更加注重消费。有些当地居民还萌生了走出本我文化、感受异质文化的念头,想要从一个当地居民转化为"旅游者"的身份,亲自感受旅游所带来的身心愉悦的神圣体验。

二、社会道德

道德观念是评判人们行为的是非、善恶、美丑的思想标准。旅游地的居民从整体上而言是具有一个群体的社会道德统一标准,然而面对旅游业发展带来的影响,人们的社会道德观念也会发生一定的变化,这种影响在不同类型的居民身上,表现的程度不一。旅游地的居民一般可以分为三种类型:一类是以青年人为代表的积极居民,他们会积极主动地参与到旅游地的开发中,起到先锋作用;第二类是以老年人为代表的守旧型居民,传统的价值观和行为模式在他们身上已经根深蒂固,面对旅游业带来的巨大冲击,往往采取逃避的态度;第三类是反社会型居民,他们面对旅游业发展带来的冲击不知如何是好,新旧生活方式和价值观相混杂,思想出现混乱,心理发生变异,此时他们道德感下降,会把对社会的不满感和对自身的无助感转化为对社会的报复行为。旅游对道德标准的影响表现为吸毒与色情娱乐业的出现、犯罪率上升和赌博成风。旅游者的高消费以示范的形式引起了接待地的消费欲望,出现社会心理失衡,从而引发犯罪。

1. 旅游与犯罪

安全、宁静、和平是旅游繁荣的必要条件。随着旅游业的发展,旅游犯罪问题已经演变成了一个世界性问题。旅游犯罪(tourism crime)是发生在旅游过程中(吃、住、行、游、购、娱),与旅游者、或旅游活动、或旅游环境(含旅游设施)有关的所有犯罪现象的总和。在犯罪主体上,旅游犯罪者可以是旅游者(tourist),也可以是旅游从业者(tourism clerk),还可以是其他蓄意破坏旅游者(tourism destroyer)。在犯罪客体上,旅游犯罪的受害者可以是旅游者,也可以是旅游地居民,还可以是旅游资源、旅游环境和旅游设施[1]。在这里,我们主要强调以旅游者为受害者的旅游犯罪。

俗话说:在家千日好,出门处处难。旅游吃、住、行、游、购、娱诸多的环节,无形中增加了潜在的与犯罪分子接触的机会。旅游者容易成为受害者的原因在于:第一,旅游者的外来身份容易被识别,旅游者在语言、服饰、习惯上与当地人截然不同,极易被识别,容易被当做目标;第二,在旅游过程中旅游者强烈的占有欲望导致的失真消费容易引起当地人的羡慕和嫉妒,他们随身携带的财物可能会成为犯罪分子的目标;第三,自然景区的幽、险、野、旷以及旅游者的流动和彼此陌生,都为犯罪分子掩盖罪行提供了天然屏障;第四,旅游者对目的地的情况或危险区域不熟悉,其自我防范、抵御攻击的能力较弱,往往让犯罪分子有机可乘,例如,旅行比较疲惫、经验不足,旅游者注意力往往集中在旅游吸引物上。旅游业的发展致使旅游接待地人民的道德水准下降,一般说来,与旅游关系较大的犯罪是经济犯罪,如抢劫、偷窃、贪污、黑市交易、绑架等,犯罪的场所可以涉及旅游六要素的各个要素。旅游地的犯罪行为若得不到有效的控制,则会影响旅游地的持续发展。

---

[1] 龚胜生,熊琳. 旅游犯罪学:定义、领域、方法与意义. 旅游学刊,2002,(2)

2. 旅游与色情

旅游业的发展为性工作者及其顾客提供了条件,并创造了良好的场所和环境。这是因为一方面,从旅游者自身的角度来说,旅游是可以脱离于日常生活的"神圣之旅",摆脱了生活中各种清规戒律,到没有熟人的地方尽情花钱这种观念有利于卖淫的产生与发展。"金钱至上"的货币关系,使得旅游者认为有钱就能够购买一切,性关系在金钱面前变得扭曲。于是,一些有越轨倾向的旅游者往往心怀侥幸,寻求"偶尔为之"的刺激与快乐。从一定意义上说,旅游使得被禁止的行为有了活动的空间,使得旅游者有了更大的越轨胆子。另一方面,从旅游地社会的角度来说,在男权社会中,女性也沦为一种"吸引物"。色情活动为妇女提供了大量的就业机会,并且以高收入吸引着大量妇女加入到卖淫的行列中去。出于旅游发展的考虑,旅游地社会对色情活动采取默许甚至纵容的态度。

旅游色情发生的场所主要是在旅游六要素中的"娱"的部分,文化、娱乐场所(影剧院、俱乐部、舞厅、夜总会、酒吧、茶室、书场、发廊、按摩等)这类场所色情引诱犯罪较突出。如一些陪影女、陪泳女、按摩女、三陪女等利用色情使游客分散注意力,从而盗窃钱财;一些个体、私人开设的文娱场所,往往是变相的色情服务场所,旅游者或出于好奇、或出于不明真相、或追求刺激而光顾此类场所,其财产和人身安全不易受到保障[①]。特别要指出的是,旅游业色情行为常常和毒品、性病、犯罪互有关联,是一个不容忽视的社会问题。旅游地管理部门和当地公安机关要对这一行为加强监督和惩治,杜绝社会丑恶现象沉渣泛起。

3. 旅游与赌博

赌博不是旅游业所特有的,但是一些著名的旅游地因赌博而闻名,如美国拉斯维加斯、大西洋城、中国澳门等,这些城市的赌场吸引了大量的游客,因此有人将赌博与旅游联系起来。但一般而言,二者的关系并不密切。

以澳门为例,澳门是世界著名的"赌城",历史悠久。尽管因赌输而身败名裂之悲剧繁多,当地居民涉足赌场者不太多,但却吸引着不同地区的旅游人士前来。赌城带动了旅游业的大力发展,政府税收每年都在增加。拉斯维加斯共有赌场247家,是澳门赌场的20多倍,但每年所缴赌税还不及澳门11家赌场的八成。2004年,到澳门旅游的1000万外来游客中,有700万是博彩旅游,可以说,澳门的赌博业拉动了澳门旅游业的发展。据不完全统计,澳门的赌博业直接或间接的就业人口已经占到澳门就业人口的1/4。像澳门这样的城市之所以能够使赌博合法化、商业化,是因为有政府的支撑,并和当地的主题形象开发有着密切的联系,赌博之于这些城市是作为旅游六要素中的"娱"来开发的。尽管在很

---

① 龚胜生,熊琳. 旅游犯罪学:定义、领域、方法与意义. 旅游学刊,2002,(2)

多人眼中赌博只是一种娱乐而已,大多数人都可以享受赌博的乐趣而不会导致什么问题,但是赌博的行为从根本上来说不值得提倡,它产生的危害是巨大的,深陷其中对个人、家庭和社会都会造成巨大的危害。

目前在中国内地,赌博是一种违法行为。而国内的某些旅游地,为了增加旅游活动的刺激性,满足旅游者在日常生活中难以体验的"越轨行为",也出现一些非法的地下赌博场所,地点十分隐秘,一些从中获利的当地居民和管理部门对此表示默认、不举报,使当地机关难以察觉。此外,赌博常与违法犯罪相联系,旅游者在赌博中不但时常引起打架和偷窃事件,而且严重的会酿成伤害、抢劫、杀人等犯罪,对于旅游者的身心和旅游地的发展产生消极影响。

4. 旅游购物与欺诈行为

旅游购物是旅游消费活动的六要素之一,是旅游者外出旅游活动的重要组成部分。乘兴而来、尽兴而归无疑是游客外出旅游的最佳状态,但受暴利的驱使,由旅行社、导游人员、购物商店等预先设置的购物陷阱层出不穷,让旅游者防不胜防,造成不少损失,引发的旅游纠纷也屡见不鲜,严重影响了旅游体验。旅游购物的欺诈行为会令旅游者对旅行社、旅游景区购物商店产生不信任感,造成对旅游行业的不良印象。在一些旅游景点,购物陷阱甚至成为旅行社、旅游商店、导游人员共同开辟的生财之道。受购物所带来的短期暴利驱使,国内很多旅游目的地和旅行社对旅游购物陷阱竞相效仿,这种旅游购物歪风严重影响了旅游业的持续健康发展,甚至使整个行业的从业价值观发生了扭曲。

旅游购物陷阱主要表现在这样几个方面:一是购物商店的失信经营。现在购物商店几乎成为导游带团途中的必选之地,一些旅游购物商店通过与旅行社签订"团体购物协议"而成为旅游定点购物商店。导游人员为了收取商店给予的回扣,尽量减少景区游玩时间,而将游客带去定点商店购物。二是随意延长购物时间。有的旅行社有意在合同中模糊购物的地点和次数,从而在行程中压缩游览时间,增加购物的时间比例,甚至一日三进购物商店的现象都不足为奇,使得整个游览过程十分仓促,游客的观光之旅最后却变成了无奈的购物之旅。三是"免费"陷阱。很多旅行社或旅游购物商店利用游客的求廉心理,采取免费赠送某些景点、免费参观、免费品茶、免费足疗等方式来吸引游客购物,刺激消费。不知情的游客看似捡了便宜,实际上还是吃了亏[1]。旅游购物陷阱不仅对旅游者个人、对旅游目的地的形象,旅行社,旅游管理部门都造成了不好的影响。

各种形式的旅游购物陷阱,严重扰乱了正常的旅游购物秩序,形成了大量畸形的旅游购物市场,并逐渐导致行业价值观的扭曲,这会对我国旅游业的持续健

---

[1] 胡波.购物欺诈对旅游行业发展的危害性分析.商业时代,2007,(12)

康发展产生巨大的制约和阻碍作用。强化旅游市场的规范和整治,才能保障我国旅游业持续健康发展。

总的来说,这些社会不良道德问题并非是发展旅游所直接导致的结果。在现代旅游产生之前,犯罪、赌博、卖淫等现象早已存在。但是由于受旅游者思想文化的冲击,以及旅游发展带来的经济利益驱使,旅游接待地的价值标准和道德标准确实发生了变化。所以,我们认为旅游是引发社会不良道德问题的潜在原因,也是旅游地在可持续发展中不可忽略的重要因素。

三、语言

旅游是人与人、人与地之间交流的过程,旅游者与当地居民的交流必然会引起语言的渐趋改观。旅游者以能学会几句他乡方言而自豪,当地居民和服务人员以通晓外语为己任。Paul Brunt 和 Paul Courtney 发现旅游者的大量移民冲淡了当地方言,当地方言被旅游"腐蚀"了。旅游虽对促进语言的统一大有贡献,但却不利于语言文化多样性的保护,而且舶来品过多,会冲淡本土语言的纯洁性和严密性[1]。潘秋玲(2005)以西安为例,研究了旅游开发对语言文化景观的影响。研究发现,旅游开发导致了目的地当地方言的淡化、外来方言的渗入以及外语的产生等影响,具体表现在:一是土语景观萎缩,普通话景观扩张,形成新语言占据土语空间和两者并存的现象;二是目的地语言景观更趋多元化,空间上形成了以旅游区为主体的粤方言渗透区;三是外语作为一种异质文化,与方言相互交融,形成中外语言景观并存、交互并用的格局[2]。旅游发展对旅游地本土语言的影响是一种墨渍式的发展。旅游所带来的影响往往首先在游客活动集中的一些地点和对从事旅游服务行业的群体首先产生影响,然后慢慢地对周围地区和其他人群有所浸润,好比在宣纸上滴上若干滴墨水一样。

目前,我国大多数旅游地的当地服务人员都能操简单的外语,大部分人会说普通话,可与外地旅游者自由交流。戴凡,保继刚(1996)对大理古城居民学英语的态度进行研究,以洋人街为例,高达 67.8% 的旅游从业人员能够进行日常英语对话,完全不懂英语的只占 3%,在当地居民当中,96% 的居民愿意与外国人进行语言交流。从居民学习外来语言的态度上来看,91% 的当地居民愿意继续学习外语[3]。这说明外语作为一种异质文化,已被大理当地居民广泛认同,并渗透到大理人的生活中与方言相互交融,形成中外语言景观并存、交互并用的格

---

[1] 谢婷,钟林生,陈田. 旅游对目的地社会文化影响的研究进展. 地理科学进展,2006,(5)
[2] 潘秋玲. 旅游开发对语言文化景观的影响效应研究——以西安为例. 旅游学刊,2005,(6)
[3] 戴凡,保继刚. 旅游社会影响研究——以大理古城居民学英语态度为例. 人文地理,1996,(2)

局。外国游客的不断涌入开阔了他们的眼界,使当地居民不但学会从旅游业中获益,更懂得了通过学英语为将来的事业铺路。需要强调的是,尽管旅游开发使得外来语在一些旅游开发力度较大景区和周边地区不断深入给对本地方言造成了一定的"腐蚀",但并没有替代和占据传统的方言强势语地位。

四、宗教

现代旅游是一种大规模的文化交流。旅游业的发展,旅游资源的开发利用,新的旅游市场的开拓,吸引了更多的客人前来游览、朝圣和进行学术考察交流,这些都有利于宗教文化的传播、交流和发展,对宗教文物古迹也起着保护、修缮的作用。如承德避暑山庄、敦煌莫高窟等都置于国家的保护之下;云南的筇竹寺、承德的外八庙、北京的潭柘寺等也修缮一新;有"世界宗教博物馆"之称的泉州也被列为中国第一批二十四座历史文化名城之一,泉州的许多宗教组织恢复了活动,宗教文化遗产得以整理、传播,文物古迹也得到保护和修缮,重现昔日的风采。[①] 随着大量宗教遗迹的修复,游客在旅游过程中可以身临其境,欣赏各种宗教文化艺术,增长各种宗教知识,使宗教这一人类传统文化得以继承和传播。到宗教名胜古迹的游客一般具有较高的文化水平,不仅有一般游客,还有大量的宗教信徒、朝圣者和专家学者,有的更组成了宗教文化考察团,国际上还有专事宗教旅游的旅行社。1991年初联合国教科文组织了"中国与海上丝绸之路考察活动",他们所到之处,就提出对宗教名胜考察和学术交流的要求,也带来了国际上最新的宗教文化信息。通过游览、考察和研讨等活动,促进了世界各地宗教文化的交流和研究[②]。另外,随着信徒和游客的不断增多,许多人捐赠钱款,为宗教文物古迹的保护和维修提供了大量的资金。

然而旅游活动的发展对宗教文化也有一些冲击。一方面,许多旅游者去宗教圣地旅游,并不是为了精神上的需求,而纯粹是宗教向往和好奇心,他们的行为举止、服装衣饰经常引起虔诚教徒的严重不满,他们认为旅游者影响了他们的生活和宗教活动,担心宗教圣地迎合旅游业地发展而失去其宗教意义。另一方面,宗教地区为了自己的经济利益,把旅游接待当作一项重要的收入来源,设置公德箱,出售纪念品,使得神圣的宗教活动蒙上了一层商业色彩。一些宗教独有的教规、仪式等慢慢地失去了神秘感和特性,有的甚至变成一种纯商业性的娱乐活动。除此以外,从旅游地环境方面来讲,由于旅游人数的增多,带来了一些人为的破坏和环境污染,如游客在宗教旅游区内乱涂乱刻乱扔东西,大声喧哗,破

---

① 杨文棋. 略论宗教文化与旅游业的关系. http://www.lunw.com/thesis/53/17524_1.html
② 论宗教文化与旅游业的关系. http://ly.gdcc.edu.cn/n17601c84p2.aspx

坏了宗教名胜古迹独有的宁静和超凡的气氛。

五、传统工艺品

传统工艺品往往浓缩着一个民族和地区文化艺术的精华,也是旅游者在旅游地必购的旅游纪念商品之一。传统工艺品对于一个民族来说,本属于一种文化代际间传承的产物,是一种"私有"的文化物品,旅游的开发使传统工艺品与外界开始产生交流。工艺品在与外界的交流的过程中经历了三个主要变化的阶段一是失去其传统的艺术设计形式;二是代之而起的是能成批生产的退化简单的工艺品;三是随后而来的是技术水准很高和富于地方特色的工艺品的复兴。旅游的发展可以为传统艺术形式的复兴提供机会,同时提高工艺品的设计技术和制作质量,旅游者对文化纪念品的需求可以导致当地工艺品的新生,从而进一步促进民族文化的保护和开发。例如,云南石林五颗松的撒尼人的针织手工艺品的复兴和扩大生产、贵州苗族和布依族的蜡染手工艺品的振兴都得益于旅游业的发展。游客对当地工艺品的浓厚兴趣大大增强了民族自信心,他们为旅游者提供的手工艺品其实一种文化重整、文化复活和文化加强的过程。

但另一方面,旅游业会导致传统艺术形式的退化。旅游业在起到保护传统文化形式的作用的同时,也导致了假冒工艺品的产生,导致工艺品的形状、大小和作用发生变化,从而使工艺品的制作方式、制作材料都降格。而且旅游过程中主客接触的短暂性,又促成了文化艺术产品的商品化。为了赚取外汇,原来富有宗教意义和礼仪意义的工艺品变成了商品,改变了传统工艺品原来的意义,大量伪劣的文化艺术品进入市场,少数民族的传统节日、仪式歌舞都搬上了舞台,民族服饰乃至民族工艺都在某种程度上经历着一种商品化的过程。

六、民俗风情

民俗风情同传统工艺品一样,都属于民族文化"私有"的东西,随着旅游地的开发,这些私有的文化形式变得公开,并且通过一些包装使旅游地的民俗风情成为一种体验性更高、可参与的旅游活动。由于接待地的社会关系深受旅游活动的影响,造成过于重视短期利润的增长及政绩效能,而丝毫不顾当地社会人文资源的特性,进行完全趋从于旅游者口味的运作[①]。这样的结果是,那些在旅游地自然存在的、吸引游客的东西,被人为地安排成一种间接的东西呈现在游客的旅游活动中;那些传统的节日、风俗习惯在经过预先的安排以娱乐的形式被介绍给游客。游客在一场演出或者嬉闹的活动中,似懂非懂地感受旅游地文化,而活动

---

① 张波. 旅游对接待地社会文化的消极影响. 云南师范大学学报,2004,(2)

中蕴含的文化真实性以及旅游者从中所感知到的文化真实性是衡量旅游地民俗风情"舞台化"、"商品化"、"虚假化"的重要因素。文化形式一经修饰去为旅游者的消费服务就失去其原有的意义，这种由旅游地居民的表演而扭曲了本土文化的现象，并不是发展中国家特有的现象，发达国家也有。

尽管在旅游研究中，大多数学者认为旅游的开发对旅游地民俗风情产生的影响是消极的，旅游开发是破坏民俗内涵的，但也有学者认为在商品经济还非常落后的民族地区，旅游对接待地民俗风情的影响，其积极影响远远大于消极影响。"真实性"应侧重于真实性的体验而不是本体意义上的真实，旅游中的民俗表演不是要提供真实，就是为游客提供一种旅游现实感，一种可以让他们体验当地文化的舞台，他们认为那种将民族文化旅游资源的商品化视为旅游对民族文化的消极影响过于简单化，并认为它在改变传统落后的观点，树立现代商品经济意识；增强民族自信；实现民族文化的良性变迁；加速民族文化的世界化进程等方面显示了显著的积极影响，应该看到其消极影响的有限性，肯定其积极正面影响占主导地位[①]。此外，旅游还能进一步提高旅游地对民俗文化传承和发扬的意识，以平安壮寨民俗旅游开发为例，旅游的开发使他们意识到加强民俗文化的传承、保护和开发的重要性。他们在旅游开发中要想方设法表演一些民俗活动，比如抛绣球、迎亲、山歌表演等活动，让更多的人了解他们的文化，同时也是通过这些活动对本来已经淡化的本民族节日习俗进行重整。特别是山歌，随着民俗文化的流逝，会唱山歌的人不多，对此，当地政府正在作出相应的培养措施，尽快培养年轻歌手，保证民俗文化能传承下去。所以，对待"舞台真实化"对原真文化带来的影响，也要从多方面进行考量。

七、新殖民主义

新殖民主义是帝国主义在战后旧殖民主义体系瓦解后，为维护其既得利益，对已经获得政治独立的发展中国家推行的一种新的剥削与掠夺形式，从政治、经济和军事各方面，对已获得政治独立的国家实行控制和渗透，为它们争夺世界霸权和势力范围服务。将新殖民主义的概念运用到旅游中，最初来源于帕默在1994年对加勒比海各国的旅游市场调查，这些国家早期曾经为英国的殖民地，由于良好的地理优势，目前这些国家的主要外汇收入都来自旅游业。以巴哈马为例，其国民收入的70%来自旅游，近2/3的就业人口从事旅游业。帕默发现这些独立国家近十几年来，在旅游宣传中大量使用过去的殖民文化来招徕西方游客，而西方游客来这些地方游玩，所追求的仍是其宣传中的殖民地形象，感觉

---

① 谢婷,钟林生,陈田.旅游对目的地社会文化影响的研究进展.地理科学进展,2006,(5)

上仿佛又回到当年的宗主国地位。与此同时,许多第三产业,诸如宾馆餐厅都完全由外国公司控制,旅游的利润也被悄悄转移至海外,许多在旅游部门就业的当地人开始感到强烈的贫富差距和低人一等的心态。这些国家在对外宣传形象中,长期没有着重宣传当地居民的文化风俗,而只是不断突出殖民文化给当地带来的影响。在美加的许多旅游宣传画刊中,这些海岛画面的广告形象醒目地突出了传统红色的英国式邮筒和身着英国式律师装的黑人,显而易见,"这些形象仍然标上了英国白人统治的象征"。这就造成了一种尴尬的局面:一方面旅游收入已成为一项最重要的外汇收入;另一方面,如何摆脱以前的"阴影",重新树立新的健康形象仍有待一段时间。同时对当地和旅游业相关的人来说,也面临着一种模糊的自我认同感:"我们究竟是谁?是百年前的殖民地,还是现在真正的独立国家?"这些问题已经开始引起当地政府的注意[①]。

在现代旅游中,"新殖民主义"现象指旅游业发展中所有权、经营权、管理权、监督权四权分离,相关利益者之间地位及关系不平等,特别是旅游活动的经营管理权掌控于旅游中介企业,社区居民主体地位往往被忽略,形成"契约"形式隐掩下,旅游业直接经营者对东道社区旅游发展的控制、干涉和对旅游利益的掠夺、剥削[②]。一些研究者认为,旅游业在发展中国家的发展过程颇具当年殖民地的色彩。一方面,许多发展中国家已经形成对旅游业所获得的外汇收入的依赖,有的甚至成为国家的经济支柱,因此一些国家把政治、经济的优先权让给了旅游业,如放弃了税收和进口的限制,放弃了对外资企业的管理;另一方面,旅游者的"文化霸权地位"使旅游地当地人受到旅游者的生活方式的影响,部分人的生活开始腐化,吃喝玩乐成风,旅游管理部门放松了对珍贵旅游资源和人民生活的保护等。西方人类学家曾说,成群结队的游客把别人的乡土作为"旅游地",无所顾忌地拍照、游玩,然后再把当地令人好奇的风物特产带回家,成为标榜炫耀之物,这一切都带有明显的"殖民化倾向"。

但是也有人认为"新殖民主义"的提法是不妥当的。首先,许多发展中国家利用旅游业来刺激本国经济的发展,而殖民主义初期并不具有这种性质;其次,这些国家在政治上是独立的,外国势力没有参与政府的决策,这些都与原来的殖民主义是不同的[③]。

除了以上这些之外,旅游的开发还会给旅游地当地居民提供更多的就业机会,一些妇女也积极参与到旅游服务之中,提高了她们的社会地位和经济地位。

---

① 旅游地形象研究在西方的崛起. http://www.zlunwen.com/managementscience/tour/25590.htm

② 毛彦斌. 社区参与:可持续旅游发展的途径选择. 经济研究导刊,2008,(10)

③ http://courseware.ecnudec.com/zsb/zdl/zdl06/zdl068/ZDL06803.html

同时旅游的发展也加快了旅游地、特别是欠发达地区的旅游地城市化进程,改变了旅游地的社会结构。

总的来说,旅游业对旅游目的地的社会文化所带来的影响是巨大的,涉及面是广泛的,所产生的作用有正面的,也有负面的。文化是一个旅游地的灵魂,也是旅游业可持续发展的灵魂。面对外来文化带来的碰撞,旅游地应当采取积极的态度面对,以保障本土文化传统性和延续性为前提,如何继续弘扬和发展民俗文化,如何持续保持接待地的旅游吸引力,如何使当地居民以健康的心态参与到旅游开发中,这些都是值得我们深思和进一步探究的问题。

重点概念

主客接触　舞台真实　示范效应理论　文化涵化理论
发展阶段理论　社会交换理论　旅游犯罪
旅游购物陷阱　新殖民主义

复习思考题

1. 简要说明旅游地当地人对旅游者态度变化的五种程度。
2. 主客接触为什么存在不平等性?请说明原因。
3. 举例说明舞台真实现象,谈谈你对旅游交往商业化的看法。
4. 画图解释旅游地生命周期阶段,并简要说明各阶段特征。
5. 查阅资料,以一处旅游地为例,分析旅游开发对当地文化产生的影响。

主要参考文献

1. 王雪华. 论旅游的社会文化影响. 桂林旅游高等专科学校学报(旅游学科建设与旅游教育增刊),1999,(10)
2. (德)马勒茨克著,潘亚玲译. 跨文化交流——不同文化的人与人之间的交流. 北京大学出版社,2001
3. 李经龙,郑淑婧,周秉根. 旅游对旅游目的地社会文化影响研究. 地域研究与开发,2003,(12)
4. 朱华. 旅游学概论. 北京大学出版社,2009
5. 董文燕. 旅游接待地的社会文化承载力研究. 旅游管理,2007,(5)
6. 张文. 旅游影响——理论与实践. 社会科学文献出版社,2007
7. 刘赵平. 旅游对目的地社会文化影响研究结构框架. 桂林旅游高等专科学校学报,1999,(10)
8. 王妙,孙亚平. 旅游对接待地的社会文化影响. 天津商学院学报,2001,(7)
9. 保继刚,楚义芳. 旅游地理学. 高等教育出版社,1999

10. 瞿明安. 社会转型中的民族文化适应机制. 贵州民族研究,2000,(4)

11. Dennison Nash Valene L. Smith. Anthropology and Tourism. Annals of Tourism Research,1991

12. 张波. 旅游对接待地社会文化的消极影响. 云南师范大学学报,2004,(3)

13. 张晓萍. 文化旅游资源开发的人类学透视. 思想战线,2002,28(1)

14. 阎友兵. 旅游地生命周期理论辨析. 旅游学刊,2001,(6)

15. Butler S. The Concept of a Tourism Area Cycle of Evolution: Implication for Management of Resources. Canadian Geographer,1980

16. 刘赵平. 旅游对目的地社会文化影响研究结构框架. 桂林旅游高等专科学校学报,1999,(10)

17. 李有根,赵西萍,邹慧萍. 居民对旅游影响的知觉. 心理学动态,1997,5(2)

18. 刘赵平. 旅游对目的地社会文化影响研究结构框架. 桂林旅游高专科学校学报,1999,(1)

19. 杨斌. 基于社会交换理论的社区参与旅游发展研究——以洪江古商城为例. 湘潭大学,2008

20. 龚胜生,熊琳. 旅游犯罪学:定义、领域、方法与意义. 旅游学刊,2002,(2)

21. 胡波. 购物欺诈对旅游行业发展的危害性分析. 商业时代,2007,(12)

22. 谢婷,钟林生,陈田. 旅游对目的地社会文化影响的研究进展. 地理科学进展,2006,(5)

23. 潘秋玲. 旅游开发对语言文化景观的影响效应研究——以西安为例. 旅游学刊,2005,(6)

24. 戴凡,保继刚. 旅游社会影响研究——以大理古城居民学英语态度为例. 人文地理,1996,(2)

25. 毛彦斌. 社区参与:可持续旅游发展的途径选择. 经济研究导刊,2008,(10)

下编　旅游文化实务

Ⅰ 日本美術に於ける

第六章　文学艺术资源开发

学习目的

　　文学艺术资源是人文旅游资源的重要组成部分,其既可以成为主要的旅游吸引物,又可以丰富旅游目的地旅游产品形象,增添文化气息。通过本章的学习,要求理解并掌握文学艺术旅游资源的基本概念、构成及其开发形式,了解文学艺术旅游资源在开发过程中应注意的问题。

主要内容

- 文学艺术旅游资源概述
  文学艺术旅游资源的定义
  文学艺术旅游资源的开发意义
  文学艺术旅游资源的构成及其开发
- 文学艺术旅游产品开发的主意点
  资源价值与市场价值相结合
  提高导游服务质量,提供多媒体引导设施
  增加文化艺术旅游产品的大众参与度

　　"山水借文章以显,文章凭山水以传",南朝山水诗人谢灵运的这一诗句,十分形象精辟地道出了文学与旅游互为依托、相得益彰的关系。文学艺术是人类文化的重要组成部分,是人文旅游资源的一种具体表现形式。一方面,无论是游记、诗歌等旅游文学,书法绘画等艺术作品,还是著名文人故居、纪念馆,抑或是文学作品场景地等,它们或独立成景、或作为陪衬,丰富了旅游资源的内容,提升了旅游产品的文化品位,同时也拓展了文化旅游产品的发展空间,更好地满足了旅游者的文化追求。另一方面,文学艺术作品又是良好的宣传武器,有时在旅游资源的开发过程中起到画龙点睛的作用。因此,文学艺术旅游资源是旅游文化资源中不可或缺的重要组成部分。

第一节 文学艺术旅游资源概述

一、文学艺术旅游资源的定义

文学艺术旅游资源属于人文旅游资源的范畴。我们可将其定义为:依附于文学艺术而产生的,对旅游者具有吸引力并可被旅游开发者利用开发成旅游产品的人文旅游资源。它既包括以实体景观形式存在的资源,如文人故居、文学作品场景地等;又包括以非实体景观形式存在的资源,如诗歌、游记、散文、戏曲、神话传说等。

文学艺术旅游资源包括了文学旅游资源以及艺术旅游资源,目前大量对于文学旅游资源的讨论限于旅游文学的范畴。在进一步讨论文学艺术旅游资源之前,有必要对文学旅游资源与旅游文学资源进行一下概念辨析。

旅游文学是文学作品的一种表现形式,反映了人们在旅游过程中的所见、所闻、所感,是旅游主体审美经验和审美意识的物化表现形式。内容包括:风景诗词、曲、赋、小说、游记、散文、楹联题刻、神话传说等。旅游文学往往较好地把旅游地的"景"与旅游者的"情"联系起来,赋予了旅游地更多的人文色彩。优秀的旅游文学作品或是点出景点的精华,增加其对旅游者的吸引力;或是有着广泛的群众知晓度,对景点起到了良好的宣传作用;甚至有时旅游景点因文学作品而生。由此,我们看到旅游文学具有旅游资源的属性,是文学旅游资源的一部分。而文学旅游资源的范围则更广,它还包括文人故居等实体景观资源。

二、文学艺术旅游资源的开发意义

关于文学艺术旅游资源的开发意义,可以从其对旅游主体、旅游客体、旅游介体三方面进行讨论。

首先,对于旅游主体,即旅游者而言,文学艺术旅游资源往往能提升旅游者的审美情趣,激发游兴,启发想象,使之更多地获得美的享受。在文学艺术旅游资源的引导下,旅游者与文人"潜心交流",陶冶了情操,获得了情感上的满足。

第二,对于旅游客体,即景区景点而言,文学艺术旅游资源,尤其是优秀的旅游文学往往能够丰富景点的内涵,增强其表现力。同时,文学艺术作品易于传诵,提高了景区景点的知名度,是良好的宣传武器。有些景区景点本来不见经传,后因文学艺术作品而一炮走红,如江南水乡周庄因著名画家陈逸飞的一幅

《双桥》名扬天下。永州山野的一无名小潭,因柳宗元的《小石潭记》声誉鹊起。有的甚至是因文学艺术作品而建造,如上海大观园,是根据我国四大古典小说之一《红楼梦》所描绘景象而建造的。

第三,旅游介体方面,这里主要讨论文学艺术旅游资源起到的导游作用。文学艺术旅游资源的导游作用不仅表现在其对景点绘声绘色的描写,还表现在它对旅游购物的引导方面。例如,杜牧的诗句"借问酒家何处有,牧童遥指杏花村",使得杏花村酒名声大振。又如,田汉的《杭州》二首"画师巧组千丝像,织女轻抛十彩梭"在旅游者面前栩栩如生地介绍了杭州的特产丝绸。

三、文学艺术旅游资源的构成及其开发

文学艺术旅游资源可分为实体景观资源和非实体景观资源。实体景观资源主要包括文人故居等可独立成景的资源以及楹联石刻等辅助成景的资源。对于此类旅游资源的开发利用,往往是以其为主要的旅游吸引物,配以相应的服务、交通、住宿等设施,使之成为适应市场需求的综合性旅游产品。非实体景观资源主要包括旅游文学以及书法绘画等一些其他形式的艺术资源。此类旅游资源形式多样,且较少受到时间、空间的限制,因此开发利用的方式相对比较灵活。其开发可根据在民间广泛流传的文学作品建造主题公园,也可根据某一艺术形式进行展示展览,还可举办各种艺术节、文学节庆活动、修学旅游等体验型旅游项目。书法绘画等艺术形式的开发亦可与旅游纪念品的开发相结合。鲁迅文学院曾推出"北京'文学梦'浪漫之旅"大型旅游活动,活动内容包括参观茅盾故居、老舍故居及现代文学馆,还邀请王蒙、邓友梅等文学名家开设文学讲座。《作家文摘》曾说它是"文学与旅游互动,其奇妙的互动关系将使文学教学与北京观光都变得生动有趣"。

另外,在利用文学艺术旅游资源开发旅游产品时,应注意各项资源间的整合利用,特别是其与自然资源等其他资源的融合。我国旅游界推出的大型旅游项目——三国游,就是较为成功的例子。古三国之旅是湖北的六大精品线路中最具有文化魅力的一条。这条线路从武汉出发,经荆州、荆门、襄樊,到十堰,包括了赤壁古战场、荆州古城、襄樊古隆中三处最有代表性的三国遗迹。古迹、文学、自然景观很好地结合在一起,受到了旅游者的喜爱与欢迎。川鄂两地的"三国游"也已进入旅游市场。武汉各大旅行社推出的"三国游",既有行程紧凑的短线产品,又有游览内容比较多的中长线产品。四川的蜀道"三国游",不仅吸引了省内游客,还吸引了来自陕西、甘肃等地的游人。沪上一些旅行社也推出了"高峡平湖、三国文化双飞四日游"等线路。

下面,具体讨论一下文学艺术旅游资源的构成及其开发。

(一)实体景观资源

实体。景观资源主要包括独立成景的景观资源以及辅助成景的景观资源两大类。

1. 独立成景的景观资源

(1) 文人故居、纪念地、墓地

此类资源主要吸引对那些文人的生平事迹感兴趣的旅游者。亲自踏访这些地方,可以使旅游者更多地了解文人,感觉与文人之间的距离更近了。例如,位于山东曲阜市的孔庙、孔府和孔林,是中国唯一规模最大的集祭祀孔子嫡系后裔的府邸和孔子及其子孙墓地于一起的建筑群,吸引着无数海内外旅游者。1994年被联合国教科文组织世界遗产委员会批准列入世界遗产名录。孔庙是祭祀孔子的本庙,占地327.5亩,建筑物466间,前后有九进院落,纵向轴线贯穿整座建筑,左右对称,布局严谨,气势宏伟。孔庙是中国最古老的贵族世家,其府第孔府是中国现存规模最大、保存最好、最为典型的官衙与宅第合一的建筑群。孔庙的东侧是孔府,是孔子嫡长孙世袭的府第。孔林又称至圣林,是孔子及其后裔的家族墓地。其延续时间之久,墓葬之多,保存之完好,举世罕见。又如,位于绍兴的现代文学家鲁迅纪念馆也是游客络绎不绝。绍兴鲁迅纪念馆,在市区都昌坊口,包括了鲁迅故居、百草园、三味书屋和鲁迅生平事迹陈列厅。它不仅吸引了瞻仰鲁迅的旅游者前来拜访,也吸引了莘莘学子。绍兴推出的"跟着课本游绍兴活动",学生实地探访百草园、三味书屋,更好地理解了中学课本中的相关文章,因此,该旅游产品受到了老师、学生、家长的欢迎。另外,在上海,厦门等都建有鲁迅纪念馆。其他还有,北京的郭沫若、齐白石、梅兰芳、徐悲鸿故居,四川眉山纪念北宋著名的文学家苏洵、苏轼、苏辙父子三人的三苏祠,江西上饶市铅山县辛弃疾墓,抚州市西湖汤显祖墓,湘西凤凰古城沈从文纪念馆、墓地等。

(2) 文学作品场景地

一些著名的文学作品,如小说发生地、故事场景地等往往对旅游者具有较大的吸引力。它们是旅游开发者强有力的宣传武器。例如,《白蛇传》中的杭州西湖断桥、雷峰塔,《消失的地平线》中所描绘的云南迪庆香格里拉,《西游记》中的花果山,《枫桥夜泊》中提及的寒山寺,《岳阳楼记》中的岳阳楼等,不胜枚举。亦有一些根据文学作品中的场景,人为建造的旅游景点,如上海的大观园,是根据小说《红楼梦》所建,大理根据金庸的《天龙八部》建造了天龙八部影视城等。

2. 辅助成景的景观资源

(1) 碑文

我国制碑的习俗历史悠久。据古籍记载,碑在古代是立在宫、殿、堂门前用来观日影和拴畜牲的石头或木头。后来有人刻上相应的文字,就逐渐形成各种碑文。碑文,有广义与狭义之分,狭义的碑文,仅指为制作碑刻而写的文字,广义的碑文指的是所有刻在碑上的文字。碑文不仅本身就是书法与刻石工艺相结合的艺术品,具有审美价值,同时能帮助旅游者更好地理解景点的历史背景,从而更全面地欣赏景点。碑文佳作有《泰山石刻》、《临碑雍颂》、《孔子庙堂碑》、《颜氏家庙碑》等。

(2)楹联题刻

《红楼梦》中贾政曾对楹联的作用作了精辟的论述:"偌大景致,若干庭榭,无字标题,任是花柳山水,也断不能生色。"确实,楹联、题刻往往具有画龙点睛、点题传神的作用,帮助旅游者理解景物。例如,山海关孟姜女庙之楹联:"海水朝朝朝朝朝朝朝落;浮云长长长长长长长消。"此联构思巧妙,含意深刻,不仅写出海水及浮云的变化,又能使旅游者联想到孟姜女哭长城的悲壮故事,令人回味无穷。又如,长白山高山亭之楹联:"千峰拔地;万笏朝天。"寥寥八字就将长白山气势不凡的形象展现在旅游者面前。

题刻也是景区景点中常见的。位于长江三峡库上游涪陵城北的长江中的白鹤梁题刻,堪谓国宝,是国家级文物保护单位。联合国教科文组织将其誉为"保存完好的世界唯一古代水文站"。白鹤梁是一段长约1600米,平均宽约15米的石梁,位于重庆市涪陵区北面的长江中,因从前经常有许多白鹤栖息而得名。白鹤梁多数时间隐没在江水中,只在枯水期显露出来。自唐代以来,三峡的先人们以在石梁上雕刻石鱼的方法,记录长江历年来的枯水位。这样,白鹤梁留下了十多尾栩栩如生的石鱼,以及历代骚人墨客的诗文碑刻3万多字。这些石鱼和碑刻是非常珍贵的水文资料,题刻多出自历代名家之手,如黄庭坚、晁公道、黄寿、朱昂、吴革、刘甲、庞公孙、王士贞等,令中外专家和游客惊叹不已。

(二)非实体景观资源

非实体景观资源主要包括旅游诗词、游记散文等旅游文学以及其他各类艺术形式。

1. 旅游文学

(1)旅游诗词

旅游诗词亦称山水诗词,是我国旅游文学中产生较早、作品最为丰富的一种。它样式多样,成就颇高,对旅游资源的开发、宣传起到不可估量的作用。简洁凝练的语句,含蓄而有韵味,既点出了景物的精华所在,又深化了景物的内涵特点。旅游者在亲临其境的审美过程中,潜心品味诗词,对景物的审美价值有了更深入的理解,自身的审美水平也得到提高,"游兴"大增。正所谓"文以景生,景以文名"。

古代诗歌在唐以前为古诗。唐代以后的诗分为古体诗和近体诗。近体诗讲究格律,所以也称为格律诗。格律诗又分为"律诗"和"绝句"两种。通常的"律诗"每首八句,每首诗四句称"绝句"。词,又称长短句。词原来是配乐的歌词,每种词调的名称叫词牌。如《沁园春》、《如梦令》、《江南好》、《念奴娇》等。古代旅游诗词,主要有四种形式:山水诗词、田园诗词、边塞诗词以及咏史怀古诗词。

山水诗词以山水名胜为主题,表现山水的自然美,抒发作者的情感。我国山水诗词的萌芽,是我国最早的一部诗歌总集《诗经》。魏晋南北朝时期,出现了第一首完整的山水诗,曹操的《观沧海》:"东临碣石,以观沧海。水何澹澹,山岛竦峙。树木丛生,百草丰茂。秋风萧瑟,洪波涌起。日月之行,若出其中;星汉灿烂,若出其里。幸甚至哉!歌以咏志。"通过辽阔雄壮的沧海景色表现了诗人开阔的胸襟。而南朝谢灵运(385—433)真正始开山水一派诗风,他一生共创作《登池上楼》、《登江中孤屿》等100多首山水诗歌。作者用富丽精工的语言,将自己目睹的山水风光用诗句描绘出来,开创了旅游诗词的新气象。其后最著名的山水诗人有南朝的谢朓、梁何逊等。唐代是山水诗的繁荣期。唐朝的孟浩然是唐代第一个大量创作山水诗的著名诗人。王维、李白等都留下了许多脍炙人口的山水诗作品。王维的优秀作品如《山居秋暝》:"空山新雨后,天气晚来秋。明月松间照,清泉石上流。竹喧归浣女,莲动下渔舟。随意芳春歇,王孙自可留。"全诗描绘了秋雨初晴后傍晚时分山村的旖旎风光和山居村民的淳朴风尚,表现了诗人寄情山水田园,对隐居生活怡然自得的满足心情。李白的《望庐山瀑布》:"日照香炉生紫烟,遥看瀑布挂前川。飞流直下三千尺,疑是银河落九天。"另外,宋代苏轼的千古名句"欲把西湖比西子,淡妆浓抹总相宜"像中国画一样把西湖的美景淋漓尽致地呈现在旅游者面前。张继的一首《枫桥夜泊》——"月落乌啼霜满天,江枫渔火对愁眠。姑苏城外寒山寺,夜半钟声到客船"使苏州寒山寺成为游人络绎不绝的景点。

山水词方面,白居易山水词《忆江南》将江南美景跃然纸上,勾起了旅游者的兴趣。"江南好,风景旧曾谙。日出江花红胜火,春来江水绿如蓝。能不忆江南?江南忆,最忆是杭州,山寺月中寻桂子,郡亭枕上看潮头。何日更重游?"宋词中,汪莘的《沁园春·忆黄山》不仅描写了黄山千峰万壑的美景,还将黄帝神话传说的奇异情状纳入其中,颇具浪漫色彩。"三十六峰,三十六溪,长锁清秋。对孤峰绝顶,云烟竞秀;悬崖峭壁,瀑布争流。洞里桃花,仙家芝草,雪后春正取次游。亲曾见,是龙潭白昼,海涌潮头。当年黄帝浮丘,有玉枕玉床还在不?向天都月夜,遥闻凤管;翠微霜晓,仰盼龙楼。砂穴长红,丹炉已冷,安得灵方闻早修?谁如此,问源头白鹿,水畔青牛。"

田园诗词往往歌咏农村景物或描写农民、牧人、渔夫的生活,格调恬静悠然。东晋陶渊明被称为"田园诗"的代表作家。他的《饮酒》——"结庐在人境,而无车马喧。问君何能尔,心远地自偏。采菊东篱下,悠然见南山。山气日夕佳,飞鸟相与还。此中有真意,欲辨已忘言。"将田园生活的淳朴宁静展现在世人面前,是农家乐、乡村度假旅游产品的极佳宣传武器,对生活在紧张节奏下的都市人群极富吸引力。

边塞诗主要描绘的我国边疆设防处,主要是我国西北部地区。边塞诗的创作主要集中在我国唐代时期,代表诗人有高适、岑参。王之涣、王昌龄、崔颢、王瀚等也留下了许多佳作。

咏史怀古诗词以史事为题,作者往往立足于山水景物,追念古昔,抒发情感。咏史怀古诗词使得普通的建筑或古迹增添了一份历史的厚重感,增加了吸引力。唐代是咏史怀古诗词大量创作的时期。初唐咏史怀古诗的两类主题:以史为鉴;借史咏怀。代表作:陈子昂的《登幽州台歌》、《燕昭王》。盛唐咏史怀古诗的特点是借咏史怀古来表达对功名的热望和积极进取的心态。代表作有王维的《西施咏》、《夷门歌》,李白的《古风》(其十)、《登金陵凤凰台》,杜甫的《蜀相》、《八阵图》。中唐咏史怀古诗的特点是借咏史怀古来表关注日益恶化的社会政治。代表作有刘禹锡的《乌衣巷》、《西塞山怀古》,杜牧的《过华清宫三绝句》、《赤壁》。唐、北宋咏史怀古词代表作有苏轼的《念奴娇·赤壁怀古》、《永遇乐·明月如霜》,贺铸的《将进酒·城下路》,周邦彦的《西河·金陵怀古》。南宋咏史怀古词风格慷慨悲壮,多借古说今,抒发北伐抗金的志向。代表作有辛弃疾的《永遇乐·京口北固亭怀古》、《水龙吟·过南剑双溪楼》,刘过的《六州歌头》。

(2)游记散文

游记散文在旅游文学作品中占据很大部分,游记作家游踪广布,他们以文学的笔法,记载游历途中所见、所闻、所感,传播了旅游信息,同时也丰富了景点内涵。优秀的游记作品就像一名出色的导游,一步步将美景呈现在旅游者面前,与旅游者倾心交流,达成共鸣。

游记作品于东晋南北朝正式产生,历经唐、宋、明、清乃至近代涌现出许许多多游记散文大家,其创作手法也日臻成熟。据考据,周代《穆天子传》,是我国最早的一部游记。其后涌现出许多优秀作品,有的临摹山水,借景抒情;有的记游喻理,抒怀写意。晋、南北朝时期的陶渊明的《桃花源记》为人们展现了一幅恬静、祥和的理想生活的画面。湖南省桃源县巧借"桃源"一词,人工建造了"桃花源",将游记的场景再现在旅游者面前,成为了旅游胜地。北朝郦道元写的《水经注》虽是一部地理专著,部分篇章对山水景色描写甚为精美,历来被视为游记散文佳作。三峡的驰名中外,很大程度上归功于《水经注》中极力描摹的三峡秀丽美景。王羲之的《兰亭集序》描写的"崇山峻岭,茂林修竹,又有清流激湍,映带左右。引以为流觞曲水,列坐其次。虽无丝竹管弦之盛,一觞一咏,亦足以畅叙幽情"不仅形象生动地描写了周围景色,其曲水流觞的故事也成了后人造亭所追求的意境。到了唐宋时期,游记散文发展臻于成熟,涌现出许多传世佳作,王勃的《滕王阁序》、陆游的《入蜀记》、柳宗元的《永州八记》、王安石的《游褒禅山记》、欧阳修的《醉翁亭记》、范仲淹的《岳阳楼记》、苏轼的《赤壁赋》《石钟山记》等。脍炙人口的作品激发了人们前往旅游的动机,大大提升了景点的知名度。例如,王勃的《滕王阁序》使南昌的滕王阁声名远扬,旅游者之多远远超过了由同一个滕王在四川阆中造的滕王阁。又如,湖北黄州赤壁因苏轼《前赤壁赋》《后赤壁赋》名声大噪。江汉一带沿江叫赤壁的地方有九处,哪一处是"赤壁之战"的"赤壁",南北朝以来一直争论不休。宋以来黄州赤壁说占了上风,真正给它扬名的,不是"周郎一炬"而是"苏子两游"。后人围绕苏轼和他的诗文,修成一个建筑群,赤壁遂成为游览胜地。清康熙年间,为了与"赤壁之战"的赤壁相区别,名此地为"东坡赤壁",或称"文赤壁"。今天一般认为,三国赤壁之战的赤壁在蒲圻,称为武赤壁。黄州因苏轼两篇赋,其名声远在武赤壁之上。明清时期,是游记散文的创作高峰期,宋濂、刘基和高启是明初文坛鼎足三分的台柱,作品有《游钟山记》、《松风阁记》、《游天平山记》。不得不提的是徐宏祖的《徐霞客游记》,它不仅是一部著名的历史著作、地理著作,还是一部优秀的文学作品。其中详尽记载了作者所到之地的民俗风情、名声物产和地理概貌,使读者在赏析作品的同时,获取了丰富的知识,仿佛神游了祖国大好河山。清代游记散文中最著名的有全祖望的《梅花岭记》、姚鼐的《登泰山记》等。

(3) 小说

"小说"一词最早见于《庄子·外物》:"夫揭竿累,趣灌渎,守鲵鲋,其于得大鱼难矣;饰小说以干县令,其于大达亦远矣。"意思是说举着细小的钓竿钓绳,奔走于灌溉用的沟渠之间,只能钓到泥鳅之类的小鱼,而想获得大鱼可就难了。靠修饰琐屑的言论以求高名美誉,那和玄妙的大道相比,可就差得远了。春秋战国时,学派林立,百家争鸣,许多学人策士为说服王侯接受其思想学说,往往设譬取喻,征引史事,巧借神话,多用寓言,以便修饰言说以增强文章效果。庄子认为此皆微不足道,故谓之"小说",即"琐屑之言,非道术所在""浅识小道",也就是琐屑浅薄的言论与小道理之意,这与我们今天所说的小说不尽相同。现在我们所指的小说,一般认为是以刻画人物为中心,通过完整的故事情节和具体的环境描写来反映社会生活的一种文学体裁。

真正的中国小说的创作是从魏晋南北朝时期开始,作品主要可分为志怪和轶事两类。志怪,就是记录怪异,受当时盛行的神仙方术之说而形成的侈谈鬼神、称道灵异的社会风气的影响之下形成的。干宝的《搜神记》可作为志怪的代表。该书收集了许多晋朝以前的神怪故事,成为一部汇编性质的小说集。其中一些优美的神话故事和民间传说,如《董永》、《三王墓》、《韩凭夫妇》等,长期在民间流传,有的还曾编成戏曲和白话小说。轶事小说的先河主要为史传文学。另外,诸子寓言和秦汉短书也可视为短篇轶事小说的发端。主要作品有裴启的《语林》、刘义庆的《世说新语》等。

唐代,用文言写的短篇小说,称为"传奇",是我国小说发展到的一个新阶段。它的出现,标志着中国古代短篇小说趋于成熟。内容上更贴近现实生活,还出现了一些专门从事传奇创作的作家。代表作品有李朝威的《柳毅传》、元稹的《莺莺传》、牛僧孺的《玄怪录》等。岳阳君山上根据《柳毅传》修建了柳毅井,成为人造的人文景观。

宋元话本是我国小说发展史上一个崭新阶段,它初步形成了中国古典小说的民族形式和民族风格,对明清白话小说的发展起了奠基作用。成就最高的作品是《碾玉观音》和《闹樊楼多情周胜仙》等。

明代小说发展大致可分为两个阶段,第一阶段是宋元话本发展到成熟,以罗贯中的《三国志通俗演义》、施耐庵的《水浒传》、吴承恩的《西游记》为代表。第二阶段出现了长篇文人创作,短篇繁兴,代表作品有兰陵笑笑生的《金瓶梅》、冯梦龙的《三言》、凌濛初的《二拍》等。这些小说广为流传,不仅在我国家喻户晓,在海外也有较高的知名度,在旅游开发者眼里,成了很好的旅游资源。例如,无锡根据《三国志通俗演义》、《水浒传》等建造三国城、水浒城等主题公园,连云港等地根据《西游记》建造西游记宫,武汉等地根据《水浒传》建造梁山寨等。将文学作品实体化、形象化,书中的所描述场景变成了具体景观以吸引旅游者。

清代是中国小说史上继明代之后又一个小说创作和传播的高峰时代,就小说的内容和形式等各方面都比明代有较大的发展与提高。杰出的代表作有曹雪芹的《红楼梦》、吴敬梓的《儒林外史》和蒲松龄的《聊斋志异》。它们的出现,标志着中国古代白话小说和文言小说艺术的最高成就。这些作品深刻久远的影响力也渗透到了人们的旅游活动中,成为了良好的旅游资源。北京、上海根据《红楼梦》场景建造了"大观园",河北正定建起了"荣宁街"。北京香山地区还建造了"曹雪芹纪念馆"。山东淄博市以《聊斋志异》为旅游资源开发核心,整修了作家故居,修建了聊斋城,还以节会友、以节为媒,先后举办了首届中国淄博国际聊斋文化旅游节、首届聊斋文化艺术品博览会、首届聊斋俚曲大奖赛、首届聊斋民间故事演讲比赛、聊斋民间艺术灯会等。

20世纪初,"小说界革命"的文学运动揭开了中国小说史上新的一页。近现代小说发展更具鲜明的现实主义色彩,涌现出鲁迅、巴金、茅盾、老舍等一批优秀作家。他们的作品也常常被旅游地用作宣传,以扩大旅游景点的知名度。

(4)神话、传说、故事

民间故事、神话传说、甚至一些名人轶事等,往往能激发旅游者的游兴,是导游讲解词的重要组成部分,对旅游地开发及宣传起到了不可低估的作用。例如,杭州西湖十景中的"雷峰夕照"、"断桥残雪"因"许仙和白娘子"的爱情故事平添了一份旅游吸引力。山西洪洞的女娲庙、绍兴大禹庙、秦皇岛孟姜女庙等都是根据神话传说建造起来的。另外还有,路南石林的"阿诗玛"石峰造型与敢于和豪强斗争的姑娘阿诗玛的故事、骊山烽火台与周幽王博爱妃一笑的故事、桂林山水与刘三姐的传说、蓬莱仙境与八仙的传说等等。名山胜水,多伴有神话传说,它们为山水带来了神秘色彩,也使得导游的讲解更为有声有色。

2. 其他各类艺术形式

(1)书画篆刻

书法是"以汉字为表现对象,以毛笔、宣纸、烟墨、砚台等'文房四宝'为表现工具,以流动的线条来传导人类情感思绪的艺术"[1]。中国书法艺术已有三千多年的历史,并逐渐形成篆书、隶书、楷书、草书、行书五大类,各具风格。神形兼备是中国书法一个重要的审美特征。王羲之、颜真卿、柳公权等都是我国著名的书法大师。其传世作品具有极大的吸引力。苏州虎丘景区,有"虎丘剑池"四个大字,据说是颜真卿所提,因"虎丘"二字经岁月侵蚀,后被刻石名家章仲玉摹钩重刻。因此,有"真剑池,假虎丘"之说。这一典故使旅游者的游兴大增,纷纷在"虎丘剑池"四字前留影。

篆刻是书法与雕刻相结合的艺术。古时,因使用者品级不同,分为"玺"、"印"、"章"三类。皇帝、诸侯使用的印章称"玺",臣子使用的称"印",掌握兵权的官员使用的称"章"。印章的形制分为阳文和阴文两种。印面文字或图案刻成凸状为阳文,凹状为阴文。印章是很好的旅游纪念品,尤为受到海外旅游者的喜爱。

中国画,即国画,因画家常用朱砂(丹)和花青,石青的青色作颜料,又常被称为"丹青"。它历史悠久,在世界美术领域,独成体系,是珍贵的文化遗产。中国画种类很多,按其所画内容大致可分为:人物、山水、花卉、禽鸟、走兽、虫鱼等。在审美上,讲究"以形写神,形神兼备",追求意境。著名的绘画作品有顾恺之《洛神赋图》、顾闳中《韩熙载夜宴图》、张择端《清明上河图》、米友仁《潇湘奇观图》等。河南开封根据《清明上河图》,按照1:1的比例,建造了大型宋代历史文化主题公园——清明上河园。该园占地面积500余亩,其中水面150亩,拥有大小古船50余艘,各种宋式房屋400余间,形成了中原地区最大的气势磅礴的宋代

---

[1] 庄志民. 旅游美学. 上海三联书店,2006:178

古建筑群,整个景区内芳草如茵,古音萦绕,钟鼓阵阵,形成一派"丝柳欲拂面,鳞波映银帆,酒旗随风展,车轿绵如链"的栩栩如生的古风神韵。清明上河园作为集历史文化旅游、民俗风情旅游、休闲度假旅游、趣味娱乐旅游和生态环境旅游于一体的主题文化公园,突出体现了观赏性、知识性、娱乐性、参与性和情趣性等特点。旅美画家陈逸飞以一幅《双桥》几乎使周庄一夜成名,1985年《双桥》油画被印上了"国际邮票节"的首日封,周庄从此走向世界,成为广受欢迎的旅游景点。

(2)雕塑

雕塑是造型艺术的一种,又称雕刻,是雕、刻、塑三种创制方法的总称。雕塑利用立体造型的特点来表现人与物,在人文景观中占据重要地位。唐代陵墓石刻群,有"三百里唐代石刻露天博物馆"之称。各陵墓都有石麒麟、石辟邪、石象、石狮、石虎、石马、石羊、石人、华表等,这些石刻作品,比例和谐,造型生动,制作精美,风格雄伟,达到了中国古代陵墓雕刻的顶峰。很多雕塑作品不仅仅是旅游景区主要的吸引物之一,它更代表着一个城市或地区的精神。如波兰首都华沙的城雕美人鱼铜像。坐落在维斯瓦河畔,拖着鱼尾的美人鱼右手持剑,左手持盾牌,像一个无畏的卫士,展现着波兰人民英勇不屈的精神。丹麦首都哥本哈根亦有美人鱼铜像,两者不同。后者是根据安徒生的著名童话《海的女儿》中人物塑造的"美人鱼"坐在海面的一块大石头上,微微低着头望着远方,似乎在默默期待着什么,又似乎陷入了深深的沉思之中。有时,雕塑作品是很好的宣传武器,它以静静的方式,向旅游者诉说着当地的历史、文化。例如,位于上海外滩浦东发展银行对面防汛墙下名为"浦江曲"的一组雕像则很好地表现了上海的昨天、今天和明天。该组雕像由三座青铜圆雕和三幅青铜浮雕组成。居中的女性雕像手托沙船模型,寓意是上海是一座港口城市,是一座开放城市。左右两座男性雕像的形态寓意表达了上海倡导的精神是开拓、奋进。三幅浮雕各自构图中心为沙船、南浦大桥、东方明珠电视塔的造型,它表现出上海在不同历史时期的特征。浮雕上都有象征上海母亲河黄浦江的飘带,象征着上海城市的建设和发展都离不开母亲河,又使三幅浮雕构图连贯紧凑。《浦江曲》浮雕上所雕画面都显示出上海人民勤劳发奋的精神和在解放后特别是改革开放中所取得的成就。

(3)戏曲

戏曲是中国传统的戏剧形式,包含文学、音乐、舞蹈、美术、武术、杂技以及人物扮演等各种因素的综合艺术。在世界剧坛上,我国古典戏曲与古希腊悲喜剧、印度梵剧并称为世界三大古剧。我国主要的戏剧有京剧、昆剧、评剧、越剧、粤剧、黄梅戏、川剧、汉剧、沪剧、淮剧、秦腔、豫剧等。各地曲艺形式多达370多种,影响较大的有评弹、相声、河南坠子、二人转、独角戏、京韵大鼓等。戏曲表演往往能为景点带来生气,渲染气氛。例如,在世界文化遗产苏州古典园林内品味昆曲,听听二胡,别有一番意味在其中。

(4)影视作品

影视作品形式多样,既包括导游式的景区景点宣传片,还包括一般的文艺影视作品。优秀的作品对景点的开发、宣传起着不可低估的作用。电影《夜宴》的取景地——安吉的"天下银坑"景区,电影《卧虎藏龙》的取景地——安徽"翡翠谷"景区,电视剧《烟锁重楼》的取景地——安徽棠樾牌坊群等都因影视作品而走红。韩国电视剧《冬季恋歌》里那个充满诗情画意的江原道滑雪场成了著名的"情人之路",该地2004年1月至9月就吸引了多达20万人次的日本观光客,相关经济收入高达近3亿美元,免税店的销售额也因此大涨15%;《情定大饭店》的取景地华克山庄喜来登酒店迎来了更多住客,收入可观。而《大长今》在韩国一炮打响后,位于京畿道杨州占地2000平方米的拍摄基地立即被命名为"大长今主题公园",对外开放。"影视+旅游"的效应可以说在《大长今》这部剧播出后被发挥到了极致,一股探寻"长今故乡"的韩国旅游潮如井喷般爆发出来,世界各国旅行社都专门开辟了"大长今"精品路线游。据韩国官方统计,在《大长今》的示范效应下,次年前往韩国的游客人数增加了15%之多。以影视作品为主题而建的主题公园,如美国的环球影视城等也很受旅游者欢迎。另外,影视作品拍摄地如浙江横店"影视城"等亦成为了旅游景点。

第二节 文学艺术旅游产品开发的注意点

如何把文学艺术旅游资源开发为受市场欢迎的旅游产品?在开发中应注意哪些问题?

文化艺术旅游产品的精华蕴涵在精神层面。旅游者对产品的感知程度、获得的满足程度很大程度上受到自身文学底蕴、价值观念、文化背景的影响,而开发者扮演的只是媒介的角色。同时,在游览过程中,旅游者带有主观能动性,可能会从不同的角度、不同的层面解读产品,得到不同的理解。因此在开发中,应注重整体环境的渲染,氛围的营造,尽可能地激发旅游者的情感,使之产生共鸣。开发者必须以作家、作品情节、真实或虚构场所以及作品思想的认同或再认识等原始文学旅游资源为根本依托,在文学旅游景观产品的具体形式、位置选择和分布、产品内容的包装组合、目标观众(游客)的选定等方面,匠心独运,进行有关生产、加工和创造。文学旅游景观产品的生产事实上是一个赋予景观文本文化意义的再创造过程。①

同时,应注意以下三点。

一、资源价值与市场价值相结合

文学艺术旅游资源的价值取决于多方因素,一些文学作品虽然艺术成就很高,但其专业性过强,其内容很难被大众旅游者接受,若开发成旅游产品也很难在市场上立足。因此,在开发过程中,应将资源价值与市场价值相结合,进行综合开发。对于知名度高、内容大众化、拟可发场所有多种吸引力且附近有其他景观、景点做依托的资源,可进行大规模的综合开发,使之适应国际旅游、国内旅游、大众旅游、特种旅游等不同的目标市场;对知名度高或内容大众化但是缺乏其他吸引力且附近无依托性景观、景点的资源,对内容十分专业化但又有一些其他吸引力和依托性景点的资源,可进行全面的专项开发,或辅之以其他吸引形式,进行主导性开发,使之吸引国内旅游、特种旅游、地方性区域旅游等不同市场;对知名度低、思想内容也欠深厚者,则可作为其他人文(或自然)景观的陪衬,进行辅助性开发,以增加一个旅游景区的总体吸引力②。

二、提高导游服务质量,提供多媒体引导设施

导游讲解贯穿于整个游览过程,导游讲解的水平,引导路线的合理性等,很大程度上影响了旅游者对产品的满意程度。在文学艺术类旅游产品中,导游员应具备相关的背景知识,帮助旅游者欣赏产品的美、感受其所蕴涵的艺术感染力、领会其深刻内涵。另外,多媒体的引导设施是自助游客的良好向导。给旅游者留下了更多的自由空间,使其在更宽松的环境中享受文学艺术与景观交融的美。

三、增加文化艺术旅游产品的大众参与度

文化艺术旅游产品与其原始蓝本不同。前者是产品,后者是作品。我们在注意社会效益、文化内涵和景观文学意义的创造性之同时,还应注意产品开发的经济效益。开发体验性旅游项目,使文学艺术旅游产品更多地获得大众旅游者的喜爱。例如,从重庆开往上海的豪华游轮推出文学旅游专题路线——"长江故事馆"。这条旨在诠释长江沿途动人传奇故事的旅游线路——"长江故事馆"以豪华游轮为平台,途经重庆、乌江、长江、三峡大坝、五级船闸、庐山、景德镇、黄

---

① 肖洪根.再论文学旅游资源的开发.华侨大学学报(哲学社会科学版),1998,(3):117
② 肖洪根.再论文学旅游资源的开发.华侨大学学报(哲学社会科学版),1998,(3):119

山、九华山、南京、扬州、镇江、上海等十多个港口、四十多个景点,整个行程历时十一天,涵盖了长江干流十多个最动人传奇故事的发生地。旅游者既可获得前往传说诞生地的实际游览体验,又可享受到中国知名曲艺表演艺术家登台献艺,以高雅艺术形式来重新演绎这些浪漫的爱情故事。又如,中国楹联学会和"中国楹联文化城市"(南昌)举办了楹联文化艺术节,不但吸引了众多旅游者,城市的知名度也提高了。

重点概念

文学艺术旅游资源

复习思考题

1. 文学艺术旅游资源的定义是什么?
2. 文学艺术旅游资源的开发意义有哪些?
3. 构成文学艺术旅游资源的要素有哪些?
4. 非实体景观资源主要有哪些?
5. 请结合实例,谈谈文学艺术旅游产品开发中应注意哪些问题。

主要参考文献

1. 肖洪根.再论文学旅游资源的开发.华侨大学学报(哲学社会科学版),1998,(3)
2. 王军华,王磊.试论我国文学旅游资源的概念及分类.鄂州大学学报,2005,12(2)
3. 杨秀玲,王军华.试论我国文学艺术旅游资源的开发.开封大学学报,2005,19(2)
4. 张维亚.文学旅游地的遗产保护与开发——南京夫子庙李香君故居和王谢古居案例研究.旅游学刊,2007,22(3)
5. 丁晨.论文学的旅游价值与文学旅游资源的开发.湖南社会科学,2006,(2)
6. 朱湘晖.试论古代山水文学作品的导游作用.江西师范大学学报(哲学社会科学版),2000,(2)
7. 陶少华.体验经济是脚下的文学旅游发展策略——以文学作品的旅游开发为例.桂林旅游高等专科学校学报,2006,17(3)
8. 周志永.旅游与旅游文学的关系思考.河南社会科学,2003,11(6)
9. 蒋益.论旅游文学的特征.长沙大学学报,1998,(1)
10. 吕鹤剑.浅谈中国旅游文学.渭南师范学院学报,2005,20(3)
11. 朱坤.论旅游文学的基本特征.池州师专学报,2004,18(4)
12. 熊鹏.浅论旅游文学对发展旅游业的作用.中共南京市委党校南京市行政学院学报,2006,(4)
13. 王柯平.旅游审美与山水旅游文学泛言.北京第二外国语学院学报,1998,(4)

14. 赵晓惠,胡晓.试论旅游文学与旅游市场营销.云南社会主义学院学报,2002,(2)
15. 甘枝茂,马耀峰.旅游资源与开发.南开大学出版社,2005
16. 周健,甄尽忠.中国旅游文化.郑州大学出版社,2006
17. 康玉庆.中国旅游文化.中国科学技术出版社,2005
18. 邱德玉.中国旅游文化.科学出版社,2006
19. 肖星,严江平.旅游资源与开发.中国旅游出版社,2000
20. 骆高远,吴攀升,马骏.旅游资源学.浙江大学出版社,2006
21. 李瑞,王义民.旅游资源规划与开发.郑州大学出版社,2002

第七章 民俗风情资源开发

学习目的

民俗风情旅游正成为现代旅游产品中不可或缺的一部分。通过本章的学习,要求明确民俗旅游资源的定义,了解目前主要的民俗旅游产品。理解民俗旅游开发过程中关于文化真实性与文化商品化的问题,关注民俗文化的可持续发展。

主要内容

- 民俗风情资源概述
  民俗的定义 民俗旅游的定义
  民俗旅游资源的定义
  民俗旅游资源的类型及特征
- 民俗旅游产品主要形式及其开发
  目前民俗旅游产品的主要形式
  民俗旅游开发中的主要问题与对策

民俗,是创造物质财富和精神财富的广大中下层劳动人民在生活中创造并长久承袭下来的风俗习惯。它是一个民族历史文化的沉积。作为一种无形文化资源,其在旅游业中的价值正日益显现出来。一个国家的民族性格越鲜明、历史氛围越浓郁、地方差异性越大,就越能吸引来自异国异域的旅游者前来旅游。

第一节 民俗风情资源概述

一、民俗的定义

不同的国家、地域,因其自然环境、历史发展、民族信仰等不同,形成了千姿百态的民俗。不同时期的学者们对于民俗的定义也存在不同的表达。英国学者威廉·约翰·汤姆斯(William John Thoms,1803—1885)在 1846 年提出民俗泛指民众的、民间的(folk)知识和学问(lore),引起了英国学术界的轰动。1927 年我国广州中山大学办了名为"民俗"的刊物,从此,"民俗"一词在我国逐步得到社会各界的广泛承认和运用。

巴兆祥认为:民俗是在人类历史的发展过程中,一定的群体为适应生产实践和社会生活而逐渐形成的,并以民族的群体为载体的,以群体的心理结构为依据的,表现在广泛而富情趣的社会生产与生活领域的一种程式化的行为模式和生活惯制,是一种集体性的文化沉积,是人类物质文化与精神文化的一个最基本的组成部分。它创造于民间,传承于社会,并世代延续承袭[①]。

刘秀梅在《中外民俗》中写到:民俗即民间风俗,是直接创造物质财富和精神财富的中下层民众在社会生活中传承并相沿成习的生活模式,是一个社会群体在语言、行为和心理上的集体习惯[②]。

乌丙安《中国民俗学》对民俗给出的定义为:民俗是世代传袭下来的、同时继续在现实生活中有影响的事象,是表现在人们的行为上、口头上、心理上的事象,是反复出现的深层次文化事象[③]。

综上所述,民俗指创造物质财富和精神财富的广大中下层劳动人民在生活中创造并长久承袭下来的风俗习惯。它包括生产与生活习俗、游艺竞技习俗、岁时节日习俗、礼仪制度习俗、社会组织习俗、民间文学艺术等。

二、民俗旅游的定义

民俗旅游是旅游中的一种类型,指旅游者被异域异族独特的民俗文化所吸

---

① 巴兆祥.中国民俗旅游.福建人民出版社,1999:4
② 刘秀梅,高照明.中外民俗.郑州大学出版社,2006:2
③ 乌丙安.中国民俗学.辽宁大学出版社,1985:7

引,离开常住地前往异域体验异文化以满足自身旅游审美意愿的旅游现象。民俗旅游客体即民俗旅游资源,与民俗旅游主体即民族旅游者分属于不同的民族、不同的文化氛围,这种地域和文化差异性就构成了一种旅游资源[①]。

民俗旅游本质上体现了一种跨文化的交流与体验。这里有两点需要明确。

第一,民族文化是民俗旅游的主要吸引物。"地域和文化的差异性是旅游产生的核心动因"[②]。旅游主体,即旅游者正是为了满足其求新求异的心理去探寻异域文化,因此具有鲜明民族特色的,反映异族物质、生活文化的民俗旅游产品才具有生命力。

第二,民俗旅游主要发生在少数民族地区,但并不可以把民俗旅游简单视为少数民族地区旅游。民俗旅游产品具有可移植性,在许多城市里所见到的民俗文化村、民俗文化主题公园等亦属于民俗旅游产品。

三、民俗旅游资源的定义

自然界和人类社会凡是能对旅游者产生吸引力,可以为旅游业开发利用,并可以产生经济效益、社会效益和环境效益的各种事物和因素都可视为旅游资源[③]。按旅游资源的性质分,旅游资源可分为自然旅游资源、人文旅游资源和其他旅游资源三大类。

民俗旅游资源归属于人文旅游资源范畴。是指以民俗文化为核心,对旅游者具有吸引力并在一定条件下可以为旅游企业所利用,产生经济效益和社会效益的各类民俗事象的总和。由此定义,我们可以明确以下几点。

(一)民俗旅游资源依附于民俗文化而存在

民俗旅游资源是民俗文化中对旅游者具有吸引力并在一定条件下可转化为旅游产品的部分。在漫长的历史进程中,少数民族形成了各具特色的民俗文化,旅游者通过参观、参与等形式了解、熟悉异域异族文化以满足其求新求异的心理。没有了丰富多彩的民俗文化,民俗旅游文化也就成了无源之水、无本之木。

(二)民俗文化和民俗旅游资源的运行机制和运行目标不同

民俗文化来源于生活,是历史进程中,一个国家、一个民族或一个社会群体在生产实践以及社会生活中创造并传承的物质财富和精神财富的总和,是一种较为稳定的文化生活。民俗文化不是为了旅游而存在,其主要是为了民族的延续和发展。而民俗旅游资源的运行目标离不开经济效益方面的考虑。因此,民

---

① 刘辉.旅游民族学.民族出版社,2006:41
② 李蕾蕾.跨文化传播及其对旅游目的地方文化认同的影响.深圳大学学报(人文社会科学版),2000,(2):95—99
③ 地理研究所.中国旅游资源普查规范.中国旅游出版社,1992:3

俗文化按照文化特有的机制运行,沿着历史所提供的特定条件和环境发展、演变;而民俗旅游资源的开发、经营则不得不考虑市场经济的游戏规则。在旅游开发中,往往根据市场的需求而对原有的文化资源进行"加工"、"再生产",这时,呈现在旅游者面前的"传统"已经不是原来意义上的传统,而是在面对"全球化"过程中本土文化的重构和表达[①]。由此,民俗旅游资源开发与文化的本真性问题成为了民俗旅游开发研究中的一个核心问题。

四、民俗旅游资源的类型及特征

民俗旅游资源是民俗文化中对旅游者构成吸引力的一部分,结合民俗的分类,可将民俗旅游资源分为以下三大类。

(一)物质民俗旅游资源

包括民俗中对旅游者具有吸引力的民居、饮食、服饰、生活及生产用具、民间工艺品等。其往往能够以静态实体的形式被开发成旅游产品,旅游者通过参观、品尝、购买等行为满足内心的审美要求,并能开阔眼界、增长知识。安徽黟县西递村、宏村、民俗博物馆、民俗文化物品展示等都属于对这一类型资源开发而得的旅游产品。

(二)精神民俗旅游资源

包括民俗中具有地域色彩的民间信仰文化、民俗禁忌、敬神祭祖信仰、民间哲学伦理观念等部分的民俗文化。它是一种"隐形文化",往往难以以实体的形式被开发成具体的旅游产品,也很难在较短的时间内被旅游者所感知。但精神民俗是民俗的灵魂,开发一个地区的民俗文化产品时,应充分把握其显性文化背后的隐形文化,这样才能使旅游产品具有长久的生命力。

(三)社会民俗旅游资源

包括人生礼仪(婚丧嫁娶、诞生礼、成年礼等)、岁时节日民俗、民间娱乐习俗(民间游戏、体育竞技、杂艺等)以及民间艺术(民间舞蹈、歌谣、曲艺、方言、美术、手工艺技能等),其往往能够以动态活动的形式被开发成旅游产品,旅游者通过参与活动,感受特定的民俗文化氛围。身临其境的体验使旅游者获得难以忘怀的美好回忆。一些民俗文化村中的舞蹈表演、河南清明上河园中的"抛绣球"活动、山东潍坊的风筝节、民俗村中"泼水节"活动等都是对于这一类型旅游资源开发而得的旅游产品。

不过,无论从哪个角度对旅游资源进行分类都是相对的,我们所接触到的旅游产品可能是对旅游资源的综合运用。一般来说,一个旅游产品中旅游资源运用

---

① 刘辉.旅游民族学.民族出版社,2006:52

得越多、各资源间相互协调得越好,该产品的开发潜力也就越大,受欢迎的可能性越高。例如,深圳的"锦绣中华"主题公园这一旅游产品,它既包括了反映各类少数民族文化习俗的实体景观也有精彩纷呈的民俗歌舞表演节目。又如风筝是民间手工艺品,属于物质民俗旅游资源,而放风筝则是饶有民趣的民俗活动,以放风筝为主题展开的山东潍坊的"风筝节"成为了深受人们欢迎的民俗旅游产品。

民俗旅游资源的基本特征有以下几点。

(一)地域性

"一方水土养一方人",由于历史发展进程、生存地域、生活条件等方面的不同,各民族的生产及生活方式具有明显的差异性,呈现出不同的物质民俗、精神民俗以及社会民俗,逐渐形成了专属于民族的特有文化。这种民俗文化对于旅游者来说有一定的距离感、陌生感、神秘感,激起了旅游者内心求新求异的旅游动机,使得部分民俗资源具有旅游吸引力并被旅游开发成为民俗旅游资源。

(二)多样性

一方面,民俗旅游资源的地域性使得其同时呈现多样性的特征。我国有着56个民族,不同民族、不同区域有着不同的民俗文化,使得民俗旅游资源成为一个内涵丰富的集合体,满足不同旅游者的需求。以民居建筑为例,不同地域由于其自然环境、气候条件、历史文化背景等不同,民居建筑呈现出多种多样的民族特点,如汉民族的陕北窑洞和北京四合院、蒙古族的蒙古包、傣族的竹楼等,对旅游者产生不同的吸引力,充分体现了民俗旅游资源的多样性特征。另一方面,民俗旅游资源所包含的内容相当广泛,物质民俗旅游资源就包含了民居民俗、饮食民俗、服饰民俗、民间工艺品民俗等,对不同需求的旅游者产生吸引力。

(三)综合性

民俗旅游资源的各方面不是相互独立的,而是有机的结合体。其作为民俗的一部分,也是一个国家、一个民族或一个社会群体在漫长的历史进程中创造、享用并传承的一种较为稳定的生活文化。它渗入生活的方方面面,并以不同的方式表现出来。不能简单地将一种民俗旅游资源单独来分析。例如,"窗花"是富有特色的民俗手工艺品,它可视为物质民俗旅游资源,成为受人们欢迎的旅游纪念品。但是,开发时必须看到其背后孕育的民族精神,不同的图案表达着人们不同的心愿、祝福,有时也是对辛劳的劳动人民的赞颂。看到了这一点,在旅游产品的开发宣传上就会有新的突破。

(四)稳定性

民俗旅游资源的稳定性表现在两个方面:一方面,其属于民俗文化的一部分,而民俗文化体现着某个地域、某个民族绝大多数人的集体意识,一旦形成,便会长期相对固定下来,成为人们日常生活的一部分,改变起来很困难。另一方面,民俗旅游资源较其他一些旅游资源而言,其季节差异性较小。尽管就某一民俗事象而言,可能存在着季节变化,如洛阳牡丹盛会就在四月举办,其他季节则不可能。但从全国的整体看,民俗无处不在、无时不在,民俗旅游资源受季节影响较小。

（五）易逝性

民俗旅游资源的易逝性表现在三个方面：第一,同其他旅游资源一样,若在开发和利用的过程中处理不当,就会影响其本身的吸引力,有时甚至会对资源本身造成破坏甚至资源消失。第二,民俗作为一种世代相传的事象会随着历史进程、经济条件不同、生活状态改变等而改变,一些原有的民俗虽然对旅游者具有吸引力,但随着时间的推移渐渐在人们的生活中淡出了,也就很难被开发成相应的旅游产品。第三,民俗旅游资源的"独特"之处正是其"脆弱"之处,在旅游的发展过程中,原有的民俗文化会不断受到来自旅游者强势文化的冲击而不断趋同,其原有的特色不断减少。渐渐地,对旅游者的吸引力就减少了,不再成为旅游资源。

第二节 民俗旅游产品主要形式及其开发

一、目前民俗旅游产品的主要形式

旅游民俗产品作为旅游产品的一部分,具有一般旅游产品的性质。一般认为,旅游产品可分为总体旅游产品和单项旅游产品两个层次。总体旅游产品是指以在旅游目的地的活动为基础所构成的一次完整的旅游经历,也就是指旅游目的地为满足旅游者需要而提供的各种旅游活动接待条件和相关服务的总和。这些条件,包括有形物质条件和非物质条件;服务部分包括商业性服务和非商业性服务。单项旅游产品指旅游企业所经营的设施和服务,一般包括旅游线路、在旅游线路上的行住食游购娱以及信息各项活动和服务,还包括旅游全过程中的导游服务,其具有综合性的特点。

从民俗旅游资源的类型和基本特征来看,一个成功的民俗旅游产品应具有综合性的特点。具有生命力的旅游产品应该是建立在对多种资源的合理融合与科学开发的基础之上的。我们只能以其主要侧重点将其归类,以分析其存在的问题、探索其发展之路。同时,旅游产品的开发也必须以旅游者的兴趣、价值取向等为依据,针对不同的旅游需求,推出不同的旅游产品。在此原则下,笔者将目前已开发的民俗旅游产品按照旅游者的参与度不同进行归纳总结。

(一)民俗博物馆类

偏静态的民俗旅游产品主要以民俗博物馆为代表,还包括在各民俗村、民俗旅游景点内的民间用品展示等。其通过征集、收藏、展览等形式,向旅游者展示不同时段、不同民族特有的生产工具、生活用品、民族服饰、民间工艺品等,其主要功能是教育、研究和传播文化。旅游者可通过细致观察,也可通过导游或讲解员获知更多展示品背后的历史典故,对所游览之地的历史文化渊源有更深入的了解,开阔眼界、增长知识。此类旅游产品的主要客源是那些希望在旅游的过程中获取知识,了解更多少数民族文化的旅游者,也包括那些专门从事研究工作的学术人员和教育者。学生群体以及希望在旅游过程中更好地教育子女的家长也倾向于选择此类旅游产品。

此类偏静态的民俗旅游产品往往会因其展览形式雷同单调,展品中复制品较多而对旅游者吸引力降低。因此,对于此类旅游产品应结合动态开发的思路,使展示馆"活"起来。例如,可以利用现代高科技手段,将民俗风情介绍拍成介绍短片或类似木偶剧之类的表演,使旅游者获得视觉、听觉、嗅觉等全方位感受,也能吸引更多学生游客;在展馆中进行现场民俗技艺表演,形象地向旅游者展示一些展品的使用方法等。例如:浙江西塘旅游景区内的民间纽扣展示馆中除了各式纽扣的展示,还设立了纽扣制作小作坊,聘请当地的手工艺者现在制作纽扣赠送给旅游者。旅游者可以对整个纽扣的民间制造过程有全面的感官体验,还可以获得一枚现场制作的纽扣,其兴趣非常浓厚。小小的民间纽扣展示馆成了西塘景区不可多得的好去处。还可以聘请一些专家学者,定期或不定期地进行专题报告,以提高知名度。例如,深圳民俗博物馆采取兼职式客座的形式,联络一些专家,对民俗学、民族学、社会学、美学等相关学科进行研究,出刊物、办讲座,召开学术会议,提高博物馆的社会知名度,力争成为中国民俗文化的资料中心和研究中心。[①] 其他比较成功的例子还有,云南民族博物馆、山西乔家堡博物馆、浙江省的南宋官窑博物馆等。

(二)主题公园类

此类旅游产品主要是指,在经济发达、客源市场广大、旅游需求旺盛、交通便利的大中城市郊区(通常已不是少数民族地区),将一定地域范围内的少数民族的建筑、服饰、歌舞等集中于一个主题公园内表现出来。[②] 主题公园是一种将静态旅游资源与动态旅游资源结合较好的旅游产品。静态的人造景观具有一定的稳定性,为旅游者营造特定主题下的静态景观;动态的景观设计及公园内的游艺

---

① 骆高远等.旅游资源学.浙江大学出版社,2006:194
② 刘辉.旅游民族学.民族出版社,2006:256

活动、歌舞表演等节目可不断推陈出新，从而满足旅游者娱乐为主、求新、求异的心理。另外，现代高科技手段的运用，使许多游园项目变得更惟妙惟肖，为旅游者创造了动人心魄、令人震撼的场景，使旅游者能够从多方面立体地感知民俗文化。此类旅游产品主要的客源是生活在城市中工作较繁忙，闲暇时间较少的人群。一方面，他们没有很多的时间和精力去少数民族地区直接感受民俗风情；另一方面，他们大多倾向于参与性、娱乐性较强的旅游项目，以在娱乐中领略多彩多姿的民俗文化风情，缓解生活压力，获得满足感。

文化内涵是主题公园的灵魂，而丰富多彩的游园活动、表演与静态建筑物间的完美结合才是主题公园的长胜之宝。主题缺乏民俗精神作为依托，盲目扩大占地规模；园内缺乏娱乐活动贫乏单调或千篇一律没有特色；景观设施陈旧缺乏特色等都会降低其吸引力。在民俗文化主题公园中，比较成功的例子有深圳华侨城主题公园。其是由1989年建成的"锦绣中华"、1991年建成的"中国民俗文化村"以及1994年建成的"世界之窗"等大型人造主题公园组合而成的著名旅游区。其中"锦绣中华"是我国不同历史时期的民族建筑及民俗风情组成的微缩景观。在园中，旅游者可以在饮食一条街上品尝各式民间美味佳肴，也可以在商业区内购买各类民间工艺品及土特产，还可以观赏到民间手工艺制作表演、民间歌舞表演以及民间绝活绝技表演等。静态景观与动态活动完美结合，使之游客络绎不绝。

（三）民俗文化村类

该类旅游产品主要指以少数民族地区有典型代表性的单个村寨或重建一个民俗村寨的形式开发的民俗旅游产品。其特点是在民俗文化原生地将分散于人们生活和生产过程中的民俗资源整合到一起，集中展现，使之更具自然真实感，旅游者不仅可以看到原汁原味的民居建筑，还可以近距离接触当地少数民族居民，获得更为真切的满足感。此类旅游产品主要吸引的旅游者是希望通过实地旅游获取更纯正的民俗风情体验的旅游者。那些原始建筑保留较好、具有自然朴素色彩的民居、饮食、民间手工艺品等能较好地满足旅游者欣赏和体验民俗文化的需求。

此类旅游产品在开发的过程中要特别注意可持续开发原则，保护当地原有的自然风景与民俗事象，保障当地居民的生活起居，处理好当地居民在旅游开发中所占的角色。一味地强调商业开发不仅会使当地的民俗风情庸俗化，失去旅游吸引力，还会威胁到当地民族的文化传承，使之被同化甚至消亡。较为成功的例子有坐落在贵州省距凯里市27公里的苗民小寨——朗德。1987年建成，是我国第一座少数民族村寨博物馆。有着六百多年历史的自然村寨，朗德上寨四面环山，村前是一条清澈见底的溪流。其民居依山而筑，为木质结构吊脚楼。当地人保持着古朴的原始生活习俗,包括酒礼酒俗、过苗年、吃新年、走客闹寨等,其传统的民间艺术如歌舞与挑花刺绣等也极具旅游吸引力。旅游者可以欣赏优美的自然景观、苗族独有的木吊脚楼建筑,参加当地的歌舞表演、爬坡,喝迎宾酒、对歌、赛马等活动,还可以购置土特产、当地村民自制的旅游纪念品。朗德上寨自对旅游者开放以来收到了良好的经济效益和社会效益,成为享誉海内外的"中国民间歌舞艺术之乡"。

(四)节事活动与民间游娱活动类

1. 节事活动

节事活动指一次性或定期举办的以节日庆典为核心吸引力,营销或提升目的地特殊旅游活动形式。节日庆典活动往往积淀了丰厚的地方文化内涵,并且具有很强的参与性、娱乐性,因此,事件活动的规划者常常试图创造一种节日或庆典的氛围,以引起更广泛的关注和吸引更多的游客,甚至是形成一种再造的"传统"[①]。节事活动具有很强的参与性与娱乐性,对旅游者的吸引力极强。游客通过参与或半参与的方式,获得亲身体验,并留下深刻难忘的回忆。在节事活动所营造的特定民俗文化的氛围中,得到更多的愉悦与陶冶。因此,在民俗旅游产品中,节事活动更具有它举足轻重的地位。其主要有两种表现形式。

第一,直接开发相关节事活动使之成为独立的、较为综合的旅游产品。例如,上海"唐韵中秋"这一节事旅游产品,取得了良好的社会反响。其立足于中华民族的传统节日——中秋佳节的习俗和场景,做足、做活赏桂花、尝月饼、品桂花酒的喜度中秋文章,将高贵典雅、文化底蕴深厚的盛唐文化进行精心的时尚包装,大型舞台唐装秀、火树银花游园会、游客盛装星光道等中秋联欢活动有机融合,成为一项吸纳中外各界名流、上海市民及海内外旅游团队共同参与的特色旅游产品。活动中,穿着传统唐朝服装的流动表演"商贩"将营造"贞观市街"历史氛围,游客也可以身穿唐装等自己喜爱的中华古典服装入园,欣赏绚丽的大型舞台唐装秀展,或是参加各种具有特色的民间活动,"太白捉月"、"十五柱球"、"玄宗击鼓"、"吴刚折桂"、"后羿射日"、"升官图"、"银蛇拼图"、"月下颠轿"等。另外,上海的"迎新年,撞龙华晚钟"活动,上海城隍庙举行的"闹元宵"活动等都属于此范畴。

第二,融入其他民俗旅游产品,提高产品的参与度,使之"活"起来,吸引更多的旅游者。例如,在许多民俗文化村以及民俗文化主题公园内看到的"泼水节"活动,"抢婚"活动等。它并不局限于民俗节日特定的时间,只是作为一种民俗活

---

① Getz, D. 2000. Event; Event Management; Event Marketing. In Jafari J. Encyclopedia of Tourism. New York: Routleledge

动的展示,使旅游者能够在旅游过程中感受少数民族的特色节日活动,增加旅游产品的娱乐性,同时也可以使旅游者获得更多对特定民俗的感性认识。上海世纪公园曾举办过"春之韵"民俗活动民俗游园会,来自我国七个城市一百多名演员多姿多彩的表演展示了中国民间的地方过年风俗,有流行于民间社火活动中的"高跷"和"耍狮子"表演,来自兰州声势浩大的太平鼓;流行于山西、甘肃地区的高空打秋千表演,也有中国民间街头歌舞表演"北京走会"……旅游者络绎不绝,反响良好。

此类旅游产品在开发过程必须以文化为依托,避免"民俗风情庸俗化"与"粗糙开发"的问题。在一些民族风情园或民俗旅游点以婚俗为名进行一些不健康的活动,这些特殊的活动也往往以其额外的收费而成为服务人员关注的焦点,那些具有优秀民族文化特色的旅游节目和内容反被搁置一旁或草草演示。我们也看到在一些主题公园内,演员穿着苗族的上衣、侗家裤、表演傣族的民俗节日舞蹈。不重视民俗文化内涵,粗糙地模仿或伪造民俗节事活动,必定是苍白空洞的,生命力不会长久。

2.民间游娱活动

游娱民俗包括民间文艺活动、民间游戏、体育竞技等文化娱乐活动。游娱活动具有其独特的娱乐性、参与性、刺激性特征,它不仅能够丰富旅游产品内容,还能增加旅游趣味性,对游客具有极大的吸引力。

我国各民族游娱民俗绚丽多姿,有歌舞、乐器伴舞、民乐、拔河、赛龙舟、斗鸡、丢方、庙棋、走高跷、放风筝、打腰鼓、舞龙舞狮等。无论是对某一游娱项目的单独开发还是将其作为一个综合旅游产品中的小项目,都具有极大的吸引力。旅游者在参与过程中,会得到身心放松,缓解压力,获得愉悦的体验。较为成功的例子有山东省潍坊市的风筝节。潍坊人民充分利用历代善制风筝、喜放风筝这一民俗事象,开发了山东潍坊风筝节,吸引了成千上万的国内外旅游者,带动了潍坊市外贸、工艺、餐饮、服务等行业发展。潍坊还建起了我国第一所风筝博物馆,该市成为世界著名的"风筝之都"。

3.其他

(1)民俗技能及服务表演

此类旅游产品主要是指现场展示民间手工艺、技能绝活以及民俗特色服务等。它可以结合旅游纪念品的开发,成为有效的营销方式;亦可以成为博物馆等静态展览中的动态亮点,增加原旅游产品的可参与性,提升其吸引力要素。它丰富了民俗旅游产品的内容,营造出浓郁的民俗环境与氛围。云南推出的白族欢迎宾客的"三道茶"服务,就是一个比较成功的例子。第一道为"苦茶",寓意万事开头难,年轻时应艰苦创业;第二道为"甜茶",寓意苦尽甜来;第三道为"回味茶",寓意人到老年,回顾一生经历,必然诸般滋味俱上心头。这"三道茶"非常富有人生哲理。旅游者在享受当地人为其沏的三道茶的同时,了解其中所蕴涵的民俗文化精神,使其更深刻地领悟旅游产品的文化内涵,对旅游的满意度有所提升。另外,北京的清宫仿膳服务,杭州宋城内的"民间剪纸"、"捏糖人"技艺表演,陕西的唐乐演奏,工作人员均身着民族服饰,并按民俗礼仪程序提供服务,深受国内外游客的欢迎。

(2)民俗旅游纪念品

民俗旅游纪念品是具有典型地方特色的旅游吸引物,使民俗旅游产品中不可缺少的一部分。它不仅是招徕客人的有效方式,也可以增加当地居民经济收入和地方财政收入,发展地方经济。少数民族独具特色的手工艺品、纺织、蜡染、珠宝玉器、雕刻艺术等都可以被开发成极具吸引力的旅游纪念品,但目前的旅游纪念品市场中还存在一些粗制滥造、缺乏特色的产品,甚至是赝品、伪劣商品欺骗旅游者。在旅游纪念品开发时,质量保证是其首要条件,同时以下几点也是民俗旅游纪念品开发中值得参考的地方。

第一,文化为内涵,特色是核心。

商品并不是纯物质的对象,它含有观念性的东西。当人们买进商品的时候,他们不仅仅是使用,同时也接受了一种文化观念。同理,当人们生产出一种产品并兑现了这种产品的价值时,他们也相应地是在生产并推销一种文化观念。[①]挖掘地方特色的生活习俗、传统艺术、民间手艺,以微缩加工、仿制或现做现售等不同形式推出旅游纪念品,不仅使旅游者获得了当地"固态的文化"纪念,地方民俗文化也在此过程中得到了保护与交流。缺乏当地特色,千篇一律的旅游纪念品缺乏生命力,最终会被市场所淘汰。

第二,传统与现代巧妙结合。

首先,旅游纪念品表现的是传统的民间风俗,但在制作工艺上可以采取现代的科学技术,使之更符合现代人的要求。比如,作为山东沿海地区特色食品的海带,在传统制作工艺中腥味很大,携带过程中往往会污染其他物品,游客望而却步。然而,通过现代工艺加工而成的金枪鱼海带卷,配以新鲜海鱼、精肉等原料,去除了海带本身含有的腥味,成为当地有名的民俗旅游商品。其次,旅游纪念品可结合现代人的需要,使其在具有审美价值的同时,拥有某些实用价值以吸引更多的旅游者。

第三,注意纪念品的包装。

一是,要便于携带。旅游者在游程过程中一般会倾向于选择便于携带的旅

---

① 马翀炜.民族文化的资本化运用.民族研究,2001,(1):18—28

游纪念品,因此包装上要尽量做到轻便,最好是防震、防水、耐压。二是,包装尽量结合产品特色或地方特色,小巧精致。旅游者购买纪念品除了自己欣赏外,更多的是馈赠亲朋好友。具有地方特色、美观别致的包装会得到旅游者的青睐。三是,包装要与纪念品的价值相呼应。切勿一味追求包装而本末倒置。

二、民俗旅游开发中的主要问题与对策

(一)民俗旅游目的地的可持续发展问题

这里所讨论的民俗旅游目的地主要指少数民族地区,作为民俗旅游的活动中心,开发旅游为其传统文化的保护与发展提供了经济支撑,但同时也带来了环境污染、民俗文化过度商业化等问题,如何在民俗旅游目的地进行可持续开发成为人们日益关注的问题。

可持续发展(Sustainable Development),自20世纪80年代提出以来得到了国际社会的广泛共识。其是指,既满足当代人的要求,又不对后代人满足其需求的能力构成危害的发展。对于少数民族地区而言,就是要保护其自然环境与历史文化、合理开发,使得当地人从旅游开发中获得的利益最大化。

少数民族地区的文化是其发展旅游的原动力与关键,在开发旅游的过程中,首先要做好文化的保护工作。

旅游是一种跨文化交流,旅游者在旅游观光、学习旅游目的地文化的同时也把自己国家的文化带给了当地人,潜移默化中影响了当地的社会文化的发展。一般而言,旅游者来自较为发达的国家和地区,他们带来的经济文化上的优越感可能会引起当地人的盲目崇拜与效仿,尤其是当地的年轻人放弃原来的价值观、审美观,追求现代化的生活,使得当地的文化得不到很好的传承;另一方面,旅游带来可观的经济利益可能会导致当地人重利轻义的不良风气,为赚取旅游者手中的钱,肆意破坏历史文化遗迹;生产千篇一律、质量较差的旅游纪念品;有的甚至将当地文化中的糟粕当精华拿来开发,严重破坏了当地文化的发展与传承,也破坏了旅游目的地在旅游者心中的形象。因此,在少数民族地区开发民俗旅游,必须要做到保护与开发同步,坚持可持续发展原则。

必须区分少数民族文化与民俗旅游资源,保护少数民族文化。

如前文所阐述的,少数民族文化是历史进程中,一个国家、一个民族或一个社会群体在生产实践以及社会生活中创造并传承的物质财富和精神财富的总和,是一种较为稳定的生活文化。而民俗旅游资源只是少数民族文化中对旅游者具有吸引力的部分。民俗文化按照文化特有的机制运行,沿着历史所提供的特定条件和环境发展、演变;而民俗旅游资源的开发、经营则不得不考虑市场经济的游戏规则。分清了这个概念,开发时就会有的放矢。我们要开发的是民俗

文化的一部分,按照市场运作的方式营造符合市场口味的旅游产品,而不是将所有的民俗文化都纳入旅游开发的范围。戈夫曼曾提出了"前台"与"后台"的观点,我们说民俗旅游资源是被放在"前台"进行表演的产品,那么民俗文化则是其强大的"后台"。马康纳说,为了保证前台表演的"真实性"和"可信度",就必须保证后台的"封闭性"和"神秘感"。"后台"必须是个较为封闭的空间,在旅游开发中,我们要保持"前台"与"后台"之间的距离感,设立旅游镇或旅游发展点循序渐进地开发,而不要盲目地将整块少数民族地区纳为旅游区。在旅游镇或旅游点中,设立较为现代化的旅游服务设施,发展住宿业、交通通信业等。由此获得的利益可用于少数民族地区的保护与发展。这样,一方面方便旅游者,使旅游者获得更为便捷的旅行生活的保障,又能欣赏开发较为完善的旅游产品;另一方面也保护了更为广大的少数民族地区,尽量减少其受到来自旅游的强烈冲击,使其在循序渐进的过程中得到发展。

少数民族地区居民对旅游的态度在很大程度上影响到旅游目的地的可持续发展。因此,在旅游的可持续开发中,必须注意保护少数民族地区居民的利益,以引导旅游规范化发展。1992年,美国Texas A&M大学的John A. P.发表了一篇探讨社会交换理论在解放旅游影响作用机制方面的论文,他结合各种社会交换理论的基本概念和因素,试图理解居民与旅游者之间的动态相互关系,具有较好的指导意义[①]。模型基本假设有四个,即:①社会关系中存在社会当事人之间的资源交换关系;②社会当事人在交换关系中寻求相互利益;③涉及居民知觉的初始交换动机是改善地区的社会经济面貌;④从居民的知觉及态度可以预测他们的行为。模型基本概念:①知觉:指居民对旅游活动的情绪反映,而不是态度。知觉与态度有时可以相互替换,区别在于知觉是归结于某个客体,对某物体而言的含义,而态度则表示人们对已有情绪的承受及向某个目标行动的趋向。在居民与旅游者的情景关系中,使用知觉较合适,因为居民不需要足够的知识或承受与之相关的情绪。②当事人:即交换参与者。在居民与旅游者环境中,当事人可能是某个人或团体,如当地居民、工人、企业家、城镇官员、街道委员会、旅游者、旅游机关、发展商、环保人员或投资者。交换有四个前提:①理性:指基于寻求报酬的当事人行为,该行为符合西蒙"有限理性"的观点。研究表明,察觉旅游的报酬越大,当地人对旅游的反应就越积极。察觉旅游的成本越大,当地人对旅游的反应就越消极。②利益满足:这是理性概念的延伸。居民觉察到利益可能超过成本,则很可能继续支持旅游,并维持旅游影响的积极看法。尽管可能存在

---

① John A. P., Residents Perceptions on Tourism Impacts,. Annals of Tourism Research, 1992, (19):669−685

特殊的"负面效应",许多研究已证实仍会支持旅游。另一方面,既定的最小利益下,当事人可能减少交换行为,或不再持续交换关系。当居民觉察到的利益达到某一不可接受的水平时,就会出现旅游的消极看法。如果利益达到居民当事人可以接受的满意水平,那么居民就表现出对旅游的积极评价或态度。如果利益达不到居民当事人可以接受的满意水平,那么居民就表现出对旅游的消极评价或态度。③互惠:互惠的概念被认为是交换理论的核心,是"相互满意"的形式。通过交换居民得到与他们付出相等价的报偿,而旅游者得到他们期望的满意和服务。若居民不平等地回报旅游者,那么旅游者就会对当地居民或服务人员的缺乏热情而表示愤怒或抱怨,导致不满意的游客散布不良的口头信息,并不再重复参观该地区。类似的,若旅游企业没有得到互惠的报偿,那么业主可能迁出经营或出卖、关闭企业。当居民与旅游当事人之间的资源交换是互惠性的,那么当事人各方都会积极地觉察旅游影响;反之,当事人各方都会消极地觉察旅游影响。④公正原则:交换中要有公正原则来支配行为。例如,倘若居民没有认识到旅游企业是互惠性的公正,而是剥削当地工人或干扰生活方式,那么居民很可能表现不满或愤怒。居民会对利益和成本分配的不公平可能表示过激行为,如索价高、粗鲁、冷淡、劣质服务、犯罪行为等。当居民和当事人交换的资源价值基本相当时,交易很可能被认为是公平的。当接待方和顾客方之间交换的资源价值一方超过另一方,那么处于劣势的当事人会察觉交易是不公平的。当接待方与顾客方之间交换的资源价值被觉察为公平的,那么,接待方很可能对旅游作出积极的反应;反之,接待方很可能作出消极反应(见图7-1)。

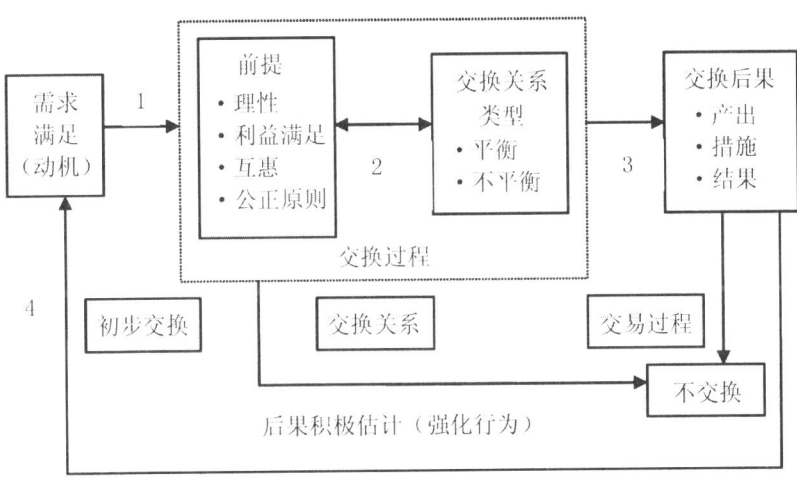

图7-1 社会交换过程模型(John A. P.,1992)

当地居民与旅游者之间的关系会直接影响旅游的发展，居民能否通过正规途径从发展旅游中获得合理的报酬对他们在旅游开发中的态度起到了决定性的作用。当地的旅游开发部门，当地政府应保护当地居民的合法利益，使社区参与正规化、合理化，这样不但增加了当地旅游的可进入性，旅游者的满意度，还对当地的旅游健康发展起到了推波助澜的作用，反之则会导致无序社会参与，扰乱旅游市场，产生许多消极的社会影响。

（二）民俗文化的真实性与文化商品化问题

在对民俗旅游的研究中，保护民俗文化的真实性以及文化的商品化问题一直是人们探讨不已的核心话题。旅游者所感受的是真实的少数民族文化还是被演绎的"舞台真实"？那些旅游开发商精心设计下的旅游产品是否真实？文化的商品化对文化的传承和保护带来多大的影响？

科恩、莫斯卡多和皮尔斯（Cohen,1988；Moscardo & Pearce,1986）认为，民族民俗旅游和文化旅游，把民俗商品化，破坏了地方文化和人际关系的真实性。马康纳（Mac Cannel,1976）在其著名的"舞台真实论"中认为，游客希望分享参观地的真实生活，或至少看到真实的生活方式，但是，并非所有的旅行者都注意观察参观地幕后的东西。现代旅游中的大多数经历都属于"旅游场合中的舞台真实"经历[1]。

一般认为，旅游者在民俗旅游中不可能感受完全原汁原味的少数民族文化生活。旅游开发商要尽量满足旅游者可感知的"文化真实感"，以满足其求新求异的心理。首先，上文中提到，为了保护少数民族旅游目的地，实施可持续发展战略，必须区分少数民族文化与民俗旅游资源，这就意味着旅游者享受的是经开发的民俗旅游产品而并非完全原汁原味的少数民族生活文化。无论是原生地开发的民俗园、民俗村还是异地开发的民俗风情主题乐园，都会配有一定的旅游辅助设施，增加旅游的可进入性，使旅游者获得更为舒适的享受。另外，精心开发的旅游产品才可能使旅游者在一次旅游经历中获得更多的体验。一般普通旅游者会受到时间、空间的限制，希望尽可能在较短时间内感受当地文化中最精华的部分，而不会为了体验不同时节的民俗风情活动而在旅游目的地停留很长时间。从民俗文化资源中精心提炼，经过加工、组合和包装的旅游产品，更容易满足旅游者的需求。其次，旅游者由于其自身的文化修养、审美情趣、兴趣爱好不同，对于所追求的"真实的文化体验"不同。对于同一旅游产品，不同的旅游者的满意度不同。即使是同一个旅游者，对于不同的旅游产品，其感知度不同，对于产品所折射出的文化内涵的真实度要求也不同。最真实的民俗文化并不一定是好的

---

[1] 张军.对民俗旅游文化本真性的多维度思考.旅游学刊,2005,20(5)

旅游产品。第三，真实的文化孕育着少数民族的精神，这是几百年甚至几千年所传承下来的。即使是最简单的民俗习惯背后也有其象征性和精神性的东西。对于大众旅游者来说，要在短时间的旅游过程中充分理解真实文化的内涵是非常困难的。旅游者感知的只是较为表面的东西，那些愉悦心情的民俗表演、美观精致的旅游纪念品往往能得到他们的偏好。因此，作为大众旅游产品的民俗旅游，不可能也没有必要将其目的地文化向旅游者全盘托出。真实的民俗文化是民俗旅游产品开发的基础与源泉。好的旅游产品是对当地文化的合理开发，将其较易被旅游者接受的部分开发成参与性强、富有吸引力的旅游产品，包括旅游纪念品等。民俗旅游产品的价值在于它源于真实的少数民族生活文化，是对真实文化的"再现"，只有保护好少数民族文化，才可能不断推出有价值、有吸引力的旅游产品。

对当地文化的合理化、科学化开发，不仅提升了当地的旅游吸引力，成为当地经济发展的新途径；同时也是对当地文化的一种保护。在旅游产品的开发中，激发起当地人对文化的再认识、再思考，一些本来不受到重视的习俗等受到了再开发、保护而得以传承下来。如，某些几乎失传的刺绣工艺因为刺绣旅游纪念品的受欢迎而得以保护下来。在旅游的开发中，当地人渐渐地以本民族的文化为豪，从而激发了其民族自豪感。但必须注意的是，文化的商品化必须建立在真实的文化之上，是对优良的真实文化的再现。一些旅游开发商为了追求经济利益，过度开发致使当地文化过度商品化、庸俗化，甚至出现"伪民俗"。那些文化中的"糟粕"、"伪造的文化"扭曲了当地的文化，损坏了少数民族文化的形象，降低了旅游产品在旅游者心中的地位而逐渐失去生命力。

重点概念

民俗旅游　民俗旅游资源　民俗旅游产品
节事活动　可持续发展　文化真实性与文化商品化

复习思考题

1. 请举例说明民俗旅游资源的类别。
2. 请说明民俗旅游资源的基本特征。
3. 请举例说明目前民俗旅游产品的主要形式。
4. 谈谈民俗旅游纪念品的开发应注意哪些问题。
5. 民俗旅游开发中的主要问题有哪些？
6. 请结合实例，谈谈民俗文化的真实性与文化商品化问题。

主要参考文献

1. 巴兆祥.中国民俗旅游.福建人民出版社,1999
2. 刘秀梅,高照明.中外民俗.郑州大学出版社,2006
3. 乌丙安.中国民俗学.辽宁大学出版社,1985
4. 刘辉.旅游民族学.民族出版社,2006
5. 李蕾蕾.跨文化传播及其对旅游目的地地方文化认同的影响.深圳大学学报(人文社会科学版),2000,(2):95－99
6. 刘辉.旅游民族学.民族出版社,2006
7. 骆高远等.旅游资源学.浙江大学出版社,2006
8. 马翀炜.民族文化的资本化运用.民族研究,2001,(1):18－28
9. John A. P.,Residents Perceptions on Tourism Impacts,.Annals of Tourism Research,1992,(19):669－685
10. 李瑞,王义民.旅游资源规划与开发.郑州大学出版社,2002
11. 邱德玉.中国旅游文化.科学出版社,2006
12. 康玉庆,何乔锁.中国旅游文化.中国科学技术出版社,2005
13. 张军.对民俗旅游文化本真性的多维度思考.旅游学刊,2005,20(5)
14. 陶犁.论民俗旅游发展中的文化调协.云南社会科学,2002,(4)

第八章 建筑文化资源开发

学习目的

建筑综合反映了一个民族在一定历史时期的物质生产和精神文明的时代风貌。建筑文化资源更是旅游产品不可或缺的组成部分。通过本章的学习,要求明确建筑旅游资源的定义、特征及其开发意义,了解建筑旅游资源的主要表现形式。掌握目前建筑旅游产品的主要形式,理解建筑旅游产品开发过程中的问题并了解相应的对策。

主要内容

- 建筑文化资源概述
  建筑旅游资源的定义
  建筑旅游资源特征及其开发意义
  建筑旅游资源的主要表现形式
- 建筑旅游产品及其开发
  目前建筑旅游产品的主要形式
  建筑旅游产品开发中的主要问题与对策

雨果曾这样概括过建筑的意义:人类没有任何一种重要思想不被建筑艺术写在石头上。作为文化的载体,建筑是人类文明发展的象征。它不但展示了不同国家不同时期的各种审美追求和社会生活中的重大主题,同时也是人们物质和精神的寄托。风格迥异的建筑折射出人类的勤劳与智慧。从当今旅游业发展趋势来看,旅游者更多地追求旅游的文化底蕴,作为历史文化积淀深厚的建筑越来越受到旅游者的关注。以旅游形式展示建筑文化,不仅能传授知识、开启心智、陶冶情操,还能弘扬民族文化,延续历史文脉,激发人们的爱国热情。

第一节 建筑文化资源概述

一、建筑旅游资源的定义

建筑旅游资源属于人文旅游资源的范畴,可归于人文景观旅游资源,指以建筑文化为核心,对旅游者具有吸引力并在一定条件下可以为旅游企业所利用,产生经济效益和社会效益的各类事象总和。在此,我们可以明确以下三点。

第一,建筑旅游资源是以建筑文化为灵魂、建筑形式为外壳的旅游资源。建筑是历史与文化的结晶。不同地域的文化和民族精神往往通过建筑得以不断传承和发展。不同的建筑形式在满足旅游者求美、求知心理的同时,也激发了旅游者对其历史及其所反映出的文化的探寻,满足人们较高层次的旅游动机。当我们从旅游文化的角度在研究建筑旅游资源时,重点不在于研究建筑本身的形制,而是要深入挖掘其外观形式下的文化内涵,以提升旅游产品的品位,吸引不同层次的旅游者。

第二,建筑旅游资源可以直接开发成依附于建筑实体的旅游产品,例如,中国长城、法国埃菲尔铁塔。亦可作为旅游景区中的辅助物,烘托景区氛围、增强吸引力。例如,杭州宋城主题公园中,以明清建筑为主的饮食购物街烘托了整个主题公园的气氛,使旅游者获得身临其境的感受,不但提高了满意度,也激发了消费欲望。

第三,建筑的价值具有客观性,不受市场供需关系的影响。而作为旅游吸引物的建筑资源则要遵循市场导向原则。不能简单地将建筑本身的价值等同于其所具有的吸引力。有些建筑如部分历史遗迹遗址等具有较高的科考价值,却并不吸引大众旅游者。建筑的旅游开发最终还是要看旅游者对该旅游产品的购买情况。对于大众旅游者而言,很难在较短的时间内对建筑作全面深刻的理解,因此,旅游企业应把握好开发的切入点,增加建筑的可读性,针对不同的目标市场,推出适销对路、旅游者满意的旅游产品。

二、建筑旅游资源特征及其开发意义

(一)多价值性

建筑是凝固的艺术、科学技术的彰显、时代文明的展现。建筑旅游资源承载着人类几千年的历史文化,从一个侧面向旅游者呈现了不同时期、不同地域人类

的发展进程。其具有多种价值。

1. 历史价值

占据建筑旅游资源中很大部分的古建筑旅游资源,在经历了千百年的风雨飘摇后,向人们述说着真实的历史。旅游者看到的不仅仅是当时人类在建筑方面的聪明才智,更多的是读到了印记在建筑上的重大历史事件、重要历史人物。建筑见证了人类世事变迁,延续着历史文脉。例如,我国的长城,它不但气势宏伟,更主要的,它是我国民族斗争的产物,深刻记录了历代民夫、戍卒的汗水与血泪,现在成为了著名的旅游景点。

2. 文化价值

不同国家的建筑反映了不同的民族精神。饱览不同的建筑,在欣赏其多样形制表现的同时,解读到的是当时主导人们思想理念的文化价值观。如中国古建筑强调"天人合一"的和谐观,十分注重外部环境,无论是布局形式还是色调搭配等都必须与周围环境相适应。这种思想对我国文化的形成乃至缜密的哲学思想都产生了重大影响。随着当今文化旅游的兴起,建筑旅游资源正越来越显现出其极大的吸引力。旅游者从我国古代的坛庙建筑如北京的太庙、天坛等中读到了当时社会的精神文化,从不同地域的民居中看到了丰富多彩的地域文化的展示。

3. 艺术价值

建筑以物态的形式向人们展现美,带给旅游者强烈、直观又赏心悦目的美的享受,使旅游者获得满足感。同时,其也往往反映了一段时期人们的审美倾向。建筑的美学表现是多方面的,例如,我国古建筑的美学特征主要表现在:以木结构为主;重视建筑组群的平面布局;重视装饰等。宫殿建筑选择红墙黄瓦,呈现出绚丽辉煌之感;而民居建筑则朴素淡雅,充满自然情趣。

4. 教育价值

对建筑旅游资源进行开发,一方面可以成为人们学习建筑艺术的实物教材,另一方面,建筑往往承载着史实,其所折射出的历史文化内涵对人们具有一定的教育意义,能够激发人们的爱国热情和民族自尊心。

(二)多样性

建筑形式多样、种类繁多。不同标准可以将建筑分为不同种类,并各具特色。时间段不同、地域不同加之不同的地域文化形成了建筑旅游资源多样性的特点,旅游者可获得不同的视觉感观和情感体验。例如,我国的古建筑在等级制度、地域特点、历史文化、局部结构等诸多方面存在差异性,因而不同的建筑具有不同的特质。江南徽派古建筑映透出江南水乡的清丽灵秀与恬淡雅致,有若水墨丹青的艺术格调;北方古建筑具有古朴凝重之感;西域藏族古建筑意境没有儒道的思想哲理,更没有江南的诗情画意,表现出佛教的氛围,透出神秘深邃、粗犷深远之意[①]。多样性和地域性相对而统一,正是各地富有特色的建筑旅游资源才构成了其宏观上的多样性。因此挖掘地方建筑特色,可以充实和丰富旅游内容,改善旅游产品结构,提高旅游资源的档次,从而增加地区旅游吸引力,延长旅游者的驻留时间。

(三) 整体保护性

一般而言,建筑可供人们长期、反复欣赏。但在旅游开发中一定要注意对建筑的保护。建筑旅游资源是资源世界中特殊的不可再生的珍品,且特别强调与周边环境的相协调。建筑与环境相映生辉,才能使旅游者获得更多美的享受,提升其满足感。我国许多寺院建筑、庭院建筑等在建造时都非常注重与周围环境的协调,将建筑艺术与周边的景观完美结合,两者相得益彰,极具吸引力。因此,我们不仅要保护建筑本身,还要保护其必要的风景协调区域,使建筑能更好、更长久地展现其魅力。

基于以上特征,我们能较为明确地得出合理开发建筑旅游资源的意义。

第一,基于建筑的多价值性,其能够很好地满足旅游者对文化体验的要求。挖掘建筑的内涵,通过合理开发增强其可读性,使旅游者在短暂的欣赏过程中更直观地解读历史、探寻古迹;提高修养、品味文化;感受民风、激发情感。旅游者在游览的过程中满足了其对于美的追求,同时亦可激发民族自豪感,增强自身的历史责任感,增加对其他民族的认知度,促进各民族人民之间的友谊。

第二,建筑旅游资源可以丰富我国旅游产品内容,优化旅游产品结构。建筑是时间的凝聚,是时代的缩影,是历史的鉴证,深度挖掘建筑旅游资源的文化内涵,改变单纯以观光型为主的旅游方式,使得"参观建筑"这一简单的浏览式旅游形式变成"品味建筑文化"的体验式旅游形式。例如,在旅游者参观上海石库门建筑时,可同时推出老上海民间生活照片展、老上海风貌街等,使得旅游者对老上海的文化有更为全面的认识,也能更好地读懂建筑中透出的当地文化气息。这样,整个旅游产品就"活"了起来。

第三,建筑旅游资源的开发,使得人们对建筑的价值和意义有了重新认识,也促进了人们对建筑的保护意识。这不但有利于建筑文化的保护及传承,也有利于旅游业的永续性发展。

三、建筑旅游资源的主要表现形式

(一) 中国古代宫殿建筑

宫殿建筑是我国古建筑中最高级的一种类型。其凝聚了我国古代建筑艺

[①] 胡小红.我国古建筑旅游资源的保护和开发研究.华中师范大学历史文化学院,2006,(12)

与技能的最高成就和独特风格,以建筑艺术烘托皇权至高无上,是我国古建筑的精华。其营造历程经历了三个高潮时期,即秦、隋唐、明清。一般包括宫前区、内朝区和寝宫区等,并形成一定的格局,如"前朝后寝"、"三朝五门"、"左祖右社"。宫殿建筑群强调中轴线和对称的布局并体现阴阳五行学说,核心建筑为皇帝朝政所在的建筑,位于中轴线上且居于建筑的最高处。采用黄色、赤色等最高等级的色彩及富丽的装饰,宫殿内外陈设如石狮、华表、鼎或香炉等,除一部分具有实用价值外,大多用来烘托皇帝那种普天之下唯我独尊的王权气势。此外,宫殿内还珍藏有大量宫廷御用物品、历史名家书画、雕刻艺术珍品等,具有极高的历史价值和旅游吸引力。

历史上那些规模宏大,气势雄伟,富丽堂皇的宫殿大多毁于战火或随朝代更换被拆除,如,秦始皇阿房宫、汉代未央宫、唐代大明宫等。现存较为著名的皇家宫殿大多分布在北京、西安、开封、洛阳、南京、杭州这六大古都,如北京故宫、沈阳清故宫、西藏政教合一宫殿布达拉宫等。其中,故宫是我国现存最大最完整的古代宫殿建筑群,也是世界上最大的皇宫,1987年被联合国教科文组织列为世界文化遗产。

(二)中国古代陵墓建筑

我国中原自古有"厚葬以明孝"的文化意识,先人死后,以陵墓安葬,表示对先人的尊敬与怀念。许多陵墓不仅建筑宏伟,而且埋葬有很多稀世珍宝和珍贵艺术品,已成为中外旅游者向往的旅游胜地。陵墓作为旅游资源,可分为帝王陵墓、纪念陵墓和悬棺墓。其中帝王陵墓往往规模最为庞大,拥有丰富的文物瑰宝,具有鲜明的地域特征及时代烙印,而且往往位于有着古木参天的景色、秀丽景观的"风水宝地",因而旅游价值相对更高一点。秦始皇陵是中国古代最大的一座帝王陵墓,也是世界上最大的一座陵墓。陵园东门外大道的北侧是震惊世界的奇观——秦始皇兵马俑坑,被称为"世界第八奇迹"。1987年被列入《中国世界遗产名录》。明显陵,位于湖北省钟祥市城东7.5公里的纯德山,是明世宗嘉靖皇帝父母的合葬墓,也是我国明代帝陵中最大的单体陵墓。2000年被联合国教科文组织列入《世界遗产名录》。

除帝王陵墓外,还有一些地方藩王、官吏、历史名人的陵墓,规模也相当庞大,出土文物十分惊人。历代贤哲在中国文化中的地位很高,他们虽不曾为君为帝,但其祠冢也极具旅游吸引力,如山东曲阜孔子墓,陕西韩城司马迁墓,浙江杭州岳飞墓等。

另外,我国古代一些少数民族的传统葬法也具有较大的旅游吸引力。悬棺崖墓法是较为流行的一种,或利用自然崖壁、平台、洞穴、缝隙安放棺木,或打孔设棺柱悬吊棺木,多分布在江河之滨、峭壁之上,棺木高悬,充满了神秘和悬念。

这种葬法广布于南方各省,以福建武夷山区、江西龙虎山、四川珙县、兴文县河贵州西北部、湖南西部和长江三峡一带的崖墓最为有名。如:龙虎山崖墓群位于泸溪河两岸峭壁上,距地达 30～50 米,墓葬 100 多座,为春秋战国墓葬,距今 2600 多年[①]。

(三)楼阁亭台

"楼阁"为两层或两层以上的古代木结构建筑。二者在建筑形制上无多大差别,但使用功能不同。楼的用途极为广泛,按功能可分钟楼、鼓楼、观景楼、城楼、戏楼、茶楼等,而阁的主要用途是珍藏图书、佛经、佛像和观景。

我国古楼分布广泛、形制多样,多为明清建筑。其体积、高度往往超过一般建筑,自古以来就是文人雅士登高赋诗之所,为后人也留下了不少千古名作,因而展现出经久的吸引力。著名的古楼有,江南三大名楼:湖北武汉黄鹤楼、湖南岳阳岳阳楼、江西南昌滕王阁;承德避暑山庄烟雨楼、浙江嘉兴烟雨楼、云南昆明大观楼等。

供佛阁多分布于寺庙,规模宏大,气势庄严。北京颐和园佛香阁为我国形制最高阁,有三层四重檐,高 41 米,平面八角,内供佛像。浙江宁波天一阁是我国现存最久的阁,其实我国古代藏书楼的典范。天津独乐寺的观音阁始建于唐天宝十一年,公元 752 年,是我国现存最古老的阁。

"亭"为我国分布最为广泛的古建筑类型,尤以园林中多见。亭的造型大多取尖顶和翼然翘角的古典形式,但形式变化多样,平面、立面、亭顶、亭檐,类型均很丰富,或简单或繁复,或高大或小巧,或古朴或堂皇,其本身就是内涵丰富的游览对象。亭可用来赏景(提供最佳景观角度)、衬景(为自然山水添色增辉),因此是最典型的景观建筑。除景观亭外,还有纪念历史事件和人物的纪念亭,收存碑石的碑亭,文人雅士行曲水流觞之俗的流杯亭,宗教祭祀亭等,使亭显示出其人文旅游价值的一面[②]。

"台"始于奴隶社会,如商纣的鹿台。春秋战国盛行筑台之风,一直流行于秦汉,绵延于魏晋。后来单独的筑台虽不再流行,但以台为基抬高建筑气势的传统却得以延续,称之为高台建筑。台的修建,可通神求仙、登高远望,观赏乐舞,亦可烽火御敌,观测天象等。中国历代皆有观象台的兴建,但现遗存不多。如河南洛阳汉魏故城南郊的灵台,为已确认的最早的观象台遗址,建于东汉,使用长达 250 多年。北京古观象台为明代建筑,是世界上保存有完整天文仪器,如经纬仪、天体仪等最古老天文台。

---

① 陈福义,范保宁.中国旅游资源学.中国旅游出版社,2003
② 全华.旅游资源开发及管理.旅游教育出版社,2006

(四)中国古代工程建筑

中国古代修建了许多军事防御工程、水利工程、桥梁建筑等,这些伟大的工程以其独特、恒久的风格,震撼着人们的心灵,它们是古代劳动人民智慧和汗水的结晶,也是当时生产技术水平的真实写照。

军事防御建筑主要是中国历代王朝为了巩固统治、抵御外族入侵而修建的,主要包括长城、城墙、地下战道、炮台等,其中最为有名的是长城。其象征着中华民族的雄伟气魄,现已成为重要的旅游景观,1987年被联合国教科文组织列入《世界遗产名录》。

我国古代为了便利航运,灌溉农田,先后兴建了不少水利工程,以京杭大运河、都江堰、灵渠、坎儿井最为出名,它们不仅曾经对地区乃至全国的经济、政治等起过重要作用,现在也成为颇有吸引力的旅游资源。如:都江堰水利工程,2000年与青城山一起被联合国教科文组织列入《世界遗产名录》。

桥梁在中国建筑中数不胜数。我国桥梁建筑至少有三千多年的历史,它们有的形态万千,极具艺术欣赏价值,有的记载了历史,成为了不可多得的人文旅游景观。比较著名的桥梁有河北赵县的赵州桥(目前世界上保存最完好的古老的单跨石拱桥)。北京卢沟桥、福建洛阳桥、广东潮州湘子桥、河北赵县赵州桥并称为我国"四大古桥"。

(五)中国礼制建筑

礼制建筑,亦称坛庙建筑,是祭祀天、地、日、月及祖宗神灵的建筑。古代由于人们对一些大自然现象不能做出科学的解释,认为是万物有灵,因此他们奉祀神灵,祈求保佑风调雨顺、平安吉祥。礼制思想在中国传播和发展了几千年,全国各地留下了许多专供祭祀之用的礼教建筑,是我国重要的人文旅游资源。

"坛"是中国古代用于祭祀天、地、社稷等活动的台型建筑。早期除用于祭祀外,也用于举行会盟、誓师、封禅、拜相、拜师等重大仪式,后来逐渐成为封建社会最高统治者专用的祭祀建筑。由于祭天为"五礼"之首,因而北京天坛在坛庙中规模最大、艺术成就最高。1988年被列入《世界遗产名录》。其他比较著名的还有北京社稷坛、北京地坛等。

"庙"是祠的同义词,是纪念历代名人的场所。常见的类型有:纪念祖先的宗庙,纪念历史上有功德、有名望、有贡献的各类圣贤而建立的圣贤庙,城隍庙、龙王庙等民间祭祀的神庙以及祭祀传说中的帝王庙,如黄帝庙、炎帝庙等。比较著名的有北京的太庙、台湾的郑成功庙、福建的妈祖庙等。

(六)民居建筑

我国幅员辽阔,多样的自然环境和众多的少数民族营造了我国丰富多彩的民居建筑。民居是各地各族人民在长期生产、生活过程中适应自然环境的结晶,具有鲜明的地域性、文化性和民族性。其真实地反映了一个地区不同历史时期经济、社会、文化、生态的发展状况。可以说,民居是最具有普遍意义的地方文化符号,也是百姓文化的最好展示,是旅游者了解各地文化传统的一本生动形象的教材。另一方面,民居建筑常常位于宁静朴实的环境氛围中,能带给旅游者回归自然、缓解压力之感,因此,民居建筑越来越成为旅游者喜欢的旅游产品。中国的民居最早可追溯到原始社会后期,受聚族而居思想的影响,那时的民居多围绕宗族祠堂而建,突出家族、家庭的地位;同时也讲究吉祥安定,在选址、朝向等方面都受风水观念的左右。在结构上,北方墙厚、屋顶厚、院落宽敞、造形粗犷质朴。南方屋檐深、天井狭小,讲究通风与蔽光,造形秀丽轻颖。而西南地区,往往强调风向而不强调日照,不采取南北朝向。比较有特色的民居建筑有:北京四合院、上海石库门、南方的天井院、西北窑洞、客家土楼、干栏式民居、蒙古包等。

(七)西洋建筑

西洋建筑和中国建筑存在较大的差异。古建筑来看,西方的古建筑主要以石料为建筑材料,建筑物内部空间相对封闭简单,多采用围柱式。主要的建筑结构是拱券和各种复杂的柱式,装饰以雕塑为主。在西方古建筑中,最具影响力的是古希腊建筑和古罗马建筑。现存比较著名的建筑景观有:意大利罗马的万神庙、意大利—杜奥默大教堂、雅典卫城、法国的卢浮宫、巴黎圣母院、德国科隆大教堂等。在我国,西洋现存近代建筑也成为了不可多得的旅游资源。它们不但反映了具有异国情调的西方建筑风格,而且还是中国近代史一个侧面缩影,向国人尤其是广大青少年具有爱国主义教育意义。例如,始建于1890年的天津利顺德饭店,其不但洋溢着浓重的西欧建筑风情,而且记录着中国的历史,旧中国曾在此签署过多项国际条约,中外历史名人胡佛、伊藤博文、孙中山和溥仪均在这里下榻过,使得这座建筑成为了受人欢迎的旅游点。又如广州沙面近代建筑群和天津"五大道"等以西洋近代建筑为主的历史街区,也都曾在中国近代史上留下浓墨重笔,成为重要的爱国主义教育基地。

(八)现代建筑

随着现代建筑的发展,无论是功能还是外形都愈趋完美。它们不但是旅游载体,为旅游活动展开、旅游功能的开发提供物态支持,同时其本身的艺术美也成为了具有魅力的旅游吸引物。全世界最大的表演艺术中心之一的悉尼歌剧院,其外型犹如即将乘风出海的白色风帆,与周围景色相映成趣,它不仅是悉尼艺术文化的殿堂,更是吸引了世界各地的旅游者前来参观拍照。上海的东方明珠电视塔,整体建筑由大小不一的11个球体组成,寓有"大珠小珠落玉盘"之意。其已成为上海标志性景观之一,是国家4A级景点。有些建筑起着辅助其他人文或自然景观之功能,使其更具旅游吸引力。如美国亚利桑纳州科罗拉多大峡谷国家公园耗资3000万美元建造的悬空透明玻璃观景廊桥。这座令人叹为观止的悬空廊桥建造在大峡谷南缘老鹰崖距谷地1158米的高空，为"U"字形，地板为透明玻璃材质，旅游者可以行走其上，俯瞰大峡谷和科罗拉多河景观。人们称它为"21世纪世界奇观"，每年吸引约50万旅游者前来观光。

第二节 建筑旅游产品主要形式及其开发

一、目前建筑旅游产品的主要形式

首先，旅游产品是一个经济学上的概念，建筑旅游产品主要是指旅游经营者为满足旅游者观光、休闲等需求，通过利用、开发建筑旅游资源而形成的旅游吸引物、旅游商品及提供的旅游服务的组合。任何一个旅游产品都具有一定的综合性，它不同于具体某个旅游景点的组成要素，也不单指景点的基础服务设施。由此可知，园林中的亭台楼阁虽精致美观，但我们只是认为它是组成园林这一旅游产品的要素，其往往不能作为一个独立的旅游产品。住宿设施、交通设施等只是为了提高旅游产品的质量，故亦不可称之为旅游产品。

第二，建筑的价值具有客观性，其所拥有的历史价值、艺术价值、科学价值等不以市场供需关系的改变而改变。然而，作为旅游资源重要组成部分的建筑旅游资源及其开发而成的建筑旅游产品，必须遵循市场导向的原则。不仅从建筑本身进行开发，还要挖掘建筑所代表的文化，将其中对旅游者具有一定吸引力的部分或独立形成旅游产品，或与其他景观组合而成旅游产品。由于建筑所蕴含的文化具有一定的深度，旅游者在较短的游览时间内难以进行深刻、全面、透彻的理解，因此，在开发旅游建筑产品时，应注意加强建筑的可读性，使之能面向更多文化层次的旅游者。

基于此，我们可以把目前市场上主要的旅游建筑产品分为以下两类：单体建筑旅游产品和群体建筑旅游产品。两者在旅游功能的开发及保护上存在一定的差异。下面让我们就这两类产品作详细讨论。

（一）单体建筑旅游产品

单体建筑旅游产品主要指以规模较小、往往为单一或两个孤立的建筑为中心所组成的旅游产品。该单体建筑往往具有相当大的吸引力，其在景点景区中十分突出，具有核心地位。该单体建筑是一个景点最为主要的旅游吸引物，其他建筑物往往起到辅助服务功能，如提供相关的餐饮或购物等功能。一般而言，旅游者在此类旅游产品上逗留时间相对较少,因此,其往往位于交通便利之处以减少旅游者在路程所花时间;一些十分具有纪念意义的历史遗迹、名人故居等虽交通不便,但也受到人们的欢迎。

现代建筑中很多成为单体建筑旅游产品,如上海的东方明珠电视塔、上海城市规划展示馆、台北101大厦、东京铁塔等。其原先可能不是为了旅游而建造,但其旅游功能得到了很好的开发,成为受欢迎的旅游产品。地处上海浦东的金茂大厦,高420.5米,其88层是国内迄今为止最高的观光层,可容纳1000多名旅游者。登高而望,上海全景一览无余。2001年被评为国家4A级景点。

单体建筑旅游产品的开发应趋向于多元素、多功能方向挖掘。单体建筑较群体建筑而言缺乏整体环境氛围感,吸引力要素也相对较少。因此要在符合旅游功能定位的基础上,力求丰富其产品多样性,延长旅游者的逗留时间,更大程度上满足旅游者需求。例如,日本的东京塔,其最初的目的是用于传送电视和广播信号,但现在已成为著名的旅游景点。旅游者不仅可以在其观望厅、特别展望厅一览东京全城的景色,而且塔下面的4层建筑物里,有贩卖低价纪念品的商店和各种艺术展览等设施可供旅游者休闲娱乐,增加了东京塔的旅游吸引力,延长了旅游者的停留时间。另外,在有限的空间内,将静态观赏和动态参与相结合是加强景点吸引力的一种较好的方法。例如,可在上海城市规划馆中添加一些与旅游者互动的项目:请旅游者做小设计师,制作上海规划简易模型之类,还可以作为旅游纪念品保存。另外,也可定期或不定期地办一些小型临时展览,从各个方面展现上海的过去、现在或是展望未来,使之前的静态展示"活"起来,旅游者有了新鲜感,也就保证了一定的重游率。

(二)群体建筑旅游产品

群体建筑旅游产品指规模较大、数量较多、形成一定环境氛围的建筑群所构成的旅游产品。建筑群往往具有一定的整体性,较单体建筑给旅游者的感受更为生动,印象更为深刻,旅游者往往能产生一种身临其境之感,逃离了时空的束缚,完全置身于建筑群所营造的氛围之中。

一般而言,由于历史的演变和社会不同地区的不均衡发展,建筑群所具有的风格特征以及其折射出的文化不尽相同。客观上,这也丰富了群体旅游建筑产品的类型。然而,无论是何种类型,其往往要具有鲜明的主题定位,有文化底蕴作为支撑,这样的产品才更具有生命力。上海有着"万国建筑博览"之称的外滩建筑群是上海的标志性景区。这些建于1906~1937年的建筑群凝聚着各国著名建筑设计师和中外能工巧匠的心血,是一份宝贵的遗产。外滩建筑群的吸引力不仅在于其向旅游者展现了一定时期西欧建筑文化之精华,更重要的,它向旅游者无言地诉说着中国近代文化史,透过一幢幢西洋建筑,人们看到的是上海乃至中国的发展历程。1996年外滩被列为国家级文物保护单位。位于我国安徽省黟县的宏村亦是优秀的群体建筑旅游产品。宏村始建于宋代,数百户粉墙青瓦、鳞次栉比的古民居群,加之平滑似镜的月沼和碧波荡漾的南湖,巷门幽深,青石街道旁古朴的观店铺,雷岗上参天古木和探过民居庭院墙头的青藤石木,百年牡丹等,构成一个完美的艺术整体,真可谓是步步入景,处处堪画。旅游者漫步其中,能充分领略到我国古代的徽州文化。2000年11月30日,宏村被联合国教科文组织列入了《世界文化遗产名录》。

因此,群体建筑旅游产品开发时,应注意整体的规划,进行可持续性开发。要注意营造景区的整体氛围,特别注意对景区整体的环境保护。另外,有些建筑群具备了非常重要的现实功能,如丽江古城、平遥古城等仍作为当地人居住的场所。在开发其旅游功能时,应注意协调景区利益相关者之间的关系,尤其是社区与旅游开发之间的关系,以增强旅游点的可进入性,推动其更好地发展。

二、建筑旅游产品开发中的主要问题与对策

(一)整体协调、系统性开发问题

一个有生命力的旅游产品不但拥有具吸引力的外在形式,更重要的是其具有一定的文化内涵。建筑旅游产品更是如此。无论是古建筑还是现代建筑,其承载着某一时代的印记,具有深厚的文化价值。对建筑旅游资源开发,就要深入挖掘建筑的文化内涵,不仅从建筑本身形态进行研究,更主要的是要以建筑为核心,进行其所代表的整体文化氛围开发。并在同一文化氛围下,优化和改善主体建筑周围的环境,使得整个旅游景点在主要吸引物、景点布局、旅游配套设施等方面具有高度的协调性,给旅游者较好的整体感受。若在开发过程中缺乏整体协调性的考虑,例如,在古村落看到现代建筑,在佛教寺院看到道教建筑等,都会破坏整个景区景点的观赏价值,其吸引力也就降低了。

(二)保护和永续性开发问题

优秀的建筑是世界人民珍贵的历史、艺术遗产,合理的旅游开发应建立在对其有效的保护之上。无论是政府部门、旅游开发商或是旅游者都有责任、有义务加强对建筑的保护。另一方面,对建筑旅游资源的永续性开发是使其持久散发旅游吸引力的保证,同时也支持了旅游业的可持续发展。在永续性开发建筑旅游资源时,有两点需要注意:首先,应遵守"求真"原则,充分理解建筑的文化内涵后,根据"修旧如旧"的原则进行开发。建筑大师梁思成曾经说过:"保护古建筑是要使他延年益寿,而不是返老还童。"可见,建筑的价值体现在其所承载的历史原真性上,不同时代的建筑折射出不同的审美特征与历史,使建筑具有独特的时代性,这也是其吸引旅游者的重要原因之一。在开发建筑旅游资源时,尤其是对

古建筑开发时,应认真、仔细地研究历史资料,突出建筑的历史真实性,切勿根据现代人的审美特点任意进行改建。

第二,开发时必须注意景点的承载力,保护与开发并行。在客流量较多的时段,对旅游者进行适当分流,采取人工或者高科技的手段,对景点进行监测以减少人为对建筑物的破坏等。同时加强对旅游者的教育,增强全民保护意识也不失为行之有效的途径。

重点概念

建筑旅游资源 单体建筑旅游产品 群体建筑旅游产品

复习思考题

1. 阐述建筑旅游资源的价值及其开发意义。
2. 举例说明中国古代主要建筑形式。
3. 举例说明主要近代及现代建筑形式。
4. 简述目前主要的建筑旅游产品形式。
5. 阐述建筑旅游产品开发过程中的主要问题与对策。

主要参考文献

1. 胡小红.我国古建筑旅游资源的保护和开发研究.华中师范大学历史文化学院,2006,(12)
2. 陈福义,范保宁.中国旅游资源学.中国旅游出版社,2003
3. 全华.旅游资源开发及管理.旅游教育出版社,2006
4. 肖星.论中国现存西洋近代建筑的旅游开发.经济地理,2000,20(1)
5. 邢慧斌,王玉成.我国古代建筑旅游经济开发现状及对策分析.河北大学管理学院
6. 操文斌,陆林.基于保护优先的我国古建筑旅游发展研究.资源开发与市场,2006,22(2)
7. 王佳欣,金丽.天津现存西洋近代建筑的旅游开发价值研究.天津城市建设学院学报,2005,11(4)
8. 王世瑛,朱德明.中国古代建筑文化.旅游教育出版社,2005
9. 韦燕生.中国旅游文化.旅游教育出版社,2006
10. 高曾伟,卢晓.旅游资源学.上海交通大学出版社,2002
11. 康玉庆.中国旅游文化.中国科学技术出版社,2005
12. 邱德玉.中国旅游文化.科学出版社,2006
13. 田超然.浅析建筑文化对实施旅游带动经济战略的影响.河南广播电视大学学报,2002,15(2)

14. 张伟强,陈玲,刘少和.文物建筑保护与旅游开发协调发展及其对策.热带地理,2004,24(2)

15. 王玉成.中国古代建筑艺术与旅游开发.河北大学,2004,(12)

16. 刘春玲.中国古建筑景观的旅游功能与鉴赏.石家庄师范专科学校学报,2000,2(4)

17. 张赛娟.扬州陵墓旅游资源的开发利用初探.东南大学学报,2004,6(1)

18. 王晓如,员大强.唐代陕西陵墓与旅游文化.西安联合大学学报,2004,7(3)

19. 张树夫,李巍等.钟山风景区陵墓旅游资源的旅游区位特性分析.南京师大学报,2002,25(4)

20. 黄芳.浅议我国传统民居旅游资源.武陵学刊,1997,18(6)

21. 张军,李丰生.民居旅游的发展探析——以阳朔为例.桂林旅游高等专科学校学报,2004,15(3)

22. 刘家明,陶伟,郭英之.传统民居旅游开发研究——以平遥古城为案例.地理研究,2000,19(3)

23. 黄芳.对浙江传统民居进行旅游开发的思考.湖南商学院学报,2002,9(5)

24. 张琼霓.皖南古民居、古村落旅游开发研究.湖南商学院学报,2003,10(5)

25. 车霁虹.论历史遗址的保护和开发与旅游文化.黑龙江社会科学,2004,(3)

第九章　园林文化资源开发

学习目的

自公元前 11 世纪西周时期周文王建的灵囿至今，中国园林以其三千多年的历史，极高的造园艺术水平，在世界园林艺术中颇享盛名，吸引了无数海内外旅游者。通过本章的学习，要求明确园林文化旅游资源的定义及其主要构成要素，了解目前园林文化旅游产品的主要形式，掌握园林文化旅游开发的主要问题与开发对策。

主要内容

- 园林文化资源概述
  园林的定义及其分类　园林文化旅游资源定义
  园林文化旅游资源的主要构成要素
- 园林旅游产品主要形式及其开发
  目前园林文化旅游产品的主要形式
  园林文化旅游开发的主要问题
  园林文化旅游开发对策

一般认为，世界园林有三大体系：中国园林、西亚园林和古希腊园林。以山水园林为代表的中国园林表现的是自然美，做到"虽由人作，宛自天开"，因而形成了自然式山水风景园林的独特风格。陈从周先生说："中国园林是由建筑、山水、花木等组合而成的一个综合艺术品，富有诗情画意，它寄托着园主的梦想，阅尽沧桑，有着悠久的文化历史底蕴。"[①] 1997 年，以拙政园、留园等为代表的苏州园林被联合国教科文组织列为世界文化遗产，这不但肯定了中国园林的地位及其价值，更大大提升了其旅游吸引力，使其成为旅游资源中不可或缺的重要组成部分。

---

① 陈从周.梓翁说园.北京出版社，2004

第一节 园林文化资源概述

一、园林的定义及其分类

在讨论园林文化旅游资源之前,让我们先来探讨一下园林的定义。在中国古代文献中,根据不同的性质,把它称为园、囿、苑、园池、园亭、庄园、山池、池馆、别业等,常用以泛指各种游憩境域。现在一般认为,园林是在一定的地域范围内,运用工程科学技术原理或艺术创造方法,通过改造地形、叠山理水、布置花木、营造建筑等而成的供人们观赏、游憩、居住的环境。

对于园林的分类,从不同的角度,可以有不同的划分方法。世界园林体系有三大类:中国园林、西亚园林和古希腊园林。一般而言,中国古典园林还可有两种细分方法:一是按照占有者身份,主要分为皇家园林、私家园林;二是按园林所处的地理位置分类,可分为北方园林、江南园林以及岭南园林。

19世纪欧美的城市公园运动拉开了西方现代园林发展的序幕。20世纪末以来,"可持续发展"成为社会经济发展的一大战略,出现了大量的城市公共园林,更出现了相当数量的"园林城市"。从居住小区到街心花园、大型城市绿地、森林公园、风景保护区等都被纳入了现代园林的范畴。而本章节中探讨的主要是我国古典园林文化旅游资源的开发。

二、园林文化旅游资源的定义

园林文化旅游资源是自然旅游资源与人文旅游资源的完美结合,指园林艺术文化以及园林建筑为核心吸引物,在一定条件下可以为旅游者所利用,产生经济效益和社会效益的各类事象总和。此定义中,我们要明确以下三点。

第一,园林文化是园林旅游资源的核心,造园者通过不同的艺术手法将中华民族几千年的民族精神及对美的追求表现得淋漓尽致。无论是凿池堆山、栽花植卉、营造厅堂还是巧妙地运用隔景、障景、透景等手法抑或是园林中的书画墨迹各类装饰,造园者表现出的是古人顺应自然,以求生存与发展的思想。朝代迭换,园林也必然地反映了不同朝代文人的价值取向、审美观念以及人格追求。正是有了这样的园林文化,才使得园林超越了物态建筑的束缚,呈现给旅游者一幅幅超越时空的立体山水画,极富旅游吸引力。

第二,园林建筑是园林文化赖以依附的实体,园林集合了多种建筑景观,可以说是"一切艺术品中最大型的综合艺术品"。堂、厅、楼、阁、馆、轩、斋、榭、舫、亭、廊、桥、墙,以及各类小品辅助建筑和匾额、楹联等艺术装饰,不但各具特色,在园林中巧妙组合,更是增加了旅游吸引力。

第三,园林文化旅游资源可直接开发成依附于园林建筑实体的旅游产品,如苏州的拙政园、留园等;也可以园林文化为卖点,开发成园林文化博物馆、园林文化节庆活动等旅游产品;还可将园林作为辅助物,结合其他旅游资源,形成更为综合的旅游产品。例如,上海徐汇区每年一度的"唐韵中秋"节庆活动,将中秋节这一民俗文化旅游资源与桂林公园这一昔日的园林建筑相结合,开发成了目前上海较为成功的节庆旅游产品。

第四,园林文化内涵丰富。作为旅游资源,开发者应考虑到旅游者的不同文化水平、出游动机以及在园林中的逗留时间等问题,在开发园林的过程根据不同的细分市场,推出不同文化深度的园林旅游产品以使不同的旅游者获得满足感。

三、园林文化旅游资源的主要构成要素

园林是造园者在有限的空间内通过凿池堆山、营造厅堂、栽花种树、布置园路等途径营造出的集形式美、意境美为一体的生活空间。园林被喻为"立体的山水诗",可见,园林是自然资源与文化资源高度融合的综合体。筑山叠石、理水、种植、建筑和楹联、题刻等造园要素从实体形式到文化内涵都具有极大的旅游吸引力,成为了不可多得的旅游资源。园林的成景方法与其折射出的古人造园"天人合一"的思想、"抒情寄志"的表现力以及"芥子纳须弥"的境界等,虽没有实体形式,但确是旅游产品开发中不可缺少的重要组成部分,因而也是构成要素之一。

(一)成景内容

1.筑山叠石

"山为骨架、水为灵魂"。筑山是造园最重要的要素之一。山因其体积高大,往往具有划分园林、组织空间的功能,使景色富有变化,更增添了自然情趣,也反映了古人"天人合一"的造园思想。园林中的山有真山和假山两种。一般来说,皇家园林规模宏大,以真山居多;私家园林空间有限,以叠石假山为主。假山有土山和石山之分。土山是挖池就土堆积而成,体量大,利于花木生长,容易形成葱茂的自然景观。石山则由叠石而成,尤以江南园林中的假山最为著名。太湖石以其"透、瘦、皱、漏、清、丑、顽、拙"的特点,成为了江南园林中叠石的主要石料。所谓"透"是指要欣赏它玲珑多孔、光透迷离的意态,"瘦"指棱角分明、不屈不阿的风骨,"皱"指其纹理苍老、光影明暗的情韵,"漏"指其峰石上下、关窍相同的活力,而"清"(状其阴柔)、"丑"(状其奇图)、"顽"(指其刚阳)、"拙"(明其浑璞)

都是对置石和峰石整体气势的审美评价[①]。园林除假山外,另一种表现形式则为置石,即以单块奇石立于院中。其往往造型优美奇特,富有情趣,成为了整个园林的点睛之笔,吸引了无数旅游者驻足品味。上海豫园景区内的镇园之宝——"玉玲珑"以其"石棱似朵云突兀,通体成万窍灵通"的特点,与苏州瑞云峰、杭州绉云峰并称为"江南三大名石",历来是豫园最主要的旅游吸引物。

2. 理水

水是园林中最活跃的构景因素,被称为园林的血液。所谓理水,即对水的不同处理方式,根据园林的组景需要,塑造成湖、池、溪、瀑、泉等千姿百态的水景。理水可分为"静水"和"动水"两种类型,静水包括湖、池、沼、潭、塘等;动水包括河、溪、湾、渠、涧、瀑、泉等。理水的方法有"掩"、"隔"、"破"三种。"掩"即以建筑和绿化,将曲折的池岸加以掩映;所谓"隔",或筑堤横断于水面,或隔水浮廊可渡,或架曲折的石板小桥,或涉水点以石,以增加景深和空间层次;所谓"破",往往以乱石为岸,怪石犬牙交齿,并配以细竹野藤,令人产生深邃山野的审美感受。通过巧妙的理水手法以进一步达到"芥子纳须弥"的中国哲学文化思想,也使园林更增添了一份旅游吸引力。

3. 种植

植物是园林的毛发,植物配置得当可丰富园林景观、点缀景点,为园林增添美感、带来生气。园林中的植物配置讲究姿色美、颜色美、香味怡人,同时并赋予不同的象征意义以表达造园者的人格追求。例如,兰花象征幽居清高,牡丹象征荣华富贵等。不同的植物与四季景色相得益彰,使得园林更增添了一份美感。

4. 建筑

园林中的建筑起着举足轻重的作用。它们既可自成景观,又是观景所在。正如《园冶》中所述"轩楹高爽,窗户虚邻,纳千顷之汪洋,收四时之烂漫",园林建筑与周围景观巧妙结合,一方面为游览者提供了休息、赏景之处,另一方面起到点景、隔景的作用,给游览者移步换景、以小见大的感受,增加了园林的审美价值。常见的建筑有厅、堂、楼、阁、馆、轩、斋、榭、舫、亭、廊、桥、墙等。另外,园林中雕塑、景窗、园路、铺地等小品辅助建筑,虽然体量小巧,但造型别致,极富情趣,烘托了整个园林的氛围,也加深了园林的意境。

5. 匾额、楹联、题刻、字画等

"文因景生,景借文传",书画墨迹是中国园林不可缺少的组成部分。精湛的语言与周围的山水、建筑、植物等巧妙结合,润饰景色的同时点出景观的美妙之处,使游览者浮想联翩。细细体味,造园者的审美情趣与喜好志趣也跃然纸上。

---

① 邱德玉.中国旅游文化.科学出版社,2006

扬州个园内一楹联写到"月映竹成千个字,霜高梅孕一身花"。上联"月下竹林",月下方有千个竹,暗喻虚怀若谷。下联描写"霜中梅花",赞颂它不畏霜寒的高贵品质。全联咏竹吟梅,以虚补实,以形写意,渲染出一幅情趣盎然的园林意境图画。又如,苏州拙政园内有两处观赏荷花的建筑物,一处上的匾额题为"远香堂",另一处则题为"听留馆"。前者得之于周敦颐咏莲的"香远益清",后者出自于李商隐"留得残荷听雨声"诗句。相同的景色配以不同的诗句带给游人不同的意境感受,使得静态的园林景色升华到了更高的艺术境界。另一方面,园林中的书画很多出于名人大师之手,更使其成为了不可多得的文化旅游资源。

(二)成景方法

中国古典园林往往运用多种成景方法巧妙地将各种景色融合在一起,以取得渐入佳境、移步换景的境界,同时也表达了造园者的思想感情。有时简单的处理却折射出古人无限的智慧与深厚的中国传统文化底蕴,因此,其既是一种方法也是一种文化,可作为文化旅游资源与主题节庆活动、主题展馆展示等相结合开发成旅游产品。常见的成景方法有:抑景、透景、夹景、对景、障景、框景、漏景和借景。例如,苏州园林中常用厅堂建筑或假山遮住主景,游人穿堂逾室,透过光线较暗的廊道或假山洞口,才能窥见园中景物,给游人"山重水复疑无路,柳暗花明又一村"的感觉。这种欲扬先抑的抑景方法不但提高了景色艺术感染力和层次感,同时也表现出古人自然、含蓄的文化思想。

第二节 园林旅游产品主要形式及其开发

一、目前园林文化旅游产品的主要形式

结合园林文化旅游资源的主要构成特点,目前园林文化旅游产品主要有两种形式。一种是基于园林实体,将园林作为旅游目的地进行开发。不同的园林类型有不同的特点,旅游开发者抓住不同的园林特征,设计合适的园内游览线路,并配以相应的服务为旅游者呈现风格迥异的园林旅游产品。另一方面,园林可作为其他旅游产品的承载物,因此也可结合其他旅游资源共同开发成旅游产品。第二种是基于园林文化,使其作为一种文化旅游资源不受实体建筑形式的限制,成为文化旅游产品。例如,将园林的造景艺术手法作为主题,在博物馆内进行展示,或者以园林内的文学作品作为主题开发成节事旅游活动等。上海大观园结合《红楼梦》推出的"十二金钗风情游"为主题的游园活动就是一个较为典

型的案例。继成功举办"红楼梦中人"大型选秀活动上海赛区各项赛事后,上海大观园将趁势打造生活版"十二金钗风情游"为主题的游园活动,"林黛玉""薛宝钗""王熙凤"等再现了《红楼梦》的生活情景,在大观园形成一道流动的风景线。整个活动从环境氛围到活动内容全部进行了精心设计与包装,让每一位游客都能扮一回"红楼梦中人"。

园林文化旅游产品的开发中往往需要重视以下两点。

第一,园林被誉为一切艺术品中最大型的综合艺术品。对于园林文化旅游产品的开发,应注意将文化与实体建筑相融合,提升产品品味,增强产品生命力。基于园林实体,只是指将原本存在的实体园林作为旅游目的地进行开发,在具体开发时切不可遗忘园林建筑的灵魂——文化。另一方面,文化基于建筑,脱离实体的文化是空洞的,没有生命力的。基于园林文化开发而成的旅游产品,只是指不以原本存在的园林作为旅游目的地进行开发而得到的产品。其可能是主题公园中的人造景观,亦可能是博物馆中的模型图片展示等。

第二,作为中国传统文化重要物质载体,中国古典园林蕴含着丰富的文化价值。而这种文化如同中国的诗画一样,重在写意抒情,讲究意境。造园者往往借助园林中的建筑景观、自然景物等表达其理想与信念,志向与趣味。然而,园林旅游产品面对的主要消费群体是当代的大众旅游者,他们的知识储备、生活环境与古人大相径庭,因此很难在较短的时间内充分体验到古人造园的心境,感受到园林的意境美。因此,在园林文化旅游产品开发时,应充分考虑到其"可读性",一方面深入挖掘园林的文化内涵;另一方面,要采用适当的载体与形式,深入浅出地加以表现,使得不同文化层次的旅游者获得更大的满足感。

下面从目前存在的两种园林文化旅游产品形式进行详细讨论。

(一)基于园林实体开发的旅游产品

此类旅游产品主要根据现存的不同园林类型进行开发,由于出发角度不同,园林的分类方法也不同,下文主要根据一种较为典型的分类方法——按园林所处的地理位置分类,进行讨论,以供参考。由上节内容可知,按地理位置不同,园林可分为:北方园林、江南园林和岭南园林三大类。

1. 北方园林

北方园林主要指分布在我国秦岭淮河以北地区的园林,往往集中在西安、洛阳、开封、北京等古都,以北京为代表。北方园林以皇家园林为主。一般而言,此类园林规模宏大,气势恢宏,多真山真水,反映了"雄"的特点。北方皇家园林充分体现了"普天之下,莫非王土"的概念。各种人工建筑形体高大,稳重大方,色调浓墨重彩,显示出皇家富丽堂皇之气势,也反映了我国古代封建统治阶级至高无上的身份。最典型的代表有颐和园、承德避暑山庄。颐和园在北京西北部海淀区境内,是我国保存最完善、规模最宏大的古典园林。全园由万寿山、昆明湖等组成,占地约290公顷,有各种形式宫殿园林建筑三千多间,集中了所有古代建筑的形式:亭台楼阁、殿堂厅室、廊馆轩榭、塔舫桥关等。全园以万寿山为中心,分前山和后山。主要建筑佛香阁高41米,建筑在20米高的石造台基上,高大宏伟,形成了全园的中心线。昆明湖占全园面积3/4,景色宜人,有三个小岛点缀且湖岸建有知春亭、凤凰墩等建筑。沿昆明湖北岸横向而建的长廊,长728米,共273间,长廊的每根枋梁上都绘有彩画,可供观赏。湖上的十七孔桥,长150米,宽8米,是园内最大的一座桥梁,不仅是前往南湖岛的唯一通道,其本身也构成了一个重要的景点。1998年,颐和园被列入《世界文化遗产名录》。

承德避暑山庄又名承德离宫或热河行宫,位于河北省承德市中心北部,是清代皇帝夏天避暑和处理政务的场所。始建于1703年,历经三代皇帝,耗时约九十年建成。总面积564万平方米,建筑物有110余处,宫墙长达10公里,是我国现存占地最大的皇家花园。整个山庄分为宫殿区和苑景区两大部分,宫殿建筑林立,布局严整,是紫禁城的缩影。苑景区自然野趣,有回归自然之感。1994年12月被列入《世界文化遗产名录》。

2. 江南园林

江南园林亦可称为南方园林,泛指我国淮河以南、五岭以北地区的园林。其大多是民间的私家花园,主要分布在苏州、无锡、南京、扬州等地,尤以苏州最多。江南园林最大的特点就是在有限的空间内,通过巧妙的组合,达到移步换景,以小见大的效果,反映出"秀"的特点。私家园林大多由文人、画家设计营造,因而其对自然的态度主要表现出士大夫阶层的哲学思想和艺术情趣。由于受隐逸思想的影响,它所表现的风格为朴素、淡雅、精致而又亲切。园林一般以厅堂为园中主体建筑,景物紧凑多变,用墙、垣、漏窗、走廊等划分空间,大小空间主次分明、疏密相间、相互对比,构成有节奏的变化,它们常用多条观赏路线联系起来,道路迂回蜿蜒,与水、桥、岛等相互辉映,构成深邃有趣[①]。江南园林因其空间有限,往往以假山叠石创造自然山水意境,达到"师法自然,胜于自然"的艺术效果。中国四大名园之一的拙政园是江南园林的典型代表。始建于明代正德四年(1509年),占地5.2公顷。现园林分为东、中、西三部分。园景以水为中心,山水萦绕,厅榭精美,花木繁茂,移步换景,处处充满诗情画意,有浓郁的江南水乡特色,体现了明代园林旷远明瑟、古朴自然的艺术风格。1997年被联合国教科文组织列为《世界遗产名录》,2001年被评为国家4A级景区。

中国四大名园的留园同样也是江南园林的典范。始建于明代万历二十一年

---

① 骆高远.旅游资源学.浙江大学出版社,2006

(1593年),占地2.3公顷,可分为东、中、西、北四部分。东部厅堂华美,重园叠户,中部山明水秀,古木蔽空,西部林木幽深,有山林野趣;北部竹篱小屋,呈田园风貌。留园以建筑空间艺术处理精湛著称,庭院错落相连,层次丰富。园中众多的太湖石峰形态各异,引人入胜。1997年留园被联合国教科文组织列入《世界遗产名录》;2003年被评为国家4A级旅游景点。

3. 岭南园林

岭南园林又称珠江类园林。岭南地区处于南岭山脉以南,为南亚热带气候,降水充沛,植物终年常绿。园林多为景观欣赏与纳凉避暑相结合,其造园特色介于北方园林与南方园林之间,近代又受西欧造园技法的影响,室内造景,室外呼应,轻盈秀丽,表现了"岭南之新"的园林建筑特色。较为著名的有广东顺德的清晖园、东莞的可园、番禺的余荫山房等。清晖园位于顺德县大良镇内。始建于清嘉庆五年(1800年)。园内建筑物配置以船厅一带为中心,园内装饰图案大多以岭南佳果为题材,令游人有身处蕉林竹丛之珠江三角洲水乡之感。可园位于东莞城西博厦村。建成于清咸丰八年(1858年)。在3.3亩的土地上,亭台楼阁,山水桥榭,厅堂轩院,一并俱全。园林以双清室、可楼为布局中心。建筑虽是木石、青砖结构,但十分讲究,窗雕、栏杆、美人靠,甚至地板亦各俱风格。整个园林布局高低错落,处处相通,曲折回环,扑朔迷离。加上摆设清新文雅,占水栽花,极富南方特色,是广东园林的珍品。

另外,值得一提的是,国外建造起的一些中国式园林也是较为成功的产品,吸引了越来越多人的目光。较为成功的案例有:美国兰苏园、加拿大逸园等。

兰苏园是一座中国苏州古典园林花园,坐落在美国西海岸俄勒冈州波特兰市的中国城,波特兰市长薇拉·卡茨、中国苏州市市长陈德铭和中国驻美国大使李肇星,共同为这座被称为"兰苏园"的苏州亭台楼阁式公园落成剪彩。全园占地3700平方米,2000年9月落成开放。该园分为五个景区,平面布局自由、灵活、曲折、空间层次丰富。中心湖区以水景为主,波光荡漾,清泓皎澈,充满诗情画意。规划设计了流香清远、香冷泉声、翼亭锁月、柳浪风帆、万壑云深、浣花春雨等景点。作为基于我国园林文化而建成的这一园林成为波特兰市与中国苏州市这两个姐妹城市友好合作的结晶。

逸园占地1430平方米,坐落于加拿大温哥华市中山公园内,由加拿大华裔为纪念孙中山先生而建。苏州古典园林建筑公司52名工匠组成的苏州园林专家组于1985年3月开始动工,至1986年5月建造而成。逸园集纳了苏州名园的精华,采用山池居中,建筑环绕的格局。1987年7月温哥华城市协会授予"杰出贡献奖",同时国际城市协会也授予"特别成果奖"。

此类旅游产品还有新加坡的蕴秀园、美国纽约的明轩、德国慕尼黑市的劳华园、英国利物浦的黑塞河畔的燕秀园以及澳大利亚悉尼市达令港畔的谊园等。它们不仅是一种文化旅游产品,更是文化的宣传大使,把中国的文化带向了世界,促进了全世界的文化交流。

(二)基于园林文化开发的旅游产品

此类旅游产品一般有两个核心要素:第一是作为吸引力要素的园林文化。园林文化作为吸引力要素,与一系列相关的文化旅游要素结合为旅游者营造一个个旅游场景,其可以是具体的目的地如主题公园,也可以是流动的主题活动如节庆活动等。这种文化吸引力对旅游者的价值建立在旅游者的文化审美基础上,如果旅游者不具备一定的审美旨趣和能力,其吸引价值就会下降,甚至消失[1]。第二,作为配套保障的相应服务。配套的相应服务主要包括文化导游、文化旅游特色的服务。一般而言,大多选择此类产品的旅游者对园林文化有一定的了解或至少是怀着较大的求知欲。因此所提供的导游必须具备相应的甚至是更为丰富的园林相关知识,更大程度上满足旅游者对园林文化的渴求。另外,在此类产品中,为旅游者提供的特色服务也应与园林文化紧密结合,烘托氛围,提升产品的品位。

目前,对于此类旅游产品的开发还比较少,较为成功的有以苏州园林博物馆为代表的博物馆展示。

苏州园林博物馆建于1992年9月,占地2000余平方米,位于苏州著名园林拙政园附近。馆中辟有"园原"、"园史"、"园趣"、"园治"四个展室,展示了苏州园林在两千多年悠悠岁月中的历程,容纳了几十座古典园林的旖旎风光。"园原"陈列了苏州历代名人高士、能工巧匠关于造园的事迹、著述和信函等文献资料。"园史"引导观众超越时空、纵览苏州园林的发展历程。"园趣"包括"吴中佳构"、"江南名园"、"乡镇风情"、"小巷亭林"、"清韵远播"五个方面,以文字、照片、模型展示以分别在江南地区为主的各个园林以及苏州在国外构建的园林的景貌。"园治"剖析苏州园林造园的要素和造园艺术,以较深层次揭示了苏州园林在世界园苑之林中卓成体系的原因所在。可以说,整个博物馆融历史、文化、园林于一体,既有知识性,又有可观性和趣味性。

二、园林文化旅游开发中的主要问题与对策

(一)园林文化旅游开发的主要问题

园林的精髓在于园林文化。要充分实现园林的旅游价值及其旅游可持续发展,就必须深度挖掘其所蕴含的园林文化,并以旅游者可接受的形式表现出来,

---

[1] 张国洪.中国文化旅游——理论·战略·实践.南开大学出版社,2004

使旅游者能感受、理解与欣赏。可以说我国的古典园林,其本身就是一种文化的体现,无论是园林内的建筑、山水景观、花草树木、楹联匾额等景观要素,还是框景、漏景等成景方法等都向人们展示着其源远流长的文化根源。从旅游开发的角度来讲,如何使旅游者感受到园林的美与深度,使游览过程成为一次体验与享受过程而非只是观光,是园林文化旅游产品增加吸引力提高重游率的关键。

中国古代造园,讲究"三境"层次,即师法自然的物质层次"胜境"、高于自然的美学层次"美境"和天人感应的精神层次"意境"。中国古典园林的独特魅力,就在于通过具体、有限的园林形象,传达出深远微妙、耐人品味的情调氛围,使游赏者睹物会意、触景生情,在有限空间环境中感受到无限丰富的意趣。这种融情入境、情景交融的美妙境界,就是中国园林在欣赏者心中造成的意境[①]。可以说,园林意境这个概念的思想渊源可追溯到东晋至唐宋年间。当时的园林创作发生了转折,从以建筑为主体转向以自然山水为主体。在创作布局中流露出造园者的情感理想,由此产生了园林的意境。意境的体会是欣赏园林的关键。然而,在目前的园林旅游产品中,存在园林的意境难以被很好地诠释或被旅游者所体验的问题。从旅游开发的角度上说,园林产品尚未充分挖掘其自身魅力以提升旅游者的满意度;从园林保护及其可持续发展的角度来说,学者专家等忧虑园林的意境正在大众旅游中消退。

园林意境难以被很好诠释或是被旅游者体验的原因有很多,以下两点尤为主要。

1. 大众旅游者与古代赏园者的审美情趣存在差距

园林意境是由现实的景观所产生的一种联想、一种体会,具有很大的主观性,不同的旅游者由于审美水平、自身文化素养的差异,对其感悟的程度不同,因而获得的满足感也不同。另一方面,古代的园林欣赏者主要是文人墨客、皇室贵族或达官贵人,他们既是园林的欣赏者同时也往往是造园者。造园者的感情、抱负、人格以及理想追求等较容易达到共鸣,园林中的题名、楹联、匾额等中所蕴含的文化底蕴也较易被体会。然而,现在园林的主要欣赏者是普通大众,我们的知识储备、生活环境、审美标准等与古人大相径庭,要感受造园者的初衷,在感受上达成共鸣就变得十分不容易。例如,苏州拙政园是明代御史王献臣所建,其因不满朝政,退而居家,取晋代潘岳《闲居赋》中"灌园鬻蔬,以供朝夕之膳。……是亦拙者之为政也"句意命名,也表达了自己要学潘岳那样隐退于林泉之下,要像陶渊明一样守拙归田园。这个园名,不仅表达了王献臣当时那种既无可奈何,又想自我解嘲的复杂心理。园林中的"远香堂"出自周敦颐"香远益清","兰雪堂"取

[①] 马耀峰,宋保平,赵振斌.旅游资源开发.科学出版社,2005

自李白诗"独立天地间,清风洒兰雪","待霜亭"取自唐代诗人韦应物"书后欲题三百颗,洞庭须待满林霜"。对于这些,今天的普通大众没有对拙政园及那个时代的了解,没有一定的文化功底是很难体会到造园者的心境,感悟到这里的画外之意、弦外之音并与之产生共鸣的。

2.大众旅游引起了园林的欣赏环境与欣赏方式的变化

古代园林大多是封闭的,欣赏者数量较少,一般为园林的主人或是小范围的亲朋好友。他们不受游览时间的限制,也无须按照既定的游览线路,他们有足够的时间,或驻足停留或沿路欣赏或与志同道合者切磋交流,在完全闲暇的心境中慢慢品味园林的美。然而,大众旅游者的情况却有很大的不同。首先,旅游者人数较多,尤其到了法定假期或"黄金周",园林内人满为患,人声鼎沸,旅游者很难以"静"、"闲"的心境来感受园林所带来的美感。第二,旅游者往往受到游览时间的限制,在游览方式上也受到一定的制约。大多旅游者只是把园林作为一个观光对象,在限定的时间内匆匆过眼,把园内的每个建筑看过一遍即可。另外,很多园林的景色随季节、气候的变化而不同。"荷风四面"(拙政园)、"西山晴雪"(香山静宜园)、"赤壁霞起"(颐和园)等景观效果都是在特定的时间才能欣赏到的。一般旅游者出游时机受到限制,重游率又比较低,也就很难感受到这里的美了。

另外,一些园林为了适应大众旅游的需要,对园林进行了改造,打破了一些园林原有的静谧的美,这也在一定程度上破坏了园林的意境美。

(二)园林文化旅游开发对策

1.分散旅游者,营造良好环境氛围

控制旅游者人数是个老生常谈的问题了。通常使用提高门票价格的方法。苏州网师园的做法独辟蹊径,给我们带来不少启发。我们所说的控制旅游者人数以提高游览质量,最为主要的是控制同一时间段的旅游者人数,如果可以通过在不同时间段推出不同的具有吸引力的特色项目以达到分散旅游者的目的,其不失为一种很好的办法。

网师园始建于南宋,以小巧精湛著称,保持了苏州旧时世家完整的宅、园相连风貌。园以水池为中心,四周布置庭阁轩庭、山石花木,形成明净开朗的园中主景。全园主次分明,富于变化,园内有园,景外有景,被认为是苏州古典园林中以少胜多的范例。1997年被联合国教科文组织批准列入《世界遗产名录》,2003年被评为国家4A级景区。网师园古典夜园游特色活动,由网师园、中国国际旅行社苏州支社和市文化部门联合推出,已接待中外来宾20余万人次,深受海内外游客的欢迎,并被国家旅游局推荐为特色旅游项目。古典夜园在每年3月到11月间开放,每晚开放时间为19:30~22:00,上演的节目每个平均10分钟左右。客人随到随演。演员和观众共处一堂,容易近距离观赏,使游人对园林文化感受更为真切。从另一个角度思考,如果白天和晚上,园林都能结合时间特点推出不同的项目,在一定程度上就能起到分散旅游者的作用,不仅可以减少园林管理的压力,也可以提高旅游者的游览质量,提升其满意程度。

2. 增加文化的可读性,增强文化的体验感

鉴于大众旅游者在游览时间上所受到的限制,其自身的审美情趣又不同,很难在较短的时间内体会到园林的意境、最大程度上获得美的享受。要增加文化的可读性,增强旅游者的文化体验感,一种比较可取的方法是通过增加表演活动等视听项目,使整个园林"活"起来,提高旅游者的参与度,使旅游者更好地融入到园林的氛围中,以获得最大的满足感。目前常用的方法侧重于加强旅游者的参与度,烘托园林的氛围,如在园林中举办主题活动、搭建舞台进行定时定期表演等。实例有,苏州园林内旅游者可以欣赏到专业的昆曲表演、琵琶演奏等。在不同的时间段,员工身着古人的服饰进行表演,增添了园林的美感。旅游者大为赞赏。又如每年夏初,拙政园内都要举办荷花节。幽静的古典园林被"出淤泥而不染"的荷花拥衬,更显出典雅风韵。

对于利用视听工具增加园林文化的可读性这一方面,旅游开发者考虑较少。通常,旅游者通过导游讲解了解园林的历史典故等。建议将园林的主要典故等编排成短剧进行表演或者增加视频介绍等,便于不同文化层次的旅游者吸收园林文化知识、获得更为真切的文化感受。另一方面,园林的许多景色因季节时间不同而不同,利用视频设备可以给旅游者展示最佳的游览景观,使其更好地体味园林的意境之美,而不留"入得宝山却空手而归"的遗憾。

在增加文化可读性方面,可以考虑如何适当地将传统文化与现代文化相结合,推出更易被市场接受的产品。针对不同层次文化需求的客源市场,推出不同深度的文化产品,不但是市场化运作的要求,也是对传统文化的有效保护。

另外,园林公共环境的建设,如电子旅游导向系统、文化旅游指示牌、园林中的公用设施建设甚至是管理人员的服饰等都要迎合整个园林的主题与氛围以烘托气氛、营造环境。

3. 开发基于园林文化开发的旅游产品

目前,对于此类产品的开发较为欠缺。一般认为,基于文化开发的旅游产品,受时间地域限制较小,因而具有较大的灵活性。一方面,其可以普及园林知识,激发更多的潜在旅游者的旅游动机,吸引他们去实体园林参观游览;另一方面,此类产品形式较为丰富,可面对不同文化层次、审美情趣的旅游者推出相应的旅游项目,受众面较广。如何结合园林文化,打造专业的节庆品牌或塑造特色主题活动、创建主题公园等是旅游开发商值得深思的问题。

重点概念

　　园林　园林文化旅游资源　北方园林　江南园林　岭南园林

复习思考题

　　1. 简要说明园林的分类。
　　2. 简要说明文化资源的定义。
　　3. 举例说明园林文化旅游资源的主要构成要素。
　　4. 举例说明目前主要的两种园林文化旅游产品形式。
　　5. 请结合实例谈谈对"基于园林文化开发的旅游产品"的理解。
　　6. 阐述园林文化旅游产品开发中的主要问题。
　　7. 请结合实例谈谈园林文化旅游开发对策。

主要参考文献：

　　1. 陈从周. 梓翁说园. 北京出版社, 2004
　　2. 骆高远. 旅游资源学. 浙江大学出版社, 2006
　　3. 张国洪. 中国文化旅游——理论·战略·实践. 南开大学出版社, 2004
　　4. 马耀峰, 宋保平, 赵振斌. 旅游资源开发. 科学出版社, 2005
　　5. 韦燕生. 中国旅游文化. 旅游教育出版社, 2006
　　6. 高曾伟, 卢晓. 旅游资源学. 上海交通大学出版社, 2002
　　7. 康玉庆. 中国旅游文化. 中国科学技术出版社, 2005
　　8. 全华. 旅游资源开发及管理. 旅游教育出版社, 2006
　　9. 邱德玉. 中国旅游文化. 科学出版社, 2006
　　10. 黄传岭, 程春旺. 中国古典园林文化内涵在旅游活动中的价值挖掘. 安徽农业科学, 2006, 34(12)
　　11. 张璟. 苏州园林文学与园林旅游. 旅游科学, 2000, (2)
　　12. 孙婷. 苏州拙政园游客行为调查与分析. 铁道师院学报, 2000, 17(3)
　　13. 李辉. 妙处难与君悦——试论古典园林意境在大众旅游中的消退. 艺术百家, 2005, (2)
　　14. 李岚, 李新建. 当前传统私家园林意境的隐退. 新建筑, 2003, (6)
　　15. 管宁生. 当代旅游者游园心理探析——兼论园林、营造的针对性. 中国园林, 1998, (4)
　　16. 茅昊. 江南古典园林旅游功能缺失研究. 东南大学硕士学位论文, 2004, (4)
　　17. 柴寿升. 论中国传统文化的旅游价值及其开发与保护. 烟台教育学院学报, 2003, 9(3)
　　18. 李永平. 浅谈园林景观常见的构景类型和构景手法. 大众科技, 2005, (3)
　　19. 于德珍. 略论园林与旅游审美. 大众科技, 2005, (4)
　　20. 高丽华. 资源依托型旅游产品创新研究——以苏州古典园林为例. 苏州大学硕士论文, 2004, (3)
　　21. 任朝旺. 论中国古典园林的艺术特征及其旅游开发. 河北大学硕士论文, 2004

第十章 饮食文化资源开发

学习目的

中国饮食、法国饮食和土耳其饮食并称为世界三大饮食流派。开发饮食文化资源,不仅可以提高旅游产品质量,丰富产品内容,同时可以改善旅游消费结构,提高经济收入,因此有着巨大的市场潜力。通过本章的学习,要求掌握饮食文化旅游的定义及其特点,理解饮食文化旅游的开发意义,了解目前饮食文化旅游资源的开发形式以及开发中的主要问题与对策。

主要内容

- 饮食文化资源概述
  饮食文化旅游的定义及特点
  饮食文化旅游的开发意义
- 饮食文化旅游资源开发主要形式及开发对策
  目前饮食文化旅游资源的主要开发形式
  饮食文化旅游开发中的主要问题与对策

我国国家旅游局曾把大型旅游活动主题年的名称定为"中国烹饪王国游",足显饮食文化在旅游业中的地位及影响力。一方面,饮食作为旅游六大要素之一,是旅游中不可缺少的有机组成部分。另一方面,饮食文化内容丰富,包括了饮食风味、方法、礼仪等,体现了民族文化特色,是重要的人文景观。基于饮食文化开发的美食旅游、美食文化节等成为了新兴旅游产品。

第一节 饮食文化资源概述

一、饮食文化旅游的定义及其特点

(一)饮食文化定义

所谓饮食文化,其既包括了"饮"又包括了"食",指特定社会群体食物原料开发利用、食品制作和饮食消费过程中的技术、科学、艺术,以及以饮食为基础的习俗、传统、思想和哲学,即由人们食生产和食生活的方式、过程、功能等结构组合而成的全部食事的总和①。作为世界文明古国之一,中国的饮食文化源远流长、内涵丰富,在世界上独树一帜,吸引了无数的中外游客。然而,长期以来,饮食在大多数旅游开发者眼里只是构成旅游产品的一个要素,主要目的是满足旅游者生存需要,其吸引力并未得到很好开发。因此,本章中主要讨论中国饮食文化资源的挖掘及开发问题。

(二)饮食文化旅游的定义

所谓饮食文化旅游,指将饮食文化与旅游活动相结合,以品尝美食、了解中国饮食文化为主要内容,以游览所在地的自然景观与人文景观为辅助内容的特色旅游。② 饮食文化旅游的推出,是对饮食在旅游业中功能的一次再开发,使其由原先的饱肚功能拓展为文化旅游资源。

(三)中国饮食文化的特征

首先,让我们来看看中国饮食文化的特征。

1.品种繁多、风味各异

中国幅员辽阔、物产丰富,各地的生活习惯、文化传统不同,形成了各种不同的饮品和食物。

在饮品中以茶和酒最具特色。按不同的采制方法,茶可以分为绿茶、乌龙茶、红茶、花茶、紧压茶等。绿茶是不发酵的茶,将采摘来的鲜叶先经高温杀青,杀灭了各种氧化酶,保持了茶叶的绿色,然后经揉搓、干燥而制成,冲泡后茶汤碧绿清澈,味道清香鲜醇。主要绿茶品种有西湖龙井、洞庭碧螺春、黄山毛峰、蒙顶茶、白毫银针。乌龙茶属半发酵茶,基本工艺过程是晒青、晾青、播青、杀青、揉

---

① 何宏.中外饮食文化.北京大学出版社,2006
② 杨丽.试析饮食文化特色旅游.云南地理环境研究,2001,13(2):43

捻、干燥。其既具有绿茶的清香又具有红茶的醇厚滋味。主要的品种有铁观音、武夷大红袍、台湾乌龙等。红茶属于发酵类茶,基本加工方法是萎凋、揉捻、发酵、干燥。制成的茶色暗红而味甘醇。主要品种有祁红(祁门)、滇红(云南)和英红(广东)。花茶是以绿茶或乌龙茶为底料辅以茉莉、玉兰、玫瑰、珠兰等各种香花,经焙制加工成多种香型的花薰茶。主要品种有茉莉花茶、珠兰花茶。紧压茶又称砖茶,是茶叶经加工后蒸压成饼状或砖状焙干而成。紧压茶味浓馥而略带干涩,具有助消化的作用。主要品种有普洱茶(云南)和六堡茶(广西)。酒是由谷类及水果经酵母发酵产生香味成分及酒精所酿制而成。按其原料和酿造方法,可分为谷物酒、果酒、药酒和奶酒。谷物酒是我国古代饮用时间最长、量最多的酒,其又可分为浊酒、黄酒和白酒。果酒主要是指用果类作原料酿制而成的酒,葡萄酒是最主要的品种。药酒指用植物的花、茎、叶、根以及动物的骨、角等浸入酒中配制而成用于保健、治病的酒。奶酒以马、羊、骆驼等动物的奶汁为原料酿造而成,主要盛行于我国北方游牧民族。

"食"的方面,种类更是繁多。一般我们可以将我国的菜肴分为宫廷菜、地方菜、官府菜、寺院菜和民族菜。宫廷菜指历代封建王朝菜肴。目前流传的主要是清代宫廷菜肴,被视为中国最高级的美食。其特点是选料高档、制作精细、色形美观、保持原料的特有风味,并以清、嫩、鲜、酥见长。最著名的"满汉全席",其中热菜、冷荤和各式制作精美的点心,水果要三天六次才能吃完,可见其丰盛隆重之程度。地方菜因其选用的原料、配料及烹饪方法不同,往往分成四大菜系:粤系、苏系、川系和鲁系。粤菜用料以海鲜、野味为主,口味清鲜、滑爽,注重点心、粥品。代表菜有三蛇龙虎会、脆皮乳猪等。苏菜味兼南北,以河鲜菜为特色,亦有制作考究的点心、小吃。川菜以麻辣见长,注重调味,鲁菜沿袭了宫廷菜的特点,制作精细、善于以汤调味。取料以高热量、高蛋白食物为主。官府菜是指一些大的官僚、名人、社会名流府上所烹制的菜肴,后流传到民间。著名的有孔府菜、谭家菜。再如东坡肉、宫保鸡丁等名菜也应列入官府菜之内。寺院菜,即素菜。因大都出自佛家的寺院内,所以称为寺院菜,是我国饮食文化的重要组成部分。由于现在兴起素食热,所以中国的寺院菜备受各国旅游者的欢迎。此种菜别具风味,有利健康,选材很广,名菜极多,模仿荤菜,形味逼真。民族菜是指从我国少数民族地区发展起来的菜肴,后来普及到全国各地,中国有55个少数民族,每个民族都有各自的饮食文化模式和特殊的菜肴风味流派,如苗族、侗族、土家族的酸菜、酸肉、酸鱼,彝族的疙瘩饭、坨坨肉,瑶族的粽粑、竹筒饭,纳西族、普米族的琵琶肉,傣族的油炸青苔、香竹糯米饭,蒙古族、藏族的"烤肉"、"涮羊肉"、"羊肉串"、"烤全羊"等。

2. 注重美感、用具考究

我国的饮食讲究食物色、香、味、形的协调一致，十分注重美感。菜肴烹饪成熟装盘上桌后，菜型美观悦目，令人馋涎欲滴。在菜肴制色上分为本色、配色、上色、缀色、润色。本色即保持原料原色。配色指用不同的原料使之颜色可以彼此衬托。上色指烹饪时添加酱油、熬糖或通过油炸等方法给菜肴增加颜色。缀色指在主菜上点缀他菜以起到锦上添花之用。润色指通过淋油、勾芡等使菜肴色泽更为鲜艳明亮。在菜肴成型方面，运用刀工造就菜肴的基本形态，通过不同的摆盘方法构建菜肴的艺术造型。最后，还要搭配不同的饮食器具。饮食器具主要包括盛器、饮器、食器、桌椅等，用料上除了陶、瓷、金、银、铜、漆器以外，还有竹、锡、紫木、象牙、犀角等物。这些饮食器具上往往绘有白鹤飞翔、游龙戏凤、琴鸟舒翼、彩蝶恋花、人物美女、各种花卉、山水画等，给食者带来除美食之外的享受。搭配时要求雅丽与适用统一，食器本身美，器与菜肴配合和谐。

3. 医食结合、重在养身

我国的饮食文化与医疗保健有着密不可分的关系。人们向来就很重视"医食同源"、"药膳合一"。药膳，亦可称为饮食疗法。将中药根据咸、酸、苦、甘、辛五味和药性、功能，适当地放入菜肴中，烹成各种美味的佳肴，达到对某些疾病防治的目的。它是中国传统的医学知识与烹调经验相结合的产物，既具有营养价值，又可防病治病、保健强身、延年益寿。可以说其不但是一门科学，更是一门艺术。按照药膳的功效特点，可分为：保健药膳和治病或辅助治疗药膳两种。前者主要包括减肥药膳、美容药膳、增智药膳、增力药膳、明目药膳、聪耳药膳、益寿药膳及防病与抗衰老药膳等。后者主要是在专业药膳师或临床医师指导下，遵循辨证施膳的原则而遣药配膳。如解表药膳、祛痰止咳平喘药膳、健脾助消药膳、清热生津药膳、益阳祛寒药膳、泻下通便药膳、理气止痛药膳、安神助眠药膳等。食药结合制成的具有多种保健作用的佳肴很多。例如：汉族的天麻炖子鸡、当归药膳鸡，壮族的三七炖鸡，纳西族的虫草鸭、贝母鸡等。元代《山家清供》中的蜜渍梅花、梅花脯等是药膳点心、蜜饯中的佳品。药膳保健饮料有汤、饮、酒、浆、乳、茶、露、汁等。茶类多为单独的茶叶或与某些药物混合制成，如枸杞茶、玉磨茶、参杞酒等。

（四）饮食旅游资源的文化内涵

饮食展现着文化，文化体现在饮食之中。千百年来，中华饮食文化不断发展，使得饮食旅游资源具有了深厚的文化内涵，蕴藏着巨大的开发空间。在旅游产品开发时，要特别注意把握其文化特色，使旅游者在饱尝美味的同时，更多地了解当地的风土人情、文化传统，品味到不同的文化特色，获得更丰富的审美体验。饮食文化博大精深，从大众旅游开发的角度，以下几方面中体现出的文化价值可成为开发重点。

1. 菜名中折射文化

许多菜肴的命名极富文化特色,使旅游者在进食的同时浮想翩翩,心情愉悦,例如,阳春白雪(鸡蛋白炒菠菜)、金玉围翠(竹笋炒豆苗)、宫门献鱼(炒桂鱼)。菜名体现了语言之美,为客人展现出一幅幅栩栩如生的画面。一些菜肴的名字富有文学和宗教色彩。例如,称素鱼为"如意",酒为"般若汤",冰冻水为"甘露水",酸梅汤为"人生本味"等,耐人寻味,别有情趣。亦有一些菜肴的名称则向客人娓娓讲述着典故传说。例如,湘菜中有着一道百年不衰的传统菜肴"霸王别姬"。它选用甲鱼(鳖)和鸡为主要原料,辅以香菇、料酒、蒜等佐料,采取先煮后蒸的烹调方法精制而成。此菜问世于清代末年,以一段被人熟知的爱情故事为菜名,激起了客人的兴趣,给客人留下了深刻的印象。又如我国汉代名菜"五侯鲭",有段典故颇令人赞赏。五侯,即指汉成帝母舅王潭、王根、王玄、王商、王逢等人,因他五人同日封侯,故名。"鲭"即青鱼。据《西京杂记》载,"王氏五人,同日封侯,他们之间各有矛盾,宾客不得往来,后有一个叫娄护的官吏,备了丰盛的酒菜,依次在五侯之间传食,进行调解。因而博得"五侯"的欢心,并置备佳肴美馔回赠娄护。娄护品尝了佳肴,经过自身努力,集五家之专,烹制出一种美味珍肴,世称"五侯鲭"。韩翃在《送刘长上归城南别业》中赞赏到:"数刻是归程,花间落照明。春衣香不散,骏马汗犹轻。南渡春流浅,西风片雨晴。朝还会相就,饭尔五侯鲭"。每一道菜就像是一个窗口,带着游客穿越时空隧道,品味中华文化。

2. 烹饪中感悟哲学

丰富多彩的中华烹饪与古代哲学文化有着密不可分的关系。孔子主张"食不厌精、脍不厌细"。原意是指祭祀用的食物,饭要选饱满完整的米粒来烧,肉要尽可能切得精细。后来在日常生活中,人们将之引申为对食物的选择、加工、制作要精益求精,不断提高技艺,把饭菜烧得尽善尽美。道家的代表人物老子提倡养生,崇尚饮食自然,庄子继承发展了老子的饮食思想。道家把淡味、本味看作百味之首,认为淡味就是美味、本味。饮食过程讲究自然清淡,强调荤素同食,以素为主,以荤为辅,主平和,忌浓烈,以达到静身养性、益身、益心、益神。

另外,"调和"是我国饮食文化中的重要观念。中国传统的人生哲学推崇中庸之道,提倡"和为贵"精神,饮食过程也默守着"和为贵"、"和为美"之原则。"调和"实际上就是如何使饮食烹饪中的多种因素在符合各自规律的结构配合中达到和谐,以取得美的效果。以"和"为美是饮食烹饪的最高标准,这既是健康与生存的需要,又是享受与陶冶性情的需要。因此,它是烹饪技术科学性与艺术性的统一,是物质文明与精神文明的统一。人们在饮食中,讲究"依合阴阳,调节饮食",强调人与自然的相通和统一①。哲学思想潜移默化地影响着人们的饮食观。从根源对中华饮食观有所了解,有利于提升产品的文化档次、抓住旅游者的"求知"心理,推出更受欢迎的饮食文化旅游产品。

3. 品茶中感悟不同

中国人的饮茶文化由来已久。"茶"字的起源,最早见于我国的《神农本草》一书,它是世界上最古的第一部药物书。我国的差生——唐代陆羽于公元758年左右写了世界上最早的茶叶专著《茶经》,系统而全面地论述了栽茶、制茶、饮茶、评茶的方法和经验。据其推论,我国发现茶树和利用茶叶迄今已有四千七百多年的历史了。茶文化主要体现在茶道、茶俗以及与茶文化相关的诗词对联中。

饮茶可以分为四个层次。将茶当饮料解渴,称为"喝茶"。注重茶的色香味形,讲究水质茶具,喝的时候细细品味,可称之为"品茶"。品茶加上制茶和泡茶的技艺,讲究环境、气氛、冲泡技巧等就是"茶艺"。而通过品茗来修身养性、品味人生,达到精神上的享受就是中国饮茶的最高境界——"茶道"。茶道起源于中国唐朝寺院。寺院僧众念经坐禅,皆以茶为饮,清心养神。茶道不同于茶艺,茶艺重点在"艺",重在习茶艺术,以获得审美享受;茶道的重点在"道",旨在通过茶艺修心养性、参悟大道。茶道不但讲究表现形式,而且注重精神内涵。通过沏茶、赏茶、饮茶、增进友谊,美心修德,学习礼法。喝茶能静心、静神,有助于陶冶情操、去除杂念,这与提倡"清静、恬澹"的东方哲学思想很合拍,也符合佛道儒的"内省修行"思想。茶道精神是茶文化的核心,是茶文化的灵魂。日本学者把茶道的基本精神归纳为"和、敬、清、寂"。"和",主客和气,人茶和谐。"敬",主客敬重。"清",人、心、茶、具、境都清洁、清净。"寂",环境安静、神情庄重②。

我国人民历来就有"客来敬茶"的习惯,各地所形成的茶俗不仅是民族传统文化的积淀,也折射出中华民族的文明和礼貌。茶俗以茶事活动为中心贯穿于人们的生活中,并且在传统的基础上不断演变,成为人们文化生活的一部分,它内容丰富,各呈风采。古代的齐世祖、陆纳等人曾提倡以茶代酒。唐朝刘贞亮赞美"茶"有十德,认为饮茶除了可健身外,还能"以茶表敬意"、"以茶可雅心"、"以茶可行道"。如今各地还保留着有客来敬茶、添茶留客、端茶送客、浅茶满酒、开茶话会等习俗。例如,武夷山地区至今保留着其民间饮茶习俗"三道茶"。"三道茶"以"和、敬、怡、真"的思想为指导,包括"迎宾茶"、"留客茶"、"祝福茶"。"迎客茶"是为远道而来的客人送上的第一盏茶,并配有茶点。茶点是具有武夷山区特

---

① 张进福,郑向敏.论传统饮食观与旅游活动中的科学饮食.北京第二外国语学院学报,2000,(1):77—80

② 周健,甄尽忠.中国旅游文化.郑州大学出版社,2006:177—179

色的米焦、芝麻果、咸笋干、芋果等。香醇的茶和甜美的茶点,表示欢迎客人的到来。"留客茶"是让客人既能看到泡茶的技巧又能品尝到茶的色、香、味。一边品茶,一边交谈,无拘无束,其乐无比。"祝福茶"在客人即告辞时,送上一杯桂花金桔茶,并送上祝福的吉言。又如,在客家人聚居的山区,流行着吃擂茶的习俗。制作时,先将芝麻、茶叶、花生仁等置擂钵内,用擂棒均匀压磨,至成浆状后用沸水冲泡,再用笊篱滤去渣滓,制出的擂茶色雪白,味芳香,清醇爽口,生津止咳。凡有客人到家,就用花生、油麻、茶叶等擂茶,为客人接风。凡过正月十五元宵节时,擂茶也是必不可少的。人们在游玩、坐叙几个时辰后便煮茶,共享大自然的恩赐,预示新一年生活更加丰富多彩。再如,维吾尔族也有自己的饮茶习俗。若至维吾尔族人家做客,一般由女主人用托盘向客人敬第一碗茶。第二碗开始,则由男主人敬。倒茶时要缓缓倒入茶碗内,茶不能满碗。客人如不想再喝,可用手将碗口捂一下,即是向主人示意:已喝好。喝完茶后,还要由长者作"都瓦"(默祷)。多姿多彩的饮茶习俗,使得茶文化成为了极富吸引力的饮食文化旅游资源。

另外,古时咏茶的诗词对联也使茶文化散发着独特的光芒。唐宋时期,众多的文人雅士如白居易、李白、柳宗元、刘禹锡、皮日休、韦应物、温庭筠、陆游、欧阳修、苏东坡等,他们不仅酷爱饮茶,而且还在自己的佳作中歌颂和描写过茶叶。如韦应物在《喜园中茶生》中写道"洁性不可污,为饮涤尘烦"。唐代诗人元稹,官居同中书门下平章事,与白居易交好,常常以诗唱和,所以人称"元白"。元稹有一首宝塔诗,题名《一字至七字诗·茶》:"茶,香叶,嫩芽,慕诗客,爱僧家。碾雕白玉,罗织红纱。铫煎黄蕊色,碗转曲尘花。夜后邀陪明月,晨前命对朝霞。洗尽古今人不倦,将至醉后岂堪夸。"诗从茶的本性说到了人们对茶的喜爱,从茶的煎煮说到了人们的饮茶习俗,最后说到了茶的功用:能提神醒酒。

鉴于茶文化的特点,既可通过挖掘茶文化内涵、展示茶文学来开发深层次文化旅游产品,亦可通过展示、普及茶艺等开发成旅游者参与程度较高的互动型旅游产品,同时茶也是很好的旅游纪念品。因此,茶文化旅游资源具有很大的开发空间。

4. 饮酒中体味深度

在漫漫历史长河中,酒不仅仅是一种饮料,而已成为一种文化象征。古语云:"饮酒者,乃学问之事,非饮食之事也。"又说:"醉里乾坤大,壶中日月长。"多少智者从一醉方休的境界中认识世界,彻悟人生。追求绝对自由、忘却生死利禄及荣辱,是酒精神的精髓所在。从旅游开发的角度而言,我们可以从饮酒礼仪、饮酒习俗、酒诗酒联以及关于饮酒的典故趣事这四方面来探讨一下酒的文化价值。

饮酒作为一种食的文化,在远古时代就形成了一种大家必须遵守的礼节。古代饮酒的礼仪约有四步:拜、祭、啐、卒爵。就是先做出拜的动作,表示敬意,接着把酒倒出一点在地上,祭谢大地生养之德;然后尝尝酒味,并加以赞扬令主人高兴;最后仰杯而尽。在酒宴上,主人要向客人敬酒(叫酬),客人要回敬主人(叫酢),敬酒时还有说上几句敬酒辞。客人之间相互也可敬酒(叫旅酬)。有时还要依次向人敬酒(叫行酒)。敬酒时,敬酒的人和被敬酒的人都要"避席",起立。普通敬酒以三杯为度。主人和宾客一起饮酒时,要相互跪拜。晚辈在长辈面前饮酒,叫侍饮,通常要先行跪拜礼,然后坐入次席。长辈命晚辈饮酒,晚辈才可举杯;长辈酒杯中的酒尚未饮完,晚辈也不能先饮尽。

在中国,各种节日,几乎都有饮酒的习俗。如在端午节,人们为了辟邪、除恶、解毒,有饮菖蒲酒、雄黄酒的习俗。重阳节,人们登高饮"菊花酒",有"盛茱萸,悬臂登高山,饮菊花酒,祸乃可消"之说。除夕夜,全家聚餐饮团圆酒,晚辈要向长辈敬辞岁酒"年酒"。在一些地方,如江西民间,春季插完禾苗后,要欢聚饮酒,庆贺丰收时更要饮酒,酒席散尽之时,往往是"家家扶得醉人归"。全国各地除了信奉伊斯兰教的回族一般不饮酒,其他各个民族都有各自独特的饮酒习俗。例如,在苗族,节日遇远客,必迎至家中设酒宴。邻里也纷纷送酒菜,视为自家人。接待贵宾时敬牛角酒,或以咂酒待客,即用芦苇、竹管插入酒坛吸酒。彝族青年男女喜欢在饮酒狂欢中表达自己的感情。壮族人敬客人的交杯酒并不用杯,而是用白瓷汤匙两人从酒碗中各舀一匙,相互交饮。主人这时还会唱起敬酒歌:"锡壶装酒白连连,酒到面前你莫嫌,我有真心敬贵客,敬你好比敬神仙。锡壶装酒白瓷杯,酒到成前你莫推,酒虽不好人情酿,你是神仙饮半杯。"

我国的酒文化与诗词也有着不解之缘。曹操《短歌行》"对酒当歌,人生几何?譬如朝露,去日苦多。慨当以慷,忧思难忘。何以解忧?唯有杜康"。李白《将进酒》"人生得意须尽欢,莫使金樽空对月。天生我材必有用,千金散尽还复来"。苏轼《水调歌头》"明月几时有?把酒问青天"。王维《送元二使安西》"劝君更尽一杯酒,西出阳关无故人",等等。文字、酒与迸发出来的情感为酒文化旅游资源更添了无限魅力。

此外,历史上曾留下了一段段与酒有关的典故趣闻,为酒文化更添了一份色彩,也成为了旅游开发点。其中较为耳熟能详有"兰亭会曲水流觞"的故事。所谓"流觞曲水",是选择一风雅静僻所在,文人墨客按秩序安坐于潺潺流波之曲水边,一人置盛满酒的杯子于上流使其顺流而下,酒杯止于某人面前即取而饮之,再乘微醉而啸吟或援翰,作出诗来。魏晋时,文人雅士喜袭古风之尚,整日饮酒作乐,纵情山水,清淡老庄,游心翰墨,作流觞曲水之举。最著名的一次当数晋穆帝永和九年三月三日的兰亭修禊大会,大书法家王羲之与当朝名士41人于会稽山阴兰亭排遣感伤,抒展襟抱,诗篇荟萃成集,由王羲之醉笔走龙蛇,写下了名传千古的《兰亭集序》。上海豫园中就有一个"流觞亭"。将文学典故与其他旅游资源相结合,为旅游开发更添了文化气息。

二、饮食文化旅游的开发意义

旅游者透过饮食文化这一窗口,更为深入地了解中国文化。开发饮食文化旅游的意义主要有以下几点。

(一)保护地方饮食传统,弘扬中华饮食文化

合理开发是对资源的有效保护。一些开发者一味照搬在其他地区较受欢迎的饮食产品,而忽视了本地特色菜肴的开发。大量外来饮食文化的涌入,使得一些传统的烹饪手艺失传、宝贵的地方特色饮食文化资源也逐渐消失了。合理开发饮食文化旅游,挖掘当地饮食特色,传承传统的烹饪手法并使之与现代生活相适应。各地饮食文化的繁荣与发展才是保护和弘扬中华饮食文化的有效手段。

(二)开发饮食文化内涵,带动餐饮业良好发展

首先,开发饮食文化旅游促进了旅游消费,带动了餐饮业的发展,提高了经济收入。在国际旅游消费中,餐饮消费仅次于购物消费,占据第二位,在国内旅游消费中更是高居首位。但是长期以来旅游饮食的开发都偏向于提高饮食场所硬件设施,开发高档酒宴、豪华菜肴等。片面追求经济效益,不仅导致了餐饮场所装修千篇一律、饮食缺乏特色,而且忽视了旅游者精神层面上的满足感,难以吸引回头客。

任何一种菜肴的发展,都离不开当地的地理环境、生活习俗、地域文化等。各个菜系都是当地民俗风情的反映、历史的沉淀和凝聚。挖掘当地饮食文化特色,一方面使旅游者品尝到风味独特的食品饮料;另一方面,旅游者能从不同的氛围中体会到旅游地的风俗习惯,满足了其求新、求异的旅游心理。现在出现的一些风味特色餐馆,不仅提供的餐饮具有浓郁的地方特色,整个餐馆的布置也结合了当地文化,并不时推出一些文化风情展示、表演等,为旅游者带来了物质上和精神上的双重享受。吸引了新顾客,留住了老顾客,不失为餐饮业持续有效发展的良策。

(三)丰富旅游产品内容,增添产品新亮点

餐饮既是旅游的基本要素,也是极为重要的旅游吸引物。独特的饮食文化产品能丰富旅游产品内容,增添旅游点的吸引力。对于旅游资源相对贫乏的地区尤为重要。例如,我国少数民族地区有着许多传统的饮食习惯,如景颇族的"石头汤"、傣族的"石头煮青苔"、普米族的"石板粑粑"等。将这些独特的饮食方法,独有的饮食资源纳入民俗旅游产品,旅游者在享受美食的同时,体验到不同

的少数民族特色,求异感得到了满足。又如,基于饮食文化开发成的"农家乐"旅游产品亦受到了市场的欢迎。随着越来越多的人们追求返朴归真、崇尚自然的生活态度,天然健康的饮食开始成为一种时尚。在恬静的农家园林采摘新鲜蔬菜瓜果,以农家传统的烹饪方法制作、品尝,这种看似简单的旅游产品却受到了都市人的喜爱。

第二节 饮食文化旅游资源开发主要形式及其开发

一、目前饮食文化旅游资源的主要开发形式

饮食文化与旅游有着密不可分的关系。作为旅游产品中的重要组成部分,它一直受到旅游开发者的关注。然而,就目前已有的开发形式来看,饮食文化的旅游吸引力尚未得到充分的开发和利用,尤其是其文化性的一面。我们应该认识到饮食文化本身就可开发成旅游产品。旅游者若能在品尝佳肴、享受美酒或是欣赏美食艺术的同时,享受参与制作美食的快乐,感受中华饮食文化的博大精深,饮食文化旅游产品的生命力也就更强了。

下面,我们归纳一下目前已有的主要开发形式。

(一)以品尝美食为主的开发

此类旅游产品是对饮食文化旅游资源最为基础的开发形式,也是旅游者接触到最多的产品类型。随着人们物质生活的提高,人们在追求吃饱的同时,希望吃出特色、吃出风格。于是开发者把眼光聚集到各地风味餐的开发上。如北京全聚德"挂炉烤鸭"、西安德发长饺子宴、浙江湖州全鱼宴、广州蛇菜宴,都已成为名闻海内外的特色产品,为旅游者所钟情。各地的自然文化景观也成为开发美食的资源,如绍兴研制了西施宴,杭州挖掘研制了仿宋宴、东坡宴等。另外,饮食场所的布置也更具特色。旅游者享受到的不仅仅是美味佳肴,而且整个饮食场所塑造的风情韵味,使旅游者仿佛置身于不同的文化氛围中,经历了一次独特的文化之旅。

1. 以药膳保健为主的开发

医食结合,是我国饮食文化的特征。如今,越来越多的人开始注意科学饮食,希望品尝一些对健康有益的食物以更好得达到强身健体的目的。因此,根据食物原料的药用价值,开发出的对人体具有医疗保健功能的饮食文化产品,对旅

游者,尤其是老年旅游市场具有相当大的吸引力。目前已开发出一些较浅层次的药膳保健旅游产品,如南京双宝楼宾馆推出的"时珍苑"药膳品尝游,药膳种类多达三百多种,菜、粥、点、饮无一不由南京中医学院养生康复系的专家学者精心搭配,再通过名厨的精心烹调,形成了中国目前为数不多的药膳系列,满足了人们在心理上更高层次的需求,受到国内外旅游者的广泛欢迎[1]。又如成都同仁堂滋补药膳餐厅,除经营传统中药炖品外,还烹制烧、炒、蒸、煮等众多滋补类餐食。主要菜品有川贝雪梨、贝母鸡、虫草鸭子、参麦凤鱼、天麻鱼头、丁香鸡、大蒜猪肚、芭仁蹄花、砂仁肚条、十全大补汤、乌龟羊肉汤、二甲营养汤等上百种菜肴,另有豆蔻馒头、参凤蒸饭等主食,同样受到旅游者的推崇。其他的药膳店如四川德仁堂御膳宫旗舰店、钦膳斋、韩记炖品,杭州胡庆余堂药膳厅等都是一派游客络绎不绝的场面。此类产品的进一步开发,可通过药膳食物的药理功能介绍、养神保健知识的推广等,使旅游者在品尝的同时获取更多的保健知识,以达到求知心理的满足。另一方面,当地特色的药膳原材料也是独具市场的旅游纪念品。向旅游者展示药膳的制作过程,不但能使旅游者吃得放心,更是促进药膳原材料销售的良好方式。

2. 以茶文化、酒文化为主的开发

以茶文化、酒文化为主进行的开发形式有很多。首先,茶和酒是很好的旅游纪念品。我国茶、酒资源丰富,得到世界各国的认可。作为旅游纪念品,旅游者既可以自己享用,又可作为馈赠亲友的佳品。目前开发者运用较好的方法是通过设立专卖店来推销此类产品。在专卖店里通过茶叶、酒的展示,结合当地的风土人情向旅游者介绍茶叶的种植环境、保健功能、酒的独特酿造工艺等,使旅游者对其有较为全面的了解,激发购买的兴趣。现场往往还会进行茶艺表演、展示如何辨别茶叶、酒的真假拙劣等,使旅游者的求知欲得到满足,同时也消除了对购买产品的质量担心。另外,精美的茶具、酒具等也是十分受欢迎的旅游纪念品。进一步开发时,可注意与具有较高文化层次的旅游产品相结合。例如,在园林产品的开发时,添加"品茶听曲"的项目,使旅游者在宁静惬意的环境中边听听评弹、评书,边品茶。周围可布置与茶文化相关的图片资料,安排一两位对茶文化知识较为了解的销售人员等。有时给旅游者更多的自由空间往往比销售人员苦口婆心的推销效果更好。

第二,结合酒俗、茶俗进行开发。此类开发往往与民俗旅游产品相结合。例如,在我国贵州苗、彝、仡佬、土家等民族中流行着咂酒之俗。每当盛大节日、庆典或贵客临门,主人就捧出一坛原酒,启封后,将数支咂管插入,咂管系是一米多

---

[1] 邵骥顺.中国旅游历史文化概论.上海三联书店,1998:454-455

长的细竹制成的。酒礼开始,主客便分批围坛捧杆吸饮,未饮者在一旁歌舞助兴,再逐渐轮换。旁边还有人随时向坛内注入清凉的泉水或井水,使坛中玉液永不干涸。有的地区饮咂酒时,饮者还要手捧咂杆围坛边咂边舞,其欢乐豪爽之状令人难忘。结合此习俗开发而得的旅游产品,旅游者的参与程度较高,往往给旅游者留下深刻、美好的印象。

第三,以茶文化、酒文化为主要依托进行的开发。杭州的中国茶叶博物馆就是很好的例子。中国茶叶博物馆是我国唯一的以茶和茶文化为主题的国家级专题博物馆。坐落于风景秀丽的西湖龙井茶乡,馆内粉墙、红瓦、绿树与周围青翠茶园相映成趣,呈现出淳朴、清新、回归自然的田园风光,该馆于1991年正式对外开放以来,参观人数已过百万。博物馆一号楼为陈列大楼,设5个展厅。茶史厅介绍中国茶叶生产、茶文化的发展史;茶萃厅展出中国名茶和国外茶叶的样品;茶具厅展示中国各历史时期茶具的演变和发展;茶事厅介绍种、制茶、品茶的科学知识;茶俗厅介绍云南、四川、西藏、福建、广东以及明清时期的饮茶方法和礼仪,反映中国丰富多彩的茶文化。二号楼用作外宾接待和学术交流。三号楼设6个不同风格的茶室,供参观者品尝各茶系的饮茶风味。在四号楼,参观者可以欣赏到古今中外的茶艺和茶道表演。馆内建筑具江南园林特色,曲径假山和周围茶园相映衬,把参观者带入丰富多彩的茶文化氛围之中。

另外,还有一些参与性较强的旅游产品,为茶、酒文化旅游资源的进一步开发提供了思路。各地举办的茶文化节、啤酒节、茶文化研讨会等都是较为典型的例子。在马来西亚吉隆坡举行的第七届国际茶文化研讨会上,有拉茶茶艺表演、学术论坛、茶叶茶具展、茶道演示。上海少儿茶艺表演队作了专场演出,马来西亚国际茶文化协会会长陈松青在献词中说,这次研讨会是迈向茶文化的黄金世纪。我国的青岛啤酒节也已经从当年只有当地市民参加的地方性节日发展成国内外游客参加的国际知名、国内一流的东方啤酒盛会。啤酒节已成为青岛市的"市民节"、"狂欢节",对当地旅游发展乃至社会经济的提高都有着巨大的推动作用。

3. 以展示、活动为主的开发

随着旅游产品开发的进一步深入,我们看到饮食文化旅游资源已经逐渐从旅游产品的构成要素发展成独立的旅游产品,其中较为典型的例子就是美食节。美食节的内容较为丰富,往往围绕某一主题开展美食展销、厨艺比赛、菜肴评选、饮食文化书籍展销、美食研讨会、美食文化论坛、美食形象小姐先生评选等一系列活动。美食节对当地固有旅游资源吸引力要求较低,旅游者参与程度较高、满意度较高,因此受到了旅游开发者和旅游者的共同欢迎。目前全国许多省市都在举办美食节,其中比较成功的美食节有中国国际美食节、广州国际美食节、中国(杭州)美食节等。中国国际美食节是第一个国家级的美食节庆活动,主题是"引领现代美食文化,倡导健康旅游生活"。举办中国国际美食节旨在展示新世纪海内外美食文化及精美产品,搭建美食、旅游产业链之间人流、物流、信息流互动平台,提高中华美食在国际上的影响和地位。开办以来,受到了热烈的反响。近期的中国国际旅游美食节期间,仅"一品天下"主会场就接待游客150万人次,收入近3000万元,各个餐饮商家赚得盆满钵满。据组委会消息,美食节主会场人满为患,平均每天迎接的游客不少于12万人次,在延期的4天中,游客热情不减,主会场收入1000万元。广州国际美食节是我国历史最悠久的美食节之一。从1987年开始,政府都积极参与每年一届的广州(国际)美食节,并使之不断发展壮大。现在该活动已被各界人士认可,成为广州美食大都市的缩影与聚焦。为庆祝广州美食节,第20届广州美食节内容相当丰富,其间主会场将会举办包括国际酒店业及餐饮品牌高峰论坛、包装食品及国际名酒博览会、岭南名牌美食评审活动、广州地区中西餐摆台技能标准竞赛交流会、岭南美食精品展览、广州餐饮文化展示、美食精品展示(明火展区)、烹饪科学及健康知识操作培训班、第20届广州国际美食节闭幕暨岭南名牌美食颁奖典礼活动等11项精彩的活动。与此同时,各分会场还将举办国内外包装食品及有关辅料、烹饪器具展销、美食系列活动及民俗节庆活动、"百佳"餐饮企业餐饮促销宣传活动。场面相当红火。另外,各地举办的美食节还有中关村国际美食节、中国(青海)羔羊美食节、香港美食节、湖州太湖美食文化节、嘉兴江南小食节、象山海鲜美食周、余姚金秋美食节等等。美食节这一综合性的饮食文化旅游产品正以不可阻挡的势头茁壮发展起来。

(二)饮食文化旅游开发中的主要问题与对策

从饮食旅游资源的文化性以及目前的开发来看,进一步开发所要解决的问题是对于文化的挖掘以及体验项目的增加。一味强调饮食场所的豪华装修、所提供菜肴的高档很难在可持续发展的道路上走远。

1. 开发体验旅游项目

体验旅游是现代旅游的一个发展趋势。旅游者通过亲身参与、体验,易于较为深刻地了解异地文化,并留下美好印象,因此越来越受到旅游者的欢迎。饮食文化是异地文化的重要组成部分,将体验旅游的概念运用于饮食文化旅游产品的开发中不但提高了旅游者的参与度,而且易于使旅游者在参与的快乐中更好地融入饮食文化氛围,其满意度也就得到了提升。在具体的开发中,可添加的体验项目比较多,如今产生了一些饮食文化与"农家乐"相结合的旅游产品,为饮食文化旅游产品的开发带来一点新的思路。

"农家乐"旅游源于19世纪30年代的欧洲,欧盟和世界经济合作与发展组织把它定义为"乡村旅游",指借助乡村独特的地理环境、耕作方式、果园、林地等条件吸引旅游者,并为旅游者提供食、宿等服务。20世纪80年代,随着城镇居民经济水平的提高,旅游成为大众消费的一大卖点,越来越多的人渴望回到恬静的田园生活,品尝天然、健康的绿色食品,使得"农家乐"作为一种新兴的休闲娱乐项目如雨后春笋遍地开花,呈迅猛发展之势。让旅游者参与采摘当地特色蔬菜、水果,然后自己或由当地人制作成美味佳肴给旅游者品尝,增添了旅游的乐趣。上班人群,平时工作压力大,这样的农家环境给人轻松、自在之感。带着孩子的夫妻更是此类产品的积极参与者,在全家一起动手的亲子活动中,父母与孩子之间的交流更多了。年长者也喜欢此类产品,在参与的同时或许能勾起他们年青时的美好回忆。在制作农家菜的地方,可设计成原汁原味的传统作坊模样,烘托气氛的同时,旅游者也更多地感受到了当地农家的传统文化。较为成功的案例有,安吉挖冬笋游,旅游者在当地农家的指导下挖冬笋,挖出的冬笋可以当场烹饪,味道鲜美,也可以称斤带回家,馈赠亲朋。又如,上海奉贤"玉穗坊"农家乐项目为旅游者提供了自酿葡萄酒的体验项目,受到旅游者的欢迎。作为长三角葡萄酒作坊旅游示范点和上海市级农业标准化示范基地,"玉穗坊"拥有一条近200米长的葡萄长廊,长廊两侧是整洁美观的葡萄标准化栽培和系统智能化供水的标准大棚,葡萄盆景挂着美丽可爱的葡萄。游客来到此地,仿佛来到了新疆,享受吐鲁番的美好景色。园内建有"葡萄酒作坊"、"鲜食葡萄、葡萄酒展示厅",让游客们参观过后对葡萄酒文化以及葡萄标准化栽培技术有初步的了解。游客还可以品尝葡萄酒甚至动手参与制酒并拍照留影,在了解葡萄酒文化内涵的同时也留下了美好的回忆。

2. 开发综合性的美饮食旅游产品

在此提出美食街、美食城的建设设想,希望使饮食文化旅游资源成为独立的旅游吸引物,成为一个地区的主要旅游景点,丰富或弥补当地的旅游资源。美食城或美食街应该是具有一定综合性的产品,其不仅包括具有特色的餐馆、茶楼、酒吧、小吃广场,还应包括饮食文化的展馆、广场表演等。同时可以有一些菜肴制作或茶叶鉴别等知识讲座。整个区域的布置都要给人一种进入"美食王国"的感觉。北京第一面"中国饮食器具文化墙"为我们带来不少启示。文化墙全长200米,投资140多万元,包括100多米的浮雕和32块阜成路餐饮企业展示灯箱,系统地展示了中国几千年来饮食器具的发展过程及其文化内涵、艺术品位和地区餐饮企业的丰采。文化墙不仅为首都文明示范街增添了新的亮点,并且街道、企业和居民能够不断开展饮食文化探索,共同推动饮食文化发展,使阜成路美食精品一条街更加灿烂辉煌。在落成当天,14家地区代表性餐饮企业在现场举行了美食文化展示。厨艺高手们纷纷拿出各自"绝活儿",与来宾和地区居民一道品尝互动,传播中国美食文化。美食街、美食城的建立,不仅可以将饮食文化源源不断地传播开来,又可以树立企业和城市的知名度,获得经济利润上的收获,实为一举两得。

在建设中要注意加强管理监督。合理配置空间、严格控制食品安全。切勿使美食街、美食城变成小摊贩聚集的脏、乱、差地区。

重点概念

饮食文化　饮食文化旅游

复习思考题

1. 举例说明中国饮食文化特征。
2. 举例说明饮食旅游资源的文化内涵。
3. 谈谈饮食文化旅游的开发意义。
4. 举例说明目前饮食文化旅游资源的主要开发形式。
5. 举例说明目前饮食文化旅游开发中的主要问题与对策。

主要参考文献

1. 何宏.中外饮食文化.北京大学出版社,2006
2. 杨丽.试析饮食文化特色旅游.云南地理环境研究,2001,13(2):43
3. 张进福,郑向敏.论传统饮食观与旅游活动中的科学饮食.北京第二外国语学院学报,2000,(1):77—80
4. 周健,甄尽忠.中国旅游文化.郑州大学出版社,2006(8):177—179
5. 邵骥顺.中国旅游历史文化概论.上海三联书店,1998:454—455
6. 王晓文.试论饮食文化资源的旅游开发.福建师范大学学报,2001,(3)
7. 王瑜.旅游餐饮文化资源的开发.西南民族大学学报·自然科学版,2003,29(4):491—493,506
8. 何丽芳.乡村旅游饮食文化资源开发研究.福建林业科技,2007,34(1):167—169,186
9. 黄继元.挖掘民族饮食文化,丰富云南旅游资源.昆明大学学报(综合版),2005,(1):28—32
10. 赵建民,郭志刚.齐鲁饮食民俗文化资源在现代旅游业中的开发利用.饮食文化研究,2005,(1):76—83
11. 蒋晓梅,赖正均.旅游者对广州饮食文化景观形象感知的实证研究.人文地理,2007,(1):63—66
12. 蔡晓梅,熊伟,司徒尚纪."食在广州"的文化内涵与成因分析.热带地理,2006,26(2)
13. 康玉庆.中国旅游文化.中国科学技术出版社,2005
14. 邱德玉.中国旅游文化.科学出版社,2006

15. 甘枝茂,马耀峰.旅游资源与开发.南开大学出版社,2005
16. 周健,甄尽忠.中国旅游文化.郑州大学出版社,2006
17. 李伟,郭芳.论茶文化对旅游业的牵引作用.云南师范大学学报,2002,(1):75-80
18. 汝百乐,徐友.云南茶文化旅游开发初探.云南师范大学学报,2001,33(4):61-65
19. 许宗元.论茶文化在旅游文化中的地位.华东师范大学学报,1993,(1)
20. 王玲.中国茶文化.中国书店,1993,(12)
21. 万辉.酒文化旅游资源类型分析——以中国白酒为例.社会科学家,2006,(3):215-216
22. 何明,吴明泽.中国少数民族酒文化.云南人民出版社,1999
23. 杨利.酒文化及酒的精神文化价值探微.邵阳学院学报(社会科学版),2005,4(2):82-83
24. 李真燕,孙继国,郭明.青岛国际啤酒节产业化道路探析.北京第二外国语学院学报,2005,(1):85-88,99
25. 盛红,董玉明.青岛国际啤酒节的持续发展战略研究.全国首届滨海旅游学术研讨会专集,1999

第十一章　风物特产资源开发

学习目的

　　风物特产以其独特的形式反映着某一地区的风土人情,折射出民族文化的演绎过程,是民间文化的"缩影"。在旅游开发中,风物特产成为了旅游购物的重要组成部分。通过本章的学习,要求明确风物特产旅游资源的定义及其特点,了解风物特产旅游资源的构成以及特点,掌握目前风物特产旅游产品的主要开发形式。

主要内容

- 风物特产资源概述
  风物特产旅游资源的定义及其特点
  风物特产旅游资源的构成及其特点
- 风物特产旅游产品的开发
  以独立旅游产品形式呈现
  以旅游纪念品形式呈现

　　风物特产资源的合理开发,能更好地拓展旅游纪念品市场,有助于研发文化内涵丰富、地方特色浓郁的产品,不仅受到旅游者的欢迎,也是对当地民间工艺、特产最为有效的保护手段之一。另外,风物特产资源不仅可以作为实物资源进行旅游开发,亦可以作为一种文化符号,将其融于现代旅游商品的开发制作中,得到的产品不仅有文化韵味,又不乏时尚气息,迎合了现代旅游者的审美情趣。

第一节 风物特产资源概述

一、风物特产旅游资源的定义及其特点

风物,《辞源》解作"风光、景物"。晋人殷仲文诗曰:"景气多明远,风物自凄紧"。陶渊明赋:"天气澄和,风物闲美"。都是指风光景物的。唐宋以后,风物又有了风俗、物产的涵义。本书中所指的风物特产,主要指人们为适应生活需要或满足审美情趣,运用手工或半机械化技术,就地取材制成的富有当地特色的民间工艺品,也包括各类民间手工艺、技能。所谓风物特产资源,就是那些可以被旅游开发者利用开发,制成旅游纪念品或是开发成其他旅游产品的民间工艺品或民间手工艺技术。

从该定义可知,风物特产资源既是有形的,又是无形的;既是经济的,又是文化的。首先,作为风物特产重要组成部分的民间工艺品,以实物的形式被开发成旅游纪念品,是人们旅游经历的物化证明。第二,各类民间手工艺、技能等是无形的旅游资源。它既可以与传统或现代技术相结合,开发成物化的手工艺制品,又可与体验式旅游概念相结合,开发成以旅游者参与为主的民间技能参观、体验等旅游活动,还可作为辅助项目与博物馆、展览展示等旅游产品相结合,以丰富产品的内容。第三,风物特产资源具有经济属性。大凡旅游业发达的国家,其旅游纪念品行业也是相当发达的,它是否得到合理有效的开发,不仅直接影响到旅游消费,也会间接影响到旅游相关产业的就业率。因此,世界上很多国家已非常重视风物特产资源的开发利用。一些地方有专门的风物特产纪念品研究机构及管理制度,设有网站进行信息交流、产品推广等。第四,风物特产资源具有文化属性。它用无声的语言讲述着当地人生活的点点滴滴,承载着当地的文化内涵。旅游者无论是购买民间工艺品,还是参加与之相关的旅游活动,都是一种与当地文化的交流与沟通。一般而言,越具有当地特色,文化特征越鲜明的风物特产,越受到旅游者的欢迎。北京景泰蓝、杭州丝绸、无锡惠山泥人、苏州檀香扇、潍坊风筝等受旅游者欢迎的风物特产都有着强烈的文化色彩。云南迪庆藏区使用的盛酥油茶的器皿和烤火用的火盆,由于其完全按照当地的土法烤制而成,具有古朴、典雅的外形和沧桑的历史感,保留了其原汁原味的地方民族文化特色,深受中外旅游者的青睐。美国把耸立在华盛顿的独立纪念碑附属建筑残骸金属加工成各种新式的纪念品,并配以独立纪念碑大事记,使许多仰慕华盛顿的旅游者乐

意解囊购买。另一方面,风物特产正越来越多地以文化符号的形式与现代旅游商品相结合,成为时代的新宠。例如,云南民间工艺品中的纹样、材料、工艺手法等与现代生活中的提包、服装等相结合,既体现了民族文化,又迎合了现代人的审美情趣,受到人们的广泛欢迎。

合理开发风物特产资源,能够使旅游者从不同的角度了解当地的风土人情、礼仪风俗,既提升和丰富了旅游产品的文化品位,同时也满足了旅游者的购物需求。风物特产也是宣传旅游目的地的有效武器,随着旅游者的足迹,旅游目的地形象也传遍了世界各地。另一方面,挖掘、继承独特的民间工艺,开发各地风物特产,亦是保护民族文化遗产的重要途径。当地人通过不断挖掘本地风物特色,使之成为旅游者喜爱的纪念品。如果产品得到旅游者的认同,可以提升当地居民的民族自豪感。同时,为使产品迎合不同旅游者的喜好,当地居民对产品进行不断的改进,在此过程中也增强了他们对于不同文化的认同感,加强了当地文化与外来文化的交流,从而使传统文化更好地传承与发展。

二、风物特产旅游资源的构成及其特点

风物特产是我国民族文化中的宝藏,是民间文化中极具特色的一部分。在我国千百年的历史传承中,优秀的风物特产资源数不胜数,本节选取了最具代表性的部分进行介绍:陶瓷器,丝绸、织锦,刺绣,年画,扇,盆景,漆器,竹编、草编等编制工艺品等。

(一)陶瓷器

陶瓷器是陶器和瓷器的总称。陶器是用黏土成型,经 700℃～800℃左右的炉温烧制而成的日用品和陈列品。中国的陶器大约产生于新石器时代,距今已有七八千年的历史。陶器可分为上釉(低温釉)和不上釉两类,主要品种有红陶、彩陶、黑陶、灰陶、白陶等。红陶是原始社会最常见的一种陶器,在烧窑时充分供应气体,形成氧化焰气,使陶胎中的铁转化成三价铁,器表呈现出红色。彩陶即彩色陶器,系利用赤铁矿粉和氧化锰作颜料,使用类似毛笔的工具,在陶坯表面上彩绘各种图案,入窑经火烧后,在橙红的底色上,呈现出黑、红、白等颜色的图案。在我国,1912年河南渑池县仰韶村新石器时代文化遗址中首次发现彩陶。唐代生产的三彩釉陶,有着极高的艺术水平,声名远扬。唐代是我国陶器工艺的巅峰时期。此类陶器以铅作为溶剂,配以铜、铁、钴等元素做着色剂,烧出以黄、绿、褐三种为主要颜色的陶器,故称为"唐三彩"。黑陶指光亮漆黑的陶器,是继彩陶之后,中国新石器时代制陶业出现的又一个高峰。在器物烧成的最后一个阶段,从窑顶徐徐加水,使木炭熄灭,产生浓烟,有意让烟气熏黑,而形成的黑色陶器。灰陶是最为常见的一种陶器,一般比较粗糙。制作灰陶时,坯体入窑以后,用还原焰焙烧,陶胎的铁氧化物还

原为二价铁,使陶胎现出灰色。龙山文化、屈家岭文化后期等都以灰陶为主。白陶是新时器时代后期才有的,由于胎质中所含氧化铁比例极低,因此烧成后表里和胎质都呈白色。白陶质地洁白,较为细腻。

瓷器是在陶器的基础上产生的,与陶器相比主要有四点不同之处。首先,陶器一般用黏土制胚,而瓷器用高岭土作胚。第二,陶器烧制的温度低于瓷器,瓷器大都在1200℃以上。第三,陶器的胎体硬度较差且不透明,而瓷器因烧成的温度高,其胎体表面较为坚硬,具有半透明的特点。第四,陶器分挂釉和不挂釉两种,挂釉的陶器釉子在较低的烧成温度时即可熔融。瓷器的釉料有两种,一种与胎体一次烧结,不易脱落;另一种可在高温素烧胎上再挂低温釉,第二次低温烧成。

我国素有"瓷器之国"的称呼。我国著名的陶瓷器有江西景德镇瓷器、江苏宜兴的紫砂陶器、福建德化白瓷、湖南醴陵的釉下彩瓷器。江西景德镇、福建德化、湖南醴陵被称为"中国的三大瓷都"。江西景德镇瓷器以"白如玉、薄如纸、明如镜、声如磬"的独特风格而闻名,其中又以青花瓷、青花玲珑瓷、粉彩瓷、薄胎瓷为四大传统名瓷。青花瓷具有色白花青,纹饰优美、不褪色、不剥落的特点。青花玲珑瓷的特点是玲珑剔透,晶莹明快,透明而不渗水。粉彩瓷源于"唐三彩"。清代康熙年间,出现了"康熙五彩",它也成为了现代粉彩瓷的发展基础。薄胎瓷釉薄质细,有薄如蝉翼,轻如浮云的美誉。江苏宜兴以紫砂壶为名。"茶壶以砂者为上,盖既不夺香又无熟汤气,故用以泡茶不失原味,色、香、味皆蕴"是古人对紫砂壶的评价。以紫砂壶泡茶,掌握茶性与水温,能泡出"香不涣散"的好茶。紫砂陶是一种介于陶和瓷之间,属于半烧结的精细茶器,其胎壁无釉,呈多孔状,有较强的吸附力,能吸收茶汁,壶经久用,即使不置茶叶,单以沸水冲入亦能泡出淡淡的茶香来,且具有保温和不走味的独特功能。紫砂土具有良好的可塑性及延展性,配合以特殊且精准的制壶技艺,所以成品口盖严密,缝隙极少,减少了含霉菌的空气流向壶内的管首,相对延长了茶汤变质的时间,有益人体健康。另外,紫砂砂质传热缓慢,不但使用时较不易烫手,而且起到一定的保温作用。因此,用紫砂制成的砂锅也十分受到人们的欢迎。德化白瓷胎质洁白致密,细腻如玉,早在明清时期就以其特有"象牙白"、"中国白"闻名中外。其中,以观世音为主题的塑像更是举世公认的珍品。湖南醴陵被誉为我国的第二瓷都。其釉下彩瓷器也是独具风格,瓷质细腻,造型新颖,装饰绚丽,以其独特的风格驰名中外,被誉为"东方艺术的明珠"。曾在巴拿马、意大利世界博览会上获得金牌荣誉奖章。

(二)丝绸、织锦、刺绣

1.丝绸

传说中,黄帝的妻子嫘祖发明"养蚕取丝",考古证实,早在四五千年前,我国就开始养蚕并有了丝织业。中国考古学家在1998年河南荥阳青台遗址的一次考古中,发现了距今约 5500 年的丝绸碎片。另一种说法是在河姆渡遗址中人们已发现了纺织工具,借此可以推断丝绸的使用至少不迟于良渚文化(卫斯,《中国丝织技术起始时代初探》)。不过世界上最具影响力的说法,是中国科学家在 1958 年考古发现的,公元前 3700 年～前 3100 年(大汶口文化时期)的丝绸织品。

丝绸的种类很多,根据织物组织、经纬线组合、加工工艺和绸面表现形状的绸品种划分 14 大类:纺、绉、缎、绫、纱、罗、绒、锦、绡、呢、葛、绨、绢、绸。每大类绸面都可具有素(练、漂、染)或花(织、印花)的表现。魏晋时期,四川的织锦业逐渐成为全国的中心,唐前期,中心转移到了苏州和扬州。宋代时,南方的丝织业已超过了北方,丝织业的重心已在江浙两省。

丝绸面料柔顺质感强,吸、放湿性好,用丝绸制成的衣服不仅舒适而且具有较好的散热性。丝绸还有较好的抗紫外线功能,能吸收对人体肌肤有害的紫外线,尤为女性购物者喜爱。另外,丝绸具有吸音、吸尘的功能且耐热性强,所以除制作服装外,还可用于室内装饰,如真丝地毯、挂毯、窗帘、墙布等。用真丝装饰品布置房间,不仅可以使屋子纤尘不染,而且能保持室内安静。由于蚕丝具有保湿性、吸气性和多孔性,还可调节室内温湿度,并能将有害气体、灰尘、微生物吸掉。另外,真丝纤维的热变性小,比较耐热。蚕丝的燃烧温度在 300℃～400℃,属难燃纤维。因此,采用蚕丝纤维作为室内装饰的原料,不但可以起到吸音、吸尘、保温作用,还具有阻燃功能。

丝绸不仅是受到中外旅游者青睐的旅游纪念品,其发展也深深影响到了我国民族文化、经济乃至世界旅游之路的发展。丝绸的兴盛开创了中华民族丝绸服饰文明的新时代,对中国古代民俗、习惯的影响巨大。许多与此相关的神话和传说,如蚕马神话、螺祖教民、天仙配等,都以天真美丽的幻想和清新质朴的风格,艺术地概括了人们对蚕桑丝绸的认识,反映了中国古代人民对蚕桑丝绸的亲情。在浩若烟海的中国古典诗词里,不少诗篇是以蚕桑丝绸为题材的。如《诗经》中反映妇女从事农桑事业的情景:"春日载阳,有鸣仓庚。女执懿筐,遵彼微行,爱求柔桑。……"大量对蚕桑丝绸的描写,可以窥见丝绸对中国古代诗词文化的巨大影响。

因丝绸贸易而兴起的东西方人民的大规模经济文化交流,对推动整个人类文明的进程,有着不可磨灭的影响。丝绸贸易的推动使得中原和边疆、中国和东西邻邦的经济、文化交流进一步发展,从而形成了著名的"丝绸之路"。这条路从古长安出发,经甘肃、新疆一直西去,经过中亚、西亚,最终抵达欧洲。很多人认为,丝绸之路不仅是历史上横贯欧亚大陆的贸易交通线,还开辟了中外交流的新纪元,成为了各国经济文化交流的友谊之路。与此同时,交通设施、驿站等也随之发展起来。《唐大诏令集》卷130记载了当时被人们誉为"丝路的黄金时代"的盛况:"伊吾之右,波斯以东,商旅相继,联贡不绝"。有人把丝绸之路的贸易往来做是亚洲商务旅游的雏形。当时阿拉伯旅游设施已较为发达,以首都巴格达为中心,广修驿道,密置驿站。帝国还设立具有一定旅游中介功能的驿传局。为方便旅团、旅客、商贾出行,驿传局还编写了许多旅行指南。这些指南给外出旅行的人带来很大的帮助。[①] 国家旅游局启动了"丝绸之路旅游区总体规划",随着这项规划的编制与实施,"丝路旅游"将被打造成拥有强大产品支撑的国际品牌。由国家旅游局委托巅峰智业机构编制的这项规划,范围涉及河南、陕西、甘肃、青海、宁夏、新疆6个省区。丝绸之路沿线五地市联合建设大敦煌经济旅游圈,甘肃推荐13处丝绸之路申报世界文化遗产备选点。

2. 织锦

织锦是我国古代传统的用彩色经纬丝提花织成的各种图案花纹的熟丝织品。织锦工艺产生于2000年前的西周时代,成都的织锦业早在汉代就很发达。产于江苏南京的云锦、产于四川成都的蜀锦、产于苏州的宋锦被誉为当代三大名锦。云锦配色多达十八种,运用"色晕"层层推出主花,富丽典雅、质地坚实、花纹浑厚优美、色彩浓艳庄重,大量使用金线,形成金碧辉煌的独特风格。云锦的花图案富有民族风格和地方色彩,如各种飞禽走兽、花卉鱼虫,象征吉祥幸福的"八仙"、万寿等皆是云锦的题材。蜀锦是成都历史悠久的传统丝织品,质地柔软,色泽艳丽,品种多样,牢固耐用,亦富有鲜明的民族色彩和地方色彩。产品分被面、衣料、装饰锦,以被面为主。其主要锦样有方方锦、月华锦、雨丝锦、浣花锦、铺地锦。宋锦在纹样组织上,精密细致,平服挺括;在图案花纹上,对称严谨而有变化,丰富而又流畅生动;在色彩运用上,艳而不火,繁而不乱,富有明丽古雅的韵味。宋锦主要用作书画装饰和官员服装。

南京创办了织锦村,向来自各地的旅游者展示了中国各民族的织锦技艺。除收藏有不同民族、不同时代的织机和织锦实物外,还现场向游客表演织锦的生产过程和工艺。游人至此,可以了解中国织锦工艺的历史和技艺,购买各种精美名贵的织锦工艺品。

3. 刺绣

刺绣是用针引线在绣料上穿刺出一定图案和色彩花纹的装饰织物。刺绣在我国已有了三千多年的历史,品种繁多,在世界上享有较高的知名度。苏绣、湘绣、越绣、蜀绣是中国的四大名绣。苏绣是以苏州为中心的整个江苏地区刺绣品的总称,具有"平、齐、细、密、和、光、顺、匀"的特点。"平"指绣面平展;"齐"指图

---

① 彭顺生.世界旅游发展史.中国旅游出版社,2006,(4):140—141

案边缘齐整;"细"指用针细巧,绣线精细;"密"指线条排列紧凑,不露针迹;"和"指设色适宜;"光"指光彩夺目,色泽鲜明;"顺"指丝理圆转自如;"匀"指线条精细均匀,疏密一致。苏绣作品的主要艺术特点为:山水能分远近之趣;楼阁具现深邃之体;人物能有瞻眺生动之情;花鸟能把绰约亲昵之态。苏绣的仿画绣、写真绣,逼真的艺术效果名满天下。苏绣产品以室内装饰用品为主,双面绣作品最为精美。双面绣《猫》,是苏绣的代表作品之一。艺人们将一根头发粗细的绣花线分成二分之一、四分之一,以至十二分之一、四十八分之一的细线绣,并将千万个线头、线结藏得无影无踪。无论从正面或反面都可以看到小猫调皮活泼的神态。绣猫最难的是一对猫眼睛,艺人们需用二十多种颜色的丝线才能把猫眼睛绣得炯炯有神,栩栩如生。湘绣是以湖南长沙地区为中心的刺绣产品的总称。湘绣的特点是用丝绒线(无捻绒线)绣花,其实是将绒丝在溶液中进行处理,防止起毛,这种绣品当地称为"羊毛细绣"。湘绣绣品既有名贵的艺术欣赏品,也有美观适用的日用品,主要品种有条屏、画片、被面、枕套、床罩、靠垫、桌布、手帕及各种绣衣等。湘绣以着色富于层次、绣品若画为特点,曾在巴拿马、芝加哥等世界博览会上获奖。民间有"苏猫、湘虎"之说,湘绣狮虎毛纹刚健直竖,眼球有神,几可乱真,今已发展到异形异面的双面绣。粤绣是广东地区刺绣品的总称。粤绣的特点是用线多种多样,除丝线、绒线外,还有用孔雀毛和马尾做线,成品色彩明快,效果华美艳丽。粤绣的题材也比较广泛,包括人物、动物、花鸟、龙凤、山水河川、器皿和各种图案等,其中百鸟朝凤、龙凤、博古则是最具传统特色的题材。《百鸟朝凤》是其代表作。蜀绣又称"川绣",是以四川成都为中心的刺绣品的总称。蜀绣以软缎、彩丝为主要原料,针法严谨细腻、起针独特、内紧外松、光亮平整、线路分明。当今绣品中,既有巨幅条屏,也有袖珍小件;既有高精欣赏名品,也有普通日用消费品。比如,北京人民大会堂四川厅的巨幅"芙蓉鲤鱼"座屏和蜀绣名品"蜀宫乐女演乐图"挂屏、双面异色的"水草鲤鱼"座屏、"大小熊猫"座屏,就是蜀绣中的代表作。

(三)年画

年画是中国画的一种,是我国特有的一种绘画体裁。年画艺术是我国古老的民间艺术,是人们日常生活、信仰、风俗等各个方面的写照。每逢过年时,人们喜欢张贴各式各样象征吉祥富贵的年画,既增添了过年的喜庆气氛,同时也表达了人们对来年的美好憧憬。

年画有着悠久的历史和深厚的文化传统,产地较多,曾有过颇为兴盛的发展。年画的产生年代可追溯到宋代,清代康熙、乾隆年间,年画的作坊日益发展。当代的年画,也是在沿袭历代传统年画的基础上发展起来的。如今,版画也加入了年画的行列中。目前能看到的最早的一幅木版年画,是南宋刻印的《隋朝窈窕呈倾国之芳容》(又名《四美图》)。画的是古代四位著名的美女,这幅年画高二尺半,宽一尺多,画面线条流畅,形象生动逼真。

年画的内容一般带有吉祥、喜庆的色彩,在一定程度上也反映了社会心态与民情。如:"鲤鱼跳龙门"、"年年有余(鱼)"、"招财进宝"、"喜得贵子"、"岁寒三友"、"春牛图"、"岁朝图"、"嘉穗图"、"戏婴图"、"合家欢"、"看花灯"、"胖娃娃"等,并有以神仙、历史故事、戏剧人物作题材的。颇多作为门画张贴之用,夹杂着"神祇护宅"的观念,如"神荼郁垒"、"天官"、"秦琼敬德"等。随着时代的变迁,年画的内容也有所改变,近年来,人民币甚至是美元出现在年画中,取代了原先的金元宝、珠宝等。

在年画的发展过程中,明末清初出现的"三大民间木刻年画"驰誉海内外:天津杨柳青年画、苏州桃花坞年画和山东潍县年画。

1. 天津杨柳青年画

天津杨柳青镇被称为"年画之乡",其民间木版年画产生于元末清初,继承宋、元绘画传统,吸收了明代木刻版画、工艺美术、戏剧舞台的形式,采用木版套印和手工彩绘相结合的方法,既有版味、木味,又有手绘的色彩斑斓与工艺性,因此,民间艺术的韵味浓郁,富于中国气派。杨柳青年画创立了色彩鲜艳、喜气吉祥、人物活泼的独特风格。如年画《连年有余》,画面上的娃娃"童颜佛身,戏姿武架",怀抱鲤鱼,手拿莲花,取其谐音,寓意生活富足,已成为年画中的经典,广为流传。在中国版画史上,杨柳青年画与南方著名的苏州桃花坞年画并称"南桃北柳"。天津杨柳青年画霍派第六代传人霍庆有(霍玉棠之子)从20世纪80年代起,继承父志,利用近三十年的时间苦心钻研勾线、刻版、刷、画、裱等传统技艺,掌握了全套杨柳青年画工艺,成为天津一带唯一的勾、刻、刷、画、裱"五项全能"的杨柳青年画艺人,使得曾几近绝迹的木版手工绘制的杨柳青年画得以复苏。如今,"玉成号"画庄已建成为家庭博物馆,以正统纯真的民间技艺,展示了年画的历史沿革、师承流派,成为吸引中外游客的人文景点。

2. 苏州桃花坞年画

桃花坞木版年画是中国江南主要的民间木版年画。源于宋代的雕版印刷工艺,由绣像图演变而来,到明代发展成为民间艺术流派,清代雍正、乾隆年间为鼎盛时期,每年出产的桃花坞木版年画达百万张以上。桃花坞年画构图丰富,色调艳丽,装饰性强,在表现方法上吸收了西洋画法,独具特色,欧洲许多国家的博物馆及艺术馆都有收藏。自清初至太平天国,其题材大多反映资本主义萌芽时期我国江南城市的风光。太平天国之后,其主题又逐渐转向农村。

3. 山东潍县年画

山东昌潍地区是木刻年画的故乡,其年画兴起于明代,清代时达到鼎盛期。

年画造型粗犷朴实而又夸张,以红绿黄紫等色为主,单纯、鲜艳,效果强烈。其年画的人物脸部略用人工烘染,单纯而鲜艳强烈,既有北方年画的质朴明快,又具南方年画的柔丽雅致。传统的题材以反映农村生活为主要内容,如《男十忙》、《女十忙》《春牛图》等。随着时代的发展,融入了现代气息。1988年杨家埠木版年画博物馆建成。1983年春节,中国美术馆展出了杨家埠年画。同年,杨家埠年画赴美洲、欧洲、非洲的9个国家巡回展览。1987年,民间艺人杨福元应邀到新加坡做木版年画的画、刻、印表演。到20世纪90年代,一批杨家埠年画艺人前后前往巴西、日本等国家做现场表演,深受好评。2002年,具有二百年历史的"同顺德"画店的正宗传人、76岁的年画民间艺人杨洛书被联合国教科文组织授予"民间工艺美术大师"荣誉称号。如今,一个只有310户、1150口人的小村庄杨家埠,每年制作的木版年画却达2000余万幅,远销全国各地与世界一百多个国家和地区。在山东潍坊千里民俗旅游线上,杨家埠成了重要一站。在这里,人们可以欣赏到一百多套年画佳品,可目睹自明代以来的各种各样的年画制作工具、原版,还可现场观看充满神秘色彩的年画制作工艺。

(四)扇

扇子源于中国,最早出现在殷代。当时的扇子不是用来扇风取凉,而是作为帝王外出巡视时遮阳挡风避沙之用。最早的扇子实物是湖北江陵天星观楚墓出土的木柄羽扇残件,以及湖南长沙马王堆出土的西汉篾丝编木制长柄扇。马王堆出土的长柄扇长1.76米,是一种仪仗用扇,由奴隶或仆从执掌,用以障尘蔽日,也象征主人的权威。广泛流传的"羲之书扇"这脍炙人口故事中的扇是六角形的。《晋书·王羲之传》载:"王羲之在蕺山时,一老媪持六角竹扇以卖,羲之书五字于扇上。媪初有愠色,羲之曰:'但言右军书,求百钱'。人竞买之。"其实在晋代,扇的形状已有多种。质地除竹扇外,还有蒲葵扇,也是常见物。唐代昭陵新城长公主墓中壁画内绘的扇,是目前发现唐代壁画中最早的。在墓内壁画上绘有长柄鸭蛋形扇。画家周昉的《簪花仕女图》中有手持团扇的仕女。北宋出现了携带方便的折扇,当时称为腰扇。苏轼的念奴娇《赤壁怀古》中有"羽扇纶巾,谈笑间,樯橹灰飞烟灭",将扇子与文人智者的形象联系起来,为扇子更添了一份智慧的象征意义。明清两代,我国制扇业繁盛,在许多文学作品也有所表现。孔尚任的《桃花扇》、《西游记》中孙悟空三借芭蕉扇、《红楼梦》中晴雯撕扇等,也从侧面反映了扇子与百姓生活有着紧密的联系。

扇和书画艺术也密不可分,有著名的扇面书画作品传世。如现藏于故宫博物馆的明代沈周的《江亭避暑图》扇面、唐寅的《葵石图》扇面、文徵明的《兰竹图》扇面。在清代就有了《文徵明书画扇册》。此后,书画折叠扇风气大盛,名人显贵,名家流派,文人墨客都善笔于折叠扇,遂成明清以来独具一格的书画形式。

近代的郑板桥、任伯年、吴昌硕、齐白石、徐悲鸿等都是题扇画扇的艺术大师。

民间扇艺也可谓是五彩缤纷。比较著名的有苏州檀香扇,广东新会的葵扇,杭州的绢扇、黑纸扇、肇庆的牛骨扇,山东的麦秆扇,四川的竹丝扇,湖州的羽毛扇等等。岳州扇与苏、杭扇并称为我国三大名扇。

(五)盆景

盆景有着悠久的历史,是我国独特的传统园艺之一。它是栽培技术和造型艺术的结晶,也是自然美与艺术美的结合。盆艺者运用创作技巧,合理的布局,通过整枝、摘叶、嫁接等方法在有限的空间中展现大自然无限的美,同时也表现了盆艺者或是盆景收藏者的审美情趣,可以说盆景是美与精神的再现。我国的盆景主要分为五大流派和两大类。五大流派为:岭南派、川派、扬派、苏派、海派。两大类为:树桩盆景和山水盆景。树桩盆景也称植物盆景,其又可分为观果、观叶、观花、观形等。栽种时选取短小的树木植于盆中,抑制其生长,并用整枝、剪根、摘叶、抹芽、嫁接等方法,长期进行栽植,使它成为独特的艺术造型。典型的有苏州盆景、扬州盆景、岭南盆景。苏州盆景以古雅拙朴见长,几十年乃至上百年的虬干老枝,培植于小盆之中,竟能高不盈尺,自然成态,或悬或垂、或俯或仰,配以古盆和苏式几架,则古趣盎然。扬州盆景受扬州明清时期画风的熏陶,并受古城造园、养花传统的影响,形成了自己独特的风格。它仿效名山大川,借鉴山水名画,多用松柏、黄杨等,在方寸之间,显示出雄伟的气势与阔大的意境。岭南盆景范围遍及珠江三角洲和广西的中南部地区,以广州最具代表性。它的特点是因材而就,树胚如福建茶、水横枝、榆树、朴树等,多来自山野间,造型独特,是人工美与自然美的有机结合。

(六)漆器

像陶瓷、丝绸一样,中国漆器工艺是古老华夏文化宝库中又一颗璀璨夺目的明珠。所谓漆器,就是用漆涂在各种器物的表面上所制成的日常器具及工艺品和美术品。漆器的主要特点是可以抛光到与瓷器媲美。漆层在潮湿条件下干燥,固化后非常坚硬,有耐酸、耐碱、耐磨的特性。漆器的历史悠久,1978年在浙江余姚河姆渡文化遗址中发现了朱漆木碗和朱漆筒,经过化学方法和光谱分析,其涂料为天然漆。战国时漆器生产规模已经很大,被国家列入重要的经济收入,并设专人管理。在汉代,漆器被用作日用器具,日渐普遍。明清是我国漆器大发展的时期,漆工艺与建筑、家具、陈设相结合,并由实用转向陈设装饰领域,进入了以斑斓、复饰、填嵌、纹间等技法为基本工艺的千变万化的新时代。现代漆器工艺主要分布于北京、江苏、扬州、上海、重庆、福建、山西平遥、贵州大方、甘肃天水、江西宜春、陕西凤翔等地。其中,北京雕漆是在木胎或铜胎上髹饰数十层甚至上百层,再进行浮雕,色彩以朱红为主,风格富丽华贵。江苏扬州漆器以镶嵌螺钿为特色,在光线照映下,非常精美。福建脱胎漆器,以其色泽光亮、轻巧美观、不怕水浸、耐温耐酸碱腐蚀为特点。

(七)编织工艺品

我国的编织工艺品具有浓郁的民间艺术特色,种类繁多,是人们喜爱的旅游纪念品。主要有广东的水草编、湖南的龙须草编、浙江东洋的竹编、河北固安和陕西榆林的柳编、广东南海和云南腾冲的藤编、福建长汀的棕编等。

1. 竹编

我国是竹之乡。全世界约有 100 属 1000 多种竹子,我国有 37 属约 500 种。竹编艺术起源于中国,是一种用竹篾编结的工艺品。新石器时期的良渚文化遗物中,已经出现竹编器具。浙江钱山文化遗址中出土了 200 余件竹编器物,展现了当时人们已有了较为娴熟的编织技能。几千年来,民间用竹编制凉席、凉枕、扇、箩、筐、篮、箕畚等生活日用品以及一些装饰品。随着时代的发展,竹编产品种类不断变化,工艺不断改进,目前我国的竹编工艺品已达数万,主要产地有浙江东阳、嵊县、福建泉州、古田、上海嘉定、四川自贡等。四川自贡艺人龚玉璋的扇子,称为"龚扇子",所用篾丝,细如绢纱。东阳竹编与东阳木雕并称为东阳工艺美术界的两朵奇葩。它在殷商时代开始问世,距今已有一千二百多年历史。在宋代以编织元宵节的龙灯、花灯、走马灯而著名,到了明清时期,东阳竹编已有高超的技艺和独特的风格。早在 1915 年东阳竹纺工艺吕就在美国旧金山巴拿马赛会上获奖。1984 年创作完成的大型竹编屏风"九龙壁",以其高超的编织技艺,获得第四届中国工艺美术百花奖"金杯奖"并被列为国家工艺美术珍品而永久保存。1994 年,人物竹编"渔翁"获得中国民间艺术一绝大展"金杯奖"。

2. 草编

草编在我国分布很广,主要产区有山东、浙江、广东、河南等地。人们往往利用当地资源编成帽、篮、拖鞋、提包、扇子、席垫等各种日用品。有的利用事先染有各种彩色的草,编织各种图案,有的则编好后加印装饰纹样。主要品种有河北、河南、山东的麦草编,上海嘉定和广东高要、东莞的黄草编,浙江的金丝草编,湖南的龙须草编及台湾省的草蓆等。草编工艺品展现浓郁的农家特色,给人以朴实、自然之感。山东,尤其是临沂、昌潍等地制作的苘蔴草帽最为著名。

3. 柳编

柳条柔软易弯、粗细匀称,可以编织成各种朴实自然、造型美观、轻便耐用的实用工艺品。取材于河流湖泊沿岸生长的柳条、葛条、白腊条以及各种野生荆条,收割后去外皮、晒干,经挑选加工处理,颜色光亮,质料既刚又柔,然后采用传统的手工可编织成多种形式、不同规格的柳编工艺品,如:花篮、果盘、洗衣筐、提篮、茶几,甚至是家具等。由于其价廉物美,受到了人们的欢迎。柳编产品中,尤以河北省固安柳编最为出名。

4. 中国结

"中国结"是中国特有的编织工艺品,它的发展渗透着中华民族的文化精髓,有着丰富的文化底蕴。"绳"与"神"谐音,中国文化在形成阶段,曾经崇拜过绳子。据文字记载:"女娲引绳在泥中,举以为人。"又因绳像蟠曲的蛇龙,中国人是龙的传人,龙神的形象,在史前时代,是用绳结的变化来体现的。"结"字也是一个表示力量、和谐,充满情感的字眼,无论是结合、结交、结缘、团结、结果,还是结发夫妻,永结同心,"结"给人都是一种团圆、亲密、温馨的美感。"结"与"吉"谐音,"吉"有着丰富多彩的内容,福、禄、寿、喜、财、安、康无一不属于吉的范畴。"吉"就是人类永恒的追求主题,"绳结"这种具有生命力的民间技艺也就自然作为中国传统文化的精髓,兴盛长远规划,流传至今。在百姓的生活中,"中国结"有着各种各样的形式,如盘长结、藻井结、双钱结、同心结等,体现了我国古代的文化信仰及浓郁的宗教色彩,体现着人们追求真、善、美的良好的愿望。古人喜欢用锦带编成连环回文式的结来表达相爱的情愫,并美其名称为"同心结"。梁武帝诗词中有:"腰间双绮带,梦为同心结"。而唐朝的教坊乐曲中,尚有"同心结"这个词牌名。又如,在新婚的帖钩上,装饰一个"盘长结",寓意一对相爱的人永远相随相依,永不分离。在佩玉上装饰一个"如意结",引申为称心如意,万事如意。在扇子上装饰一个"吉祥结",代表大吉大利,吉人天相,祥瑞、美好。在烟袋上装饰一个"蝴蝶结","蝴"与"福"谐音,寓意福在眼前,福运迭至。大年三十晚上,长辈用红丝绳穿上百枚铜钱作为压岁钱,以求孩子"长命百岁",端午节用五彩丝线编制成绳,挂在小孩脖子上,用以避邪,称为"长命缕"。本命年里为了驱病除灾,用红绳扎于腰际。

可见,绳结的意义远远大于其实用功能,它在人们心中是吉祥如意的代表,是中国人聪明才智的体现。在开发旅游纪念品时,要注意把握产品本身的文化内涵,特别是其象征意义,为旅游纪念品的开发及营销开辟更广阔的道路。

(八) 其他

我国的风物特产资源还有许多。文房四宝:以浙江湖州产的善琏湖笔、安徽歙县的徽墨、安徽宣州的宣纸、广东肇庆端溪的端砚最为著名。风筝:开封、北京、天津、潍坊、南通、阳江并称中国六大传统风筝产地。潍坊市被各国推崇为"世界风筝之都"。每年四月二十日至二十五日在潍坊举行的国际风筝节是一年一度的国际风筝盛会,吸引着大批中外风筝专家和爱好者及游人前来观赏、竞技和游览。整个风筝节期间伴有丰富多彩的民间传统艺术活动,如传统的民族花灯展览,民族焰火,风筝音乐会上等。历届风筝节的中外风筝佳作,在潍坊风筝博物馆——迄今世界上最大的专业博物馆陈列展出,题材广泛,花样繁多,令人目不暇接,流连忘返。

另外还有牙雕、玉雕等雕塑工艺品,金银器、宣德炉等金属工艺品,民间剪纸作品等等。它们具有明显的地域文化特征和深厚的民族传统文化内涵,是中华文化的宝藏。

第二节 风物特产旅游产品的开发

风物特产在浩瀚如烟的民族文化中显现出其与众不同的魅力,它以独特的方式向旅游者述说着一个民族所特有的历史文化、民风民俗。然而,风物特产资源在旅游开发中受到了来自各方面的冲击。一方面,一些开发者为蝇头小利,对风物特产资源进行粗放开发,产品粗制滥造,简单复制,缺乏地方特色,逐渐失去了对旅游者的吸引力。产品一旦失去了客源市场,经济回报就少,一些传统手工艺者外流,后继乏人,民族传统工艺日渐式微,有些正面临失传的境遇。另一方面,随着时代的发展,现代人的审美情趣有所改变,一些传统风物特产蒙上了过时、陈旧的色彩,不能迎合现代人的口味。渐渐地,风物特产资源在时代发展的浪潮中失去了原有的光泽。如何对风物特产资源进行现代化开发,使之既保留传统文化的韵味又符合现代人的审美需求与消费心理,同时又能有效地保护传统手工艺,使之发扬光大,成为旅游开发的当务之急。

对于风物特产资源的开发,目前主要以旅游纪念品为主。在各旅游地,尤其是景区景点附近开设旅游纪念品市场,方便旅游者购买。结合风物特产资源的特点,本章中主要从以下两个方面对目前的开发情况进行归纳,并在此基础上提出一些新的思路与设想。

本章中将风物特产资源的主要开发形式归纳为:以独立旅游产品形式呈现;以旅游纪念品形式呈现两种。

一、以独立旅游产品形式呈现

这里所说的独立旅游产品主要是指以风物特产资源为核心,集聚其他各种辅助设施、服务开发而得的旅游产品。一般而言,此类旅游产品具有一定的规模,形式较为稳定,可作为某一旅游地的主体旅游吸引物,亦可作为主体吸引物的辅助项目,以丰富整个产品的内容,增加产品的吸引力。随着体验经济的到来,那些基于文化底蕴的高参与性旅游项目越来越受到旅游者的青睐。主要产品形式有:主题公园、博物馆、主题展览、风物节庆、庙会等。规模不一,各具风格。例如,我国第一家全国性的丝绸专业博物馆,同时也是世界上最大的丝绸博物馆——杭州西子湖畔的中国丝绸博物馆。占地五公顷,建筑面积8000平方米,陈列面积3000平方米,于1992年2月26日正式对外开放。馆内主厅讲述的是一个关于中国丝绸的故事,主要讲述丝绸的起源和发展、丝绸的主要种类、丝绸之路及丝绸在古代社会生活中占据的地位。染织厅和现代成就厅分别展示了古代织机发展的历程和新中国成立后我国在丝绸生产、科研和对外贸易上所取得的辉煌成就。馆内还设有临展厅,举办各类临时专题展览。又如,位于我国浙江省的安吉竹博园内有中国一流、世界领先的竹子专业博览馆——中国竹子博物馆。馆内有国宝级竹工艺品:竹编《清明上河图》、《兰亭序》等,世界最粗最大的巨龙竹,实心的古里竹等。展品丰富,史料详实,有助于人们更深入地了解竹子以及竹编工艺悠久的历史与灿烂的文化。

另外,在一些旅游景区,以手工小作坊形式进行风物特产、尤其是民间手工艺展示的旅游产品越来越多,其往往配合相应的旅游纪念品销售。旅游心理学认为,两种直觉对象假如相似,容易为人们所知觉,并乐于接受,这就是"求似"心理。民间工艺品及其制作过程可能是某些旅游者儿时生活的一部分,当他们看到技术娴熟的艺人制作工艺品时会不自觉地同自身经历联系起来,形成似曾相识的感觉,并进而产生一种亲切感和"宾至如归"的感觉。尤其对侨居海外异域的华人以及流寓他省市县的本地人来说,往往由此激发起强烈的归属感、民族感、乡土感和爱国心。在小作坊中,可加入参与性的活动,如让旅游者亲自参与和操作,体验民艺生产、生活方式,获得一种有别于惯常生活的情趣。旅游产品也就更立体化了。另外,可营造一种"家庭"之感。从文化学的意义来说,家庭作为造物的空间,能充分促使人本能力量的显现,展示出艺术的个性特征来。艺人在手工操作的过程中注入了自己真实的情感,与他们所创造的工艺品之间有着情感的沟通,在生产过程和产品上体现出一种浓厚的人情味和朴素自然的亲和力,形成了鲜明的地方特色和浓郁的乡土气息,无论在造型还是色彩上都流露出童心般的坦诚,摒弃、反对虚伪造作。而这正是旅游者所寻找的东西。[①] 因此,可以说小作坊展示活动是风物特产资源精品化开发道路上的重要一站。

二、以旅游纪念品形式呈现

张晓萍教授曾指出,"随着现代化和旅游业的发展,民族旅游工艺品的开发也必须随着市场的需求而产生变化,对民族旅游工艺品的开发者来说,最根本的就是做到本土化,以民族文化为根基,但也要根据现代人的追求,与专业人士共

[①] 王素洁.杨家埠民间工艺文化旅游开发研究.民俗研究,2002,(4)

同设计新产品,使这些产品既能体现民族文化深层次的东西,又能在技艺上有所创新、加工;在遵循基本的工艺技术,如色彩、符号、材料的同时,又要注入现代人的需求,再经过加工,推陈出新,创造出新的、工艺精湛的、现代人能接受的产品"[①]。风物特产的开发应在传承文化内涵的同时,适当地结合现代的工艺、技术,融入现代人的审美观念,迎合现代人的消费心理,以争取更大的市场。一味地固守传统或是脱离传统文化的标新立异都是欠妥当的。在旅游纪念品的开发中,民间工艺可以作为一种象征元素与现代产品相融合,起到画龙点睛的作用,使产品既体现了地方民族文化特色,又表现出时代感。

象征文化与旅游有着密不可分的关系,运用风物特产所蕴含的象征意义开发旅游纪念品可拓宽发展的道路,使产品不拘泥于原有的固定形式,以获得更多的旅游者的喜爱。旅游者在接受旅游纪念品的同时,也接纳了其所蕴含的文化内涵,有利于风物特产资源的可持续发展。例如,传统的无锡"大阿福",有着避邪、纳福的寓意,但在实际旅游活动中,旅游者可能考虑到其不易携带等实际问题,降低对其的购买欲望。"大阿福"完全可以作为一种象征符号成为现代家饰中的装饰图案,"大阿福"文化也就得到了更广的传播。

重点概念

风物特产　风物特产旅游资源　风物特产旅游产品

复习思考题

1. 概述风物特产资源的特点。
2. 列举风物特产旅游资源有哪些。
3. 举例说明目前风物特产旅游产品的主要形式。

主要参考文献

1. 彭顺生.世界旅游发展史.中国旅游出版社,2006:140—141
2. 王素洁.杨家埠民间工艺文化旅游开发研究.民俗研究,2002,(4)
3. 张晓萍.从旅游人类学视角透视云南旅游工艺品的开发.云南民族学院学报(社科版),2001,(5):99—102
4. 郑红.试论我国旅游纪念品的开发.北京第二外国语学院学报,1996,(3)
5. 魏欣颀.提升旅游纪念品价值的设计研究.南昌大学学报,2004,35(3)
6. 廖杨.象征符号与旅游工艺品中的民族文化认同.学术前沿,2006

---

① 张晓萍.从旅游人类学视角透视云南旅游工艺品的开发.云南民族学院学报(社科版),2001,5:99—102

7. 陈亚峰.试论民间工艺的科学涵义.安徽师范大学学报(人文社会科学版),2003,31(2)
8. 张文祥.论我国旅游工艺品的开发与创新.桂林旅游高等专科学校学报,1999,(2)
9. 石美玉.关于旅游购物研究的理论思考.旅游学刊,2004,(1)
10. 马晓京.民族旅游文化商品化与民族传统文化的发展.中南民族大学学报(人文社会科学版),2002,(6)
11. 许平.试论旅游工艺品开发的文化经济特征.南京艺术学院学报,2001,(1)
12. 孙娜.我国旅游商品的开发策略研究.哈尔滨学院学报,2001,(5)
13. 赵黎明,辛长爽.旅游商品的开发探讨.北京第二外国语学院学报,2001,(3)
14. 甘枝茂,马耀峰.旅游资源与开发.南开大学出版社,2005
15. 周健,甄尽忠.中国旅游文化.郑州大学出版社,2006
16. 康玉庆.中国旅游文化.中国科学技术出版社,2005
17. 邱德玉.中国旅游文化.科学出版社,2006
18. 肖星,严江平.旅游资源与开发.中国旅游出版社,2000
19. 骆高远,吴攀升,马骏.旅游资源学.浙江大学出版社,2006
20. 李瑞,王义民.旅游资源规划与开发.郑州大学出版社,2002
21. 李应军.民族旅游工艺品开发与创新研究.云南大学硕士研究生论文

后 记

一本小书,要追溯其源头,却可以从很久很久以前说起。我与旅游文化的缘分始于上个世纪八十年代末,那时我考取了中国古代文学专业研究生,主攻方向为旅游文化,师从国内旅游文化研究早期开创者范能船先生。其后,又攻读博士学位,师从曹旭先生,研究旅游文学。博士毕业后留校任教,承担"旅游文化学"课程教学任务已有十余个年头。其间一直没有选用正式教材,而代之以自编讲义。这一方面是因为我喜欢不断地改动讲义,不愿为固定的教材所束缚;另一方面也是因为我采用的框架体系跟通行的教材不太相同,思路难以吻合。但没有教材终究不方便,于是萌发了自己编一部教材的念头。随后,机缘就在不经意间突然出现,在一次学术会议上,我有幸结识了南开大学出版社彭海英老师。她在了解讲义的大体框架后,非常热情地鼓励我把讲义整理成书。这部教材由此获得了问世机会,而我也获得了一次跟学界交流对于这门课程认识的机会。在此,我要向彭海英老师致以由衷的感谢,同时也向为本书审稿工作付出大量劳动的吴中亚老师以及所有默默奉献的编辑们致以崇高的敬意!

这部教材的底稿是我的课堂讲义,基本框架采用了上、下两编的形式。上编是旅游文化学理论梳理,下编是旅游文化资源介绍。这样的结构形式是为了从教学内容上逐步完成由"旅游文化"向"旅游文化学"的过渡,保持这门课程的相对稳定性。书稿的扩写由我和顾佳琦、左薇薇两位青年学子共同完成,第二至五章由左薇薇执笔,第六至十一章由顾佳琦执笔。最后,还要感谢沪上旅游文化研究的前辈学者姚昆遗先生热情赐序。这篇序言可以作为一个纪念,见证一代又一代学者为这门学科创设所付出的努力。

朱立新

2012 年 6 月 1 日